经济管理学术文库·管理类

广西生态旅游示范区建设
理论与实践研究

Research on the Theory and Practice of Eco-tourism
Demonstration Zone Construction in Guangxi

文 军／著

经济管理出版社
ECONOMY & MANAGEMENT PUBLISHING HOUSE

图书在版编目（CIP）数据

广西生态旅游示范区建设理论与实践研究/文军著 . —北京：经济管理出版社，2019.9
ISBN 978 - 7 - 5096 - 6798 - 9

Ⅰ.①广…　Ⅱ.①文…　Ⅲ.①生态旅游—旅游区—示范区—研究—广西　Ⅳ.①F592.767

中国版本图书馆 CIP 数据核字（2019）第 154295 号

组稿编辑：曹　靖
责任编辑：曹　靖　郭　飞
责任印制：黄章平
责任校对：赵天宇

出版发行：经济管理出版社
　　　　　（北京市海淀区北蜂窝 8 号中雅大厦 A 座 11 层　100038）
网　　址：www. E - mp. com. cn
电　　话：（010）51915602
印　　刷：北京晨旭印刷厂
经　　销：新华书店
开　　本：720mm × 1000mm/16
印　　张：18.5
字　　数：322 千字
版　　次：2019 年 11 月第 1 版　　2019 年 11 月第 1 次印刷
书　　号：ISBN 978 - 7 - 5096 - 6798 - 9
定　　价：78.00 元

前　言

　　生态旅游在国际上被普遍认为是种保护自然资源和生物多样性、促进资源利用的可持续性、实现旅游业可持续发展的有效方式，顺应了全球可持续发展的潮流，迎合了人们回归自然、返璞归真的旅游消费需求，受到各国的高度重视，被广泛地推广，因而在短时间内得到了迅速的发展，已经成为世界旅游业发展的主要方向。我国开展生态旅游活动历史悠久，早期的山水旅游活动中就包含朴素的可持续生态旅游思想，如儒家主张的"天人合一"、道家"道法自然"以及被佛家奉为"五戒"之首的"勿杀生"等。中国真正意义上的生态旅游始于20世纪80年代初，这时期主要理念是"资源保护和永续利用"。

　　党的十一届三中全会以后，国务院批准建立第一批国家级风景名胜区，建立第一个国家森林公园——张家界国家森林公园，强调旅游开发必须以资源保护为前提，追求旅游资源的永续利用，旅游业与生态环境保护相互融合共同发展。2008年11月，全国生态旅游发展工作会议在北京召开，国家旅游局在会上发布了《全国生态旅游示范区标准（征求意见稿）》。国家旅游局把2009年确定为"中国生态旅游年"，此次生态旅游活动涉及31个省、自治区、直辖市，将"走进绿色旅游、感受生态文明"作为主题口号。随后，中国政府进一步加快了生态旅游示范各类标准和规程的制定。2012年9月，由国家旅游局和环境保护部联合制定了《国家生态旅游示范区管理规程》和《国家生态旅游示范区建设与运营规范（GB/T26362—2010）》评分实施细则，并颁布实施。

　　随着我国生态文明建设步伐的不断推进，生态旅游已成为我国政府、学术界以及产业界共同关注的焦点议题。党的十九大专门制定了我国生态文明建设的"三步走"规划，即2020年之前"打好污染防治的攻坚战"、2020～2035年"生态环境根本好转，美丽中国目标基本实现"、2035～2049年"生态文明全面提升"。当前，随着我国生态文明建设步伐的不断推进，生态旅游作为环境友好的、可持续发展的旅游活动，将不断促进生态文明各个方面的建设。

由于生态旅游示范区的建设与发展在国内的研究不多，广西更是缺乏针对性的指导生态旅游示范区的相关书籍，因此本书介绍了生态旅游的兴起和发展、生态旅游的基本理论与研究动态，从生态旅游示范区的发展沿革、相关概念、行业标准进行具体分析，对《国家生态旅游示范区管理规程》《国家生态旅游示范区建设与运营规范（GB/T26362—2010）》《广西生态旅游示范区管理规程》进行了系统的解读，本书还阐述了广西生态旅游资源、广西生态旅游示范区的概况，并且理论与实践相结合，以实证为主，选择在广西具有典型代表性的生态旅游示范区进行案例解析，包括山地型、森林型、湿地型、海洋型、人文生态型五种类型，调查采取实地考察与现场访谈相结合的方式，案例解析主要从景区基本情况、景区建设的特色亮点、建设经验等方面进行。

广西的地理区位和自然条件十分优越，到处是青山绿水和恬静优美的田园风光，拥有丰富的生态旅游资源，品种繁多且质量上佳，对于发展生态旅游具有得天独厚的条件。广西地形以山区为主，依山傍水，自然环境优美，遍布奇山异石，山区静谧，处处是无污染的自然环境。本书对广西生态旅游资源进行了详细分析，根据生态旅游资源两分法，将生态旅游资源中的代表资源进行分类，从大类上分为生态旅游景观资源与生态旅游环境资源。生态旅游景观资源又细分为自然景观（地质地貌景观、地域水体景观、地域生物景观、气候气象景观）和人文景观（宗教活动场所景观、经济文化场所景观、历史遗址遗迹景观、地方建筑与街区景观）。本分类方法中几乎囊括了广西所有的优质生态旅游资源，为广西生态旅游示范区的概述做了铺垫。本书附件1、附件2整理了历年来国家生态旅游示范区和广西生态旅游示范区的名单，方便读者查阅。为更具说服力及参考价值，本书案例基本以最新获得广西生态旅游示范区的景点进行分析，主要有阳朔十里画廊景区、融水县双龙沟原始森林旅游度假区、荔浦县荔江生态旅游示范区、都安澄江国家湿地公园、北海市银滩景区、蒙山县水韵瑶寨景区、柳州市百里柳江景区等，以方便景区管理者和景区工作人员参考借鉴。

本书的编写得益于前人在生态旅游方面的相关研究，使笔者少走许多弯路。在考察典型广西生态旅游示范区时得到了相关市县工作人员、景区管理人员的大力配合，在此对他们致以最诚挚的谢意。由于笔者水平有限，编写时间仓促，书中错误和不足之处在所难免，恳请广大读者批评指正。

目　录

第一章　生态旅游的兴起与发展

第一节　生态旅游的兴起

一、生态旅游兴起的时代背景

生态旅游兴起于 20 世纪 80 年代，发展历史不到 100 年，却有着深厚的时代背景。生态旅游作为新兴旅游活动形式，其发展速度迅猛，规模逐年扩大，成为当今世界旅游业发展热点。第二次世界大战后，随着全球经济一体化不断深入发展，世界旅游业进入了迅猛发展的新时代。2010 年以来，各国政府积极采取各项刺激经济增长的举措，全球旅游业从金融危机影响中迅速复苏。世界旅游及旅行理事会于 2011 年 3 月初发布了《2011—2021 旅游业经济影响报告》，报告认为虽然世界经济增长的同时面临许多困境以及受到各种各样不确定因素的影响，但是全球旅游业增长速度连续几年超经济增长速度，在众多产业中处于领先地位，旅游业已成为加深国际经济合作和促进世界经济增长的主要力量。世界经济论坛 2017 年发布了《2017 年旅游竞争力报告》（以下简称《报告》），《报告》显示全球旅游业近两年来产业发展规模、经济贡献和发展趋势等情况乐观，国际社会和相关国家对旅游业发展的关注与实际支持力度较大。《报告》认为未来发展应更加注重可持续发展理念。虽然人们越来越重视环境保护，但旅游业所面临的难题是可持续发展，因为自然退化体现在许多方面。环境是人类生存和发展的首要条件，维护而不是破坏环境是人类共同的责任和义务。不能为了快速发展而忽略了环境，当旅游业蓬勃发展的时候，可持续发展的理念更应贯彻落实。据统计，2017 年全球旅游总人数达到 118.8 亿人次，为全球总人口规模的 1.6 倍；全球旅游总收入达 5.3 万亿美元，占全球 GDP 比重达 6.7%。2017 年全球旅游总人次和总收入增速分别为 6.8% 和 4.3%，其增速超过制造业、零售业和批发业等行业。

人类文明发展正处于工业文明向生态文明过渡的阶段，经历了有保障但没有能力大规模获取自然资源的渔耕文明、单纯追求获取自然资源能力的工业文明（王刚，2017 年）。尤其是在工业文明时代，由于人们经历了渔耕文明中拥有大量的自然资源，却无法规模性汲取的困境，使得大众更加看重转化自然环境的能力，往往把自然环境作为改造的对象，从而忽略了人与自然相处的和谐性，形成了相互对立的局面。这一文明阶段，虽然人们对自然资源汲取能力无限扩展，有了高速发展的交通网络、幢幢高楼大厦、无作息时刻运转的工厂以及川流不息的人流和车流，但生态环境却遭到了极大的破坏，生物多样性和原始森林情况堪忧，引发资源不断被耗尽，全球气候变暖，环境退化，导致自然生态界不平衡等环境问题和生态危机。在这种情况下，人们逐渐认识到自然生态和环境保护的重要性。旅游业在繁荣各国经济的同时，也产生了不少消极影响，严重威胁着旅游业的可持续发展。旅游业的持续发展离不开良好的环境和自然生态，并且在未来的一段时期内，有必要保持与自然和谐统一相互依存的关系。人类对自然资源的开发和利用，都是基于对人类自身需求的满足。在一定范围内，不管是现在的人们，还是下一代的孩子们以及未来世世代代的人们都拥有享受大自然赋予他们的权利。为摆脱这种困境，生态文明的思想应际而生，生态文明是人类文明发展的一个新的阶段，其宗旨是人与自然社会和谐共生、良性循环、全面发展、持续繁荣，倡导可持续的生产方式和消费方式。因此，旅游业也应顺应人类文明更替，改变传统的旅游发展模式，实施可持续发展战略。1987 年 4 月世界环境与发展委员会正式出版了《我们共同的未来》，"持续发展"作为报告的基本纲领。报告论述了当今世界环境与发展方面存在的问题，并提出了处理这些问题的具体的和现实的行动建议，同时认为"可持续发展"是既能满足当代人的需要，又不对后代人满足其需要的能力构成危害的发展。报告进一步揭示了人类未来发展的新方向，得到了国际社会的广泛共识。1992 年 6 月，由联合国组织的"环境与发展大会"在里约热内卢召开，会议通过了以可持续发展为核心的《里约环境与发展宣言》《21 世纪议程》《关于森林问题的原则声明》3 项文件，154 个国家签署了《气候变化框架公约》，148 个国家签署了《保护生物多样性公约》，往后许多经济活动开始接受可持续发展的观念。2017 年 12 月 4 日，联合国大会第七十届会议把 2017 年定为"国际可持续旅游发展年"，旨在提升公私营持份者对旅游可持续发展如何促进整体社会发展的认识，并鼓励各界通过交流和合作，为各个旅游相关范畴如公共政策、商业惯例及消费者行为等，带来积极和正面的改变。设置国际可持续旅游发展年具有重要意义，联合国世界旅游组织（UNWTO）秘书长塔勒布·瑞法依表示，2017 年为推广旅游业在打造人类理想未来的重大贡献上带来前所未有的机遇；同时确立旅游业在促进迈向 2030 年及往后的可持续发展议程上所担当的角色，奠定旅游业作为实现"十七个可持续发展目标"的重要支柱地位。因此，作为现代文明标志之一，强调生态保护和旅游发展并行的生态旅游的出现和发展，作为可持续发展的具体形式，非常顺应当前社会的潮流，并且已经进入了人们的视野，得到了空前的关注和广泛的发展，正在慢慢地改变传统的旅游发展方式。

二、生态旅游兴起的原因

（一）生态环境问题

由于经济社会的快速发展，全球生态环境日益恶化，直接威胁到人类的生存和发展，人类赖以生存的生态环境的改善和保护成为当今全球最关注的重大问题之一。全球生态环境问题与生态旅游产生密切联系，人类迫切需要探索优化人和自然关系的系统，寻求一种发展与保护协调发展的方式。生态旅游在这样的背景下应运而生。

目前国际社会最关心的全球环境问题主要包括：全球气候变化、臭氧层破坏、酸雨污染、土地退化和荒漠化、热带雨林减少、森林破坏与生物多样性锐减、有害有毒废弃物的越境和扩散等。这些问题是人类活动直接或者间接的后果。长期以来，由于人类更热衷于改造自然，盲目发展经济，不合理地利用开发自然环境，造成环境质量恶化和自然资源枯竭与破坏。短短几十年历程，其影响范围从地区扩展到全球，给人类的生存和发展造成了极大的威胁。

1. 全球气候变化

温室效应问题主要是指大气污染造成的大气中温室气体增多，导致大气效应增强，从而使气候更暖，并引起一系列的环境问题，温室气体主要是 CO_2、CH_4、O_3 等。19 世纪工业革命以来，人类燃烧各种燃料直接排入大气中的 CO_2 量逐年增加。根据资料，过去 100 年矿物燃料的使用量几乎增加了 30 倍。人类通过化石燃料的燃烧，约把 4150 亿吨的 CO_2 排入大气，使大气中 CO_2 含量增加了 15%（徐华秀，2006）。据计算，这将使全球平均气温上升 0.83℃。而此数字与百年来全球气温升高的记录接近。人们的乱砍滥伐，使可以吸收 CO_2 的森林大面积减少，导致 CO_2 浓度升高。人类活动产生大量 CO_2、CH_4 等温室气体，使它们在大气中的浓度不断增加，从而导致全球气候变化。2017 年 10 月 30 日，世界气象组织在日内瓦发布年度《温室气体公报》，报告指出在人类活动和厄尔尼诺事件的影响下，大气中的 CO_2 浓度于 2016 年以惊人的速度急速上升至 80 万年以来的最高水平，2016 年全球 CO_2 平均浓度达到了 403.3%，高于 2015 年的 400%，目前的 CO_2 平均浓度为工业革命前的 145%。

全球气候变暖会对全球环境产生重大影响。首先是引起气候和自然带的变化。由于温室效应引起的气候变暖不是均匀的，而是高纬度地区升温多，低纬度地区升温少，就季节而言冬季升温多，夏季升温少，而在中纬度地区，夏季温度可能上升到超出地球平均气温的 30% ~ 50%。这样会导致在北半球，冬天变短、变湿；夏天变长、变干旱；亚热带地区可能会比现在更干旱，而热带地区则可能更湿，海洋地区产生更多的热量和水分，气流更强，热带风暴的能量比现在大 50%，台风和飓风将更凶，更具破坏性。气候带的调整会引起自然带的变化，苔原带会因为全球平均气温的升高而逐步消失。其次是引起海平面上升。全球变暖会导致海洋的热澎湃和冰川、极地雪融化，从而引起海平面上升。美国环保局发表的研究报告表明，如果温室气体按照目前的情况继续释放，预计到 2050 年，海平面将上升 0.1 ~ 0.4 米，到 2100 年将上升 0.6 ~ 2.0 米。海平面的上升使一些沿海地区的城市、城镇、乡村面临被海水淹没的危险，而当今世界上最发达的地区几乎都位于沿海。另外，还会导致海水倒灌、排洪不畅、土地盐渍化等其他后果。再次是气候变暖将使农业和自然生态发生难以预料的变化。如很多动植物的迁徙将跟不上气候变化的速度，已经适应特定气候条件的动植物将逐渐灭绝。全球农业地理分布将发生很大的变化，使农业生产必须改变现有的土地利用方式及耕作方式。最后是暖湿的气候还会使蚊虫大量繁衍，导致疟疾、黄热病和登革热病等传染病肆虐。气候科学家们表示全球必须停止增加温室气体排放，并且在 2015 年到 2020 年间开始减少排放，同时要想防止全球平均气温再上升 2℃，到 2050 年，全球的温室气体减排量需达到 1990 年水平的 80%。

2009 年 10 月 17 日，全球首次"水下内阁会议"在马尔代夫举行。为了凸显全球变暖对地势低洼国家造成的威胁，时任马尔代夫总统纳希德召集 12 名政府内阁成员，在海底召开了世界上首次"水下内阁会议"，签署了一项要求各国减少温室气体排放的决议。2009 年 12 月 4 日，尼泊尔前总理尼帕尔带领尼泊尔内阁官员乘直升机抵达珠穆朗玛峰南坡开会，呼吁关注气候变暖导致冰川消融的问题。尼泊尔当局把会议称作"全球海拔最高的内阁会议"。2009 年 12 月 7 日至 18 日，《联合国气候变化框架公约》第 15 次缔约方会议暨《京都议定书》第 5 次缔约方会议又称为哥本哈根世界气候大会，在丹麦首都哥本哈根召开，超过 85 个国家元首或政府首脑、192 个国家环境的部长出席峰会，商讨《京都议定书》一期承诺到期后的后续方案，即 2012 年至 2020 年的全球减排协议。到目前为止已有 192 个国家批准了《联合国气候变化框架公约》。考虑到协议的实施操作环节所耗费的时间，如果《哥本哈根议定书》不能在 2009 年的缔约方会议上达成共识并获得通过，那么在 2012 年《京都议定书》一期承诺到期后，全球将没有一个共同文件来约束温室气体的排放。会导致遏制全球气候变暖的行动遭到重大挫折。因此，在很大程度上，此次会议被视为全人类联合遏制全球变暖行动中一次很重要的努力。此次会议被喻为"拯救人类的最后一次机会"的会议。还有诸多会议费尽心思旨在呼吁人类共同关注气候变暖，全球环境问题人类责任共担，应该引起我们对气候变化的高度关注。

2. 臭氧层耗损

臭氧层的破坏也是全球面临的主要环境问题。据科学家监测，1978～1987 年全球臭氧层 O_3 的含量平均下降了 3.4%～3.6%，在南极上空出现了巨大的臭氧空洞。至 1999 年 9 月，空洞面积达 2155 万平方米，比 10 年前扩大了三分之二。2003 年南极上空的臭氧空洞面积已超过 2500 万平方米，比欧洲的面积还大一倍多，北极也出现了臭氧空洞，其面积约为南极的五分之一。据科学家观测发现，全球 O_3 都呈现减少的趋势，在未来 100 年内，高空 O_3 含量还将大幅度降低。臭氧层的破坏使紫外线对地球的辐射强度增大，会降低人体的免疫系统功能，以致皮肤癌和白内障发病率增高。由于人类活动、太阳活动、大气环流和火山活动等原因，南极上方形成了臭氧空洞，而且空洞面积逐年扩大，而臭氧层的破坏导致紫外线长驱直入距南极最近的智利南部。海伦娜岬角几乎所有的动物在过量的紫外线辐射伤害下成了瞎子，丧失了生存能力。当地居民出门需要涂上防晒油，戴上防护眼镜，否则半小时内皮肤就会被晒成粉红色，并伴有痒痛，眼睛也会受不了。过量的紫外线辐射可能会限制植物的正常生长，使叶绿素的光合能力下降 20%～30%，进而影响食物链，造成部分生物灭绝。除此之外还会造成海洋生物的大量死亡。

3. 酸雨污染

20世纪50年代美国东部和欧洲的部分地区开始出现酸雨危害的环境问题。欧洲北部的斯堪得纳维亚半岛是最早发现酸雨并引起注意的地区。20世纪60年代后期，酸雨的危害范围逐渐扩大，北欧的丹麦、瑞典等国也出现了明显的酸雨危害。20世纪70年代初，酸雨还只是局部地区的问题，目前已经广泛地出现在北半球，几乎所有国家都遭受到酸雨的危害。近年来我国酸雨危害也日趋严重。我国酸雨分布区域主要集中在长江以南—青藏高原以东地区。主要包括浙江、江西、湖南、福建、重庆的大部分地区以及长江、珠江三角洲地区。2009年，酸雨发生面积约120万平方米，重酸雨发生面积约6万平方米。

由于工业生产高速发展，大气污染日趋严重，人类活动向大气排放的 SO_2 和 NO_2 是引起雨水酸化的主要原因。酸雨的主要成分是 H_2SO_4 和 HNO_3。大气中的 SO_2 和 NO_2 既来自人为污染也来自天然释放，其中煤炭、石油在燃烧过程中排放的 SO_2 数量最大，约占人为排放的90%（沈益平，2009）。城市排放的各种污染物不仅会造成局部地区的污染，还会随着气流输送到其他地区，污染广大地区。酸雨会带来严重的生态破坏。第一是对水生生态系统的危害。在酸化的水中，鱼卵不能孵化或者成长，抑制鱼类的生长发育和繁殖，导致鱼类甚至更多的水生生物减少或灭绝。如瑞典有2万多个湖泊的鱼、虾等水生生物因为酸雨而灭绝。第二酸雨破坏陆生生态系统。酸雨使土壤酸化，土壤在酸化过程中许多营养元素会淋失，导致土壤贫瘠，同时重金属也会随之溶解流动，影响植物生长，或者进入到水体中，引起水污染。第三酸雨还会危害建筑材料和古迹。我国的故宫、天坛等名胜古迹由于酸雨污染，腐蚀程度日趋严重。我国最严重的酸雨主要分布在西南区、华南区以及东南区。其中危害最严重的是以重庆、贵阳为中心的西南酸雨区，腐蚀的速度大约为非酸雨区的24倍。如重庆市的嘉陵江大桥，每年要投入大笔经费用于维修钢结构，而街道两旁的栏杆只能用不锈钢制作。第四酸雨还会危害人的健康，酸雨雾会刺激人的皮肤，引起哮喘等呼吸道疾病。当土壤或水体中的pH值较低时，一些金属化合物的流动性便会增加，从土壤或沉积物中释放出来的有毒金属通过食物链或饮水危害人体健康（王仁清，2004）。据报道，很多国家受到酸雨的影响，目前地下水中的铝、铜、锌、镉的浓度约为正常值的10~100倍。

4. 土地退化和荒漠化

不合理的土地利用，如森林植被的消失、草场的过度放牧、耕地的过分开发、山地植被的破坏等导致土地退化，土地荒漠化。土地荒漠化现象已经成为当今世界最严重的环境与社会经济问题，引起世界各国的重视。干旱、半干旱荒漠地面积约占地球总面积的三分之一，而且面积逐年快速扩大，全世界 10 亿多人口、100 多个国家和地区赖以生存和生活的资源受到了严重影响。全球范围内每年由于荒漠化影响造成的年收入减少达 420 亿美元，由于荒漠化造成的生态难民或粮食减产，也给周边地区带来了间接的社会和经济损失。25 亿人口直接受到荒漠化的影响，另约 10 亿人面临荒漠化的威胁。到 2050 年如果不采取预防措施，经济损失将急剧上升，将有 18 亿人口受到影响。

在非洲、亚洲以及拉丁美洲，由于森林植被的减少、草场的过度放牧等原因，土壤剥蚀现象十分严重，裸露的土地变得脆弱而无法抵御风雨的长期剥蚀，土壤的流失量迅速增加。根据联合国环境规划署的调查，遭受荒漠化影响最严重的国家依次是中国、阿富汗、蒙古、巴基斯坦和印度。我国是受荒漠化危害最严重的国家之一，潜在荒漠化发生地区涉及内蒙古、辽宁、吉林、北京、新疆、西藏等 18 个省份。涉及面积大约占全国总面积的 35%。而且荒漠化面积逐年增加，上百个贫困县分布在荒漠地区，全国接近 3 亿多人受到荒漠化的影响，经济损失 150 多万元，荒漠化很大程度上阻碍了社会经济的发展。土地荒漠化不仅会造成长期的农业和生态退化，如土地的生产潜力衰退、土地生产力减弱和草场质量下降，造成社会和经济损失，还会引发严重的环境灾害。如世界八大奇迹之一巴比伦城的悬苑神秘消失、喀斯特石漠化现象，以及 20 世纪 80 年代非洲撒哈拉地区发生的震惊全球的大灾荒等。

5. 森林植被破坏及生物多样性减少

森林是保护人类的绿色屏障。据估计，森林曾覆盖世界陆地的 45%，总面积为 60 亿平方百米。到 1862 年森林面积减少到 55 亿平方百米，1985 年为 41.5 亿平方百米，2003 年为 4.0 亿平方百米，2000 年为 3.952 亿平方百米。全球每年平均损失森林面积达 1800 万~2000 万平方百米。对全球生态起着重要作用的热带雨林损失尤其严重。例如，1900~2000 年，亚马孙河流域热带雨林减少的面积超过过去 4.5 个世纪减少的面积。

森林面积急剧减少的主要原因是砍伐森林、采集树材、放牧毁林、开垦林地以及空气污染等，尤其是刀耕火种造成了对森林的严重破坏。还有火灾、洪灾、虫灾等自然原因。由于全球经济快速发展以及人口的快速增长，土地利用压力增加以及分配的不平等制度，人们维持生存所需的农田数量不断减少，农民为了维持生计只能砍伐森林，将森林变成耕地或者牧地。据联合国相关组织统计，全球为了维持生计将森林变成耕地的面积接近50%。其中砍伐现象最严重的地区是非洲，接近80%的森林被砍伐，亚洲砍伐面积也接近50%。森林过度砍伐不仅会造成土地退化、物种减少、水土流失，还会使温室气体排放增多，旱涝灾害发生频繁，导致生态环境进一步恶化。

森林破坏造成的最严重危害是生物多样性的减少。森林和草原是地球上生命最为活跃的保护生物多样性的重要地区。森林和草原被破坏后，物种生存的生态环境随之被破坏，最终会导致物种绝迹。据科学家估计，从恐龙灭绝以来，当前地球上的生物多样性损失速度比历史上任何时代都要快，尤其是哺乳动物还有鸟类的灭绝速度是过去的100倍甚至1000倍。我国四川省和云南省森林覆盖率在20世纪50年代时分别约为30%和50%，现如今都不足25%。同时四川省和云南省的生物物种分别灭绝了5个和22个。一些国际研究组织表明，如果按照目前的灭绝趋势，地球上每隔10年将有大约10%的物种要消失。

6. 淡水资源短缺和水质污染

全球人均水资源总量虽然丰富，但可获得的水资源却不足。人均水资源量不到2000立方米的国家有40个，人口比例占12%，这还不包括像中国这样地区性缺水严重的国家（李爱贞，2001）。人类不能造水，只能设法保护现有水资源。据专家估计，从21世纪开始，世界上将有1/4的地方长期缺水。工业、城市生活污水处理不当以及农村灌溉水和无组织排放的污水，导致水体受到污染，会进一步加剧水资源紧缺程度。据统计，在发展中国家，有80%左右的疾病以及1/3以上的死亡原因都与受到污染的水体有关。目前每天有约3万人死于水污染的疾病。在农业开发程度比较高的国家，由于农民过多施用化肥和喷洒农药，地表水和地下水等水体都受到了直接或者间接污染，农作物的产物和质量反降不增。此外水污染会制约工业的发展，如食品、纺织、造纸等需要利用水的工业，水质恶化会影响产品质量，造成经济损失。

（二）旅游和环境的关系

旅游环境是指以旅游活动为中心的环境，是旅游活动得以存在和发展的条件总和。自然环境为旅游业的生存和发展奠定了基础，同时由于环境的脆弱性，旅游发展又给旅游环境带来一定的影响。

一定程度上旅游依附环境发展，优质的环境能够吸引更多的旅游者来旅游，一个国家或地区发展旅游业的最基本条件是拥有良好的环境。旅游环境包括自然和人文因素，旅游开发需要考虑到自然和人文资源。人类经济发展中，旅游业是对自然环境依赖度最高的产业之一，自然环境一旦污染恶化，旅游者无法获得满意的旅游体验，会直接影响旅游业的发展。在现代旅游发展中，大多数旅游者喜爱丰富多彩的自然景观，比如海滨沙滩、青山绿水、鸟语花香等，当自然景观被破坏，自然美景消失，那么旅游业发展将受到制约。研究显示，一些自然或位于郊区的旅游点正成为经济发达国家民众外出旅游的首选目的地，虽然室内休闲方式众多，但最受人们欢迎的还是户外活动，可以接近大自然。由于人们长期处在城市、乡镇等人造景观、建筑中，回归自然的愿望越大，反差越强烈。人类经济快速发展的同时，旅游业也在飞速发展，自然的生态环境和生态资源在某些程度上被破坏和污染。

有限的旅游区往往被动接纳的人次超过正常旅游环境承载量，同时又要为旅游者提供餐饮、住宿、交通、娱乐等各种各样的服务，需要消耗大量的物质和人力资源。旅游者在旅游过程中给环境带来了诸多影响，例如产生大量垃圾，乱扔废弃物，引起垃圾污染；浪费饮食，增加旅游地的食品负担；造成噪声污染，包括交通工具污染、娱乐场所噪声污染等；促进旅游业快速发展的同时还会增大排放的生活污水量，还有生态意识薄弱的旅游者会在旅游区随意采捕植物动物，以及大声喧哗等行为，不仅会给旅游区的生物带来干扰，还会破坏自然环境资源，加剧了旅游区自然景观和人文景观的破坏。旅游业对旅游地的资源环境包括能源消耗大，水电紧张，造成巨大压力。

我国经济的快速发展，带动了旅游业的迅猛发展，但旅游业缺乏规划，管理尚待完善。我国是一个人口大国，针对人民的生态文明意识普遍淡薄，近年来国家不断加强生态文明建设，如以"美丽中国"的生态文明为建设目标，甚至提出了"打赢蓝天保卫战"的理念，以生态道德引领社会新风尚，但我国仍然存在着严重的生态环境问题，而环境对旅游业的影响是巨大的。比如为了发展旅游业占用耕地，不仅会破坏自然景观，在旅游业发展过程中还会带来严重的垃圾污染、空气污染、污水、噪声污染等污染问题。尤其是生态意识薄弱的游客，会有随意乱扔废弃物、喧哗干扰动物、随意采捕动植物等行为，对旅游环境带来不良影响。正是因为传统旅游模式忽略了对生态环境的保护，人们才逐渐意识到旅游业要保持良好发展就要以可持续发展的方式克服生态环境等一系列问题。旅游业作为一种产业，它也产生各种废物。不仅排放传统工业废物（如含毒素的化学废气、废渣等）影响人的健康，而且其产生的"旅游公害"对旅游生态环境的破坏是难以补救的。

（三）旅游供给和旅游需求的变化

旅游供给和旅游需求的变化是生态旅游快速发展的两个重要原因。旅游供给的改变是自然环境保护和社会经济发展共同作用的结果，特别是发展中国家，例如我国认为国家级公园和自然保护区都具有很大的发展意义，特别是具有经济效益。旅游需求方面的变化主要体现在旅游者观念的转变，比如对旅游的态度、要求、期望、理念，以及价值观等方面的转变。由于旅游者的文化知识水平的普遍提高以及旅游经验日渐丰富，旅游者的需求层次不断提高，传统被动的休假方式已满足不了旅游者日益增长的精神需要，他们开始追求主动的旅游，尤其是在旅游景点的选择上表现出来的自主性和参与性，不再乐于接受固定的安排，大多热衷于探索新景点、探险自然地理、探异民族风情，以寻求不同的新奇的旅游体验。如今，生态文明意识较强、关心和保护自然环境的游客日益增多，他们的旅游较为知性，在旅游过程中一方面体验旅游区的历史民族文化的熏陶，另一方面放松身心投入大自然中，去感受自然带来的心灵震撼，寻找生活的灵感，开阔自己的视野，提升自己的知识素养。旅游需要的这种转变，被国外学者生动地形容为"市场的变绿"，说明越来越多的游客在享受旅游带来的娱乐的同时，逐渐重视对旅游环境的保护。由于世界范围内人们对环境的兴趣愈渐高涨，人们愈来愈对旅游地有关生态系统、物种及其他有关自然保护的问题感兴趣，因此旅游需求的变化给旅游供给的转变带来较大的影响，也就是说旅游需求和旅游供给正在经历着变革，是生态旅游快速发展的强大动力。生态旅游发展一方面要保证旅游开发活动不会破坏现存的生态旅游环境，另一方面要满足旅游者的要求以及各方面的需要，确保旅游者在旅游区游玩的体验感不会因为各种限制条件而下降。因此，生态旅游在各地蓬勃发展，并已成为当今世界旅游发展的热点和潮流。传统旅游方式的特点是"上车睡觉，下车看庙，走到景点拍拍照"。由于生态旅游的迅速发展、旅游观点和理念的进一步成熟以及旅游者对旅游体验的深层次需要，近几年来，旅游市场需要呈现出了体验式生态旅游的新特点。"体验式旅游"被视为生态旅游在市场需要的新动向，同时是当代旅游最具有发展潜力和高附加值的方式。体验式生态旅游过程中，人们往往带着新探索、新感受、新挑战的目的去追求新的旅游体验。旅游需要在此过程中体验独特的生活方式和人与自然的和谐一致，体验生态、健康、运动，休闲与人际交流的完美结合。

（四）生态学的发展

生态学本身的发展也为生态旅游的形成与发展提供了理论依据。旅游是个人或集体外出旅行的一种观光活动，是人们经济发展和社会文明不断提高的标志。旅游既能使人们的身体得到锻炼，又能加深人们对自然历史文明的理解，诸如参观历史文化遗产、欣赏自然风光、游泳冲浪、划船、滑雪、登山、骑马、野营、摄影和探险等都是最经常性的旅游活动。然而上述旅游基本上是以观光为主的活动，还不是真正意义上的生态旅游。从世界范围来看，国内外许多著名学者几乎都有着重要的旅游经历，如我国古代的司马迁和徐霞客，探索并总结了自然和历史文化遗产。国外的马可波罗（MacroPolo，1254 ~ 1342）、哥伦布（Colomboc，1451 ~ 1506）、麦哲伦（F. deMagalhaes，1480 ~ 1521）等的环球旅行，成为新大陆的发现者；洪堡德（A. Humbolt，1769 ~ 1859）、达尔文（Darwin，1809 ~ 1882）、华莱士（Wallace，1823 ~ 1913）通过游历，研究和描述了自然现象、动植物行为特征和生物进化规律等。

海克尔（Heakel，1866）是达尔文的忠实信徒，他在承认生存竞争和自然选择的基础上，又提出了生物改造环境的观点，从而形成了完整的生态学概念。他从洪堡德大学毕业后去美洲的古巴、墨西哥做植被调查，然后转到法国，写出不朽之作《热带旅游》（Voyageaux Region Equinoxiales）30 卷，为植物学和植物地理学的形成奠定了基础。德·堪多（DeCandolle，1806 ~ 1893）是洪堡德的学生，草本植物分类学家，他继承了洪堡德的工作，使植物地理学和植物生态学得到了初步的发展。瓦尔明（Warming，1841 ~ 1935）是荷兰人，他用了 3 年时间在巴西调查植物，并收集了 2600 多种植物标本，撰写了《以植物地理学为基础的植物分布学》一书。辛普尔（Schimper，1856 ~ 1901）是一位德国植物学家，在热带地区做过大量的研究工作，著有《以植物生理学为基础的植物地理学》一书，为植物生态学的形成提供了理论依据。

到了 20 世纪，生态学派的主要代表人物苏卡乔夫（B. H. Cykayeb）、克列门茨（F. E. Clements）、布朗博朗奎特（J. Braun Blanquet）等都做过深入细致的野外旅游考察工作，相对独立地形成了各具特色的生态学派，为生态学的迅速发展做出了杰出的贡献。但这些人所做的旅游也不是生态旅游，只不过是他们通过游历总结出许多生态学的基本规律，为生态学的形成和发展提供了科学依据。所以说这些旅游与生态学有关系，是认识生态现象和揭示生物规律的旅游。也可以说这样的旅游对生态学的形成和发展起到了重要的推动作用，但这还不是生态旅游。由此可见,生态学和旅游是结伴而生的,生态学是生态旅游的基础,二者都有一个很重要的共同点,即旅游经历。

第二节　生态旅游的发展

一、生态旅游的发展历程

（一）国外生态旅游的发展历程

生态旅游在国际上被普遍认为是一种保护自然资源和生物多样性、促进资源利用、实现旅游业可持续发展的有效方式,顺应了全球可持续发展的潮流,迎合了人们回归自然、返璞归真的旅游消费需求,受到各国的高度重视,因而被广泛地推广,在短时间内得到了迅速的发展,生态旅游已经成为世界旅游业发展的主要方向。生态旅游起源于20世纪60年代,当时欧美国家经济发展较为迅速,带动了旅游业的大规模发展,旅游地陷入人满为患的困境,生态环境也遭受到了一定程度的破坏。人们逐渐意识到旅游业必须要走持续发展的道路,应该发展一种负责任的旅游方式,进而提出了一系列与生态旅游类似的,以自然定位为特征的调整性观光旅游。调整性观光旅游补充了传统旅游的一些不足,旅游活动规模小,人数少,对当地文化、环境冲击力度小。由于旅游人员多为高教育背景、高收入人群,因此给当地带来了较大的经济效益。在生态旅游的兴起阶段,虽然出现了“生态旅游及其产品”的提法,但生态旅游的概念还未统一,作为一种新兴的旅游形式还未被广泛了解,人们对其内涵存在诸多误解。当时生态旅游在世界部分地区和国家逐渐开展起来,但还没有形成规模。进入20世纪90年代后,由于自然、社会、经济协调共进的可持续发展思想成为解决全球环境问题的主导观念,生态旅游因其环保性等特点逐渐受到各国的认同,与其相适应的生态旅游得到了迅速发展,各国开始注重生态旅游发展所带来的社会、环境和经济效应,生态旅游地域范围得到扩展,生态旅游活动规模迅速增大,生态旅游产品日渐丰富。许多经济发达国家和地区,尤其是美国、澳大利亚、日本、加拿大、巴西、西班牙、法国、瑞士等旅游发达国家,开展了生态旅游活动,并产生了明显的社会效益、经济效益和环境效益,在发展过程中成立了旨在保护环境和生物多样性的生态相关组织或者是以促进生态旅游发展，保护脆弱的生态系统为目的的官方或非官方组织。同时社区在生态旅游中的重要性得到重视。这些国家努力改善生态旅游发展和社区发展的关系，并试图为社区谋福利。进入 21 世纪后，生态旅游得到更加广泛的关注，在世界范围内，具有深刻意义的生态旅游行动是 2002 年 5 月由联合国环境规划署（UNEP）和联合国世界旅游组织（UNWTO）共同规划组织在魁北克召开的生态旅游峰会，参与者是来自 132 个国家的公有、私有及非政府部门的 1000 多名代表。这次峰会做了十分充足的准备，此前在 2001 年至 2002 年召开了 18 次的预备会。会议研究并颁布了《魁北克生态旅游宣言》，就今后世界生态旅游的发展，对各国政府、私营部门、非政府组织、学术机构、国际组织、地方组织社区提出了一系列具体的建议。联合国环境规划署还将 2002 年确定为"国际生态旅游年"，并提出了《莫霍克协定》，标志着生态旅游发展进入稳定成熟的新阶段。这个阶段生态旅游具有几个明显特征，分别是：①生态旅游成为世界各国发展旅游业的浪潮，生态旅游规划更具规范化，生态旅游市场定位更加明确，生态旅游市场和生态旅游产品的细分也日趋合理；②政府的高度重视、多样化的扶持政策促进了生态旅游的快速发展；③生态旅游发展涉及的学科有文化生态学、社会生态学、自然生态学、农业生态学等，对推动新兴学科的产生和发展起着重要的作用。从全球范围来看，近年来生态旅游的发展逐渐体现出两种倾向：一是发达国家既是生态旅游的目的地又是最大的客源地，它既为本地区居民提供休息游憩场所，同时又向发展中国家输出大量较高素质的生态旅游者；二是发展中国家利用自己丰富的资源与优良的环境，接纳来自发达国家的旅游客源，努力发展本国经济。

1. 发达国家生态旅游发展历程

发达国家的生态旅游发展具有主动性。欧洲、北美及大洋洲等经济发达的地区是世界旅游的发源地和发达地，其优越的自然环境和"崇尚自然、回归自然以及到大自然中"的优良传统，为生态旅游的发展奠定了良好的基础。

20 世纪 80 年代，欧洲国家的生态旅游逐渐兴起，到现在大概有 40% 以上的旅游者逐渐抛弃传统的海边度假方式而热衷于体验山野大自然。1992 年，欧洲自然和国家公园协会（FNNPE）在芬兰举行了年会，会议明确了通过自然演替保护生态系统的欧洲公园发展的新思路，确定了未来发展任务，主要包括建立国家公园资助主体问题、军事基地划分保护区和国家公园问题、关于环境意识如何通过宣传和教育等方面去培养的问题、扩大项目队伍的问题等。同时荷兰政府在年会提出了自然保护的全球概念，主要阐述了以下内容：保护生态系统和生物的多样性，逐渐恢复自然进化过程；引进当地消失的物种，保护物种生存环境，创建稀有濒危以及灭绝物种的生存地，建立生物区连接系统，同时重点保护好湿地和荒野景观。欧盟环境委员会规定各国在发展旅游的同时，必须严格保护环境以维持生态平衡，在各国政府的支持下，旅游业广泛开展有利于环境保护的生态旅游活动。

在发达国家中，美国是开展生态旅游业比较早的国家之一，同时也是世界生态旅游最发达的国家之一，在提供旅游服务和客源产出等方面占有十足的优势。1872 年，美国为了满足工业文明进程中人们对自然环境的强烈需求，创建了世界上第一个国家级的公园——黄石国家公园，此举开辟了世界国家公园运动的先河。黄石国家公园面积约占整个国土面积的 10%，形成了完整的国家公园旅游对象体系，其包涵 22 种国家公园、国家纪念地、国家游憩区、国家保护区等类型，以及 650 个以上的自然保护区以及 360 个左右的公园（宋晓宇，2013）。它不仅是国家的自然保护区，还是旅游区，以保护原生态的自然环境为首要条件，对旅游活动进行适度的开发和使用，将旅游对生态环境产生的负面影响控制在合理的范围之内。同时美国政府明确规定，国家公园内不允许建造豪华宾馆，在保证安全和卫生的情况下，只能设立简单的留宿设备。美国国家公园的营地一般设立在公园附近的森林中，游客的垃圾需要自行分类后才能投进垃圾箱内，食物残羹需要处理洁净，此举是为了防止野生动物翻捡垃圾，进一步影响动物的行为习惯。黄石国家公园的成功开发开创了生态旅游实践的先河。1990 年，美国尤斯美蒂国家公园在成立 100 周年的时候，发表了名为《爱，勿置于死地》的宣言，寓意着走马观花式观光旅游逐渐被生态旅游替代。次年，美国成立了国际生态旅游协会（TIES），其将生态旅游定义为具有保护环境和维护当地民众福祉两方面保护责任的旅游行为。1994 年从科学化角度、制度化角度、规范化角度等方面制定了生态旅游发展规划。生态旅游现已成为美国公众最热衷参加的三大活动之一。

美国 90% 以上公有或者私有林地都开展过野外游憩，20 世纪 90 年代，约有 40% 左右的人参加户外游憩，到 21 世纪已经增长到 60%，同时美国人均野外游憩资源达到 1750 平方米（Jackson，1999）。户外游憩最受欢迎的形式是野外露营。野营是较为简单自由的旅游方式，主要体现在出行安排上比较随意不受旅游团的限制，同时野营形式丰富充满乐趣，来自各行各业的人都不会放过每一个可供野营的时机。野营花费较少,还能够较大范围地游览,完全沉浸在度假带来的欢乐中。随着美国野营度假风潮的快速发展,野营由最初的微型路边旅店成长为具有一定商业集散功能的集市野营地,全美营地现多达2万多个。

加拿大的生态旅游在全球旅游市场占据领先地位,为世界其他国家或者地区开展生态旅游树立了学习标杆。加拿大在其独特的旅游资源基础上进一步发展了许多十分具有生态特色和本地特色的旅游产品,如国家公园、滨海旅游、观鸟旅游、动物巡游等,使加拿大的生态旅游业蓬勃发展,生态旅游产品在国内外都受到欢迎,每年吸引大量游客前去实地体验生态旅游带来的感受。为此,加拿大获得了2012年度"全球最受推崇的旅游国家"。加拿大在1930年就率先制定了《国家公园法》,从法律层面上进一步保护生态旅游资源的可持续性利用。加拿大政府高度重视生态资源的保护,从1885年建立第一个班夫国家公园开始,到现在有优鹤国家公园、冰川国家公园、瓜依哈纳斯国家公园保护区、贾斯珀国家公园等46个国家公园,有盘兹牧场、查特花园、拉安斯欧克斯梅多等接近170个国家历史遗址,有苏必利尔湖、马奎纳海洋公园等4个国家海洋保护区。在"我们的海洋"国际会议上,加拿大宣布到2017年将5%的管辖海域面积设立为海洋保护区,到2020年这一比例将达到10%,未来计划在大西洋沿岸开辟三个海洋生态保护区。其中国家公园管理部门精细地规划了旅游线路,既能确保游客可以欣赏游览体验自然风光,又能尽力把对环境的影响力度降到最低。1994年,加拿大政府为了提升对公园的利用和开发管理,维护生态系统的平和,加拿大公园管理局成立了班夫弓河山谷研究会。该研究会在进行研究的同时暂停了所有的开发项目,包括村庄的开发和公路的建设。最终班夫弓河山谷研究会发布了500多项建议,其中包括限制村镇扩张、缩减开发项目、控制人口数量、限制旅游人数等。班夫国家公园是获评联合国教科文组织世界遗产保护区(UNESCO World Heritage Site)的一个罕见的受保护原野,游客可通过环境可持续方式进行游览。班夫国家公园将可持续旅游精神发挥得淋漓尽致。

澳大利亚的生态旅游起步较早,发展相对完善,是世界生态旅游的典范。生态旅游产品以农场度假、滨海旅游、观鸟旅游、动物巡游为主,全国共有各类国家公园、森林公园和自然保护区约5800处,遍布各州。澳大利亚具有发展生态旅游的良好条件,地处南半球热带、亚热带,地广人稀,自然资源极其丰富而且自然生态基本没有遭到破坏。在发展生态旅游过程中,澳政府发挥的作用不容小觑,如维多利亚州国家公园局每年收入大约为1亿澳元,主要来自政府财政拨款和市政税收，而公园本身经营收入不到 1000 万澳元。澳政府在保护生态环境方面立法力度大，注重提高公民保护环境的自觉性，经常通过新闻媒体发布各种公益广告，对国民进行环境保护的教育宣传，使强制性的法律与国民自律的道德规范相结合。澳政府 1994 提出的"国家生态旅游策略"为澳洲的生态旅游发展规划出一个全盘的架构。

这期间采取了许多保护环境的措施，包括成立各式各样全国与地方的生态旅游协会组织，并且印发了一系列的相关旅游教材和指南，举办国际生态旅游会议，成立国际生态旅游研究中心，为生态旅游的相关科学技术成立示范基地，进行生态旅游培训和培训课程的规划设计，开发一些全国性的旅游生态评估机构。2000 年 3 月澳政府投入 150 多万澳元调研资金，用于调查市场性质和澳大利亚生态阅历需求。澳政府创建多个生态旅游咨询机构，增强国民对生态旅游的认识和重视程度。1996 年，澳大利亚旅游经营者协会和澳大利亚的生态旅游协会共同发动了一个能对生态旅游产品进行认证工作的全国生态旅游认证项目，这是今后澳大利亚生态旅游如何进一步发展的一个指导性纲领项目。

新西兰在生态旅游发展方面一直处于世界先列，经过多年的开发破坏，人类开始认识到自然保育的重要。为了规范生态旅游行为，政府部门提出"环境责任旅游原则"，要求旅游业进行生态旅游时尽可能不对旅游地产生负面影响。新西兰的《保护法》规定，为游客服务的同时必须提供和保护相关的资料信息。新西兰保护局投入大量精力去建设游客信息中心及公园内标识牌、解说牌，同时印发相关旅游宣传资料，在公园旅馆的大堂放置免费的国家公园宣传品，确保切实提供旅游服务信息。国家公园在组织旅游活动的时候，鼓励游人摆脱豪华消费式旅游，全身心投入自然，了解自然，体验自然带来的美好。新西兰首都惠灵顿以"革除陋习走向低碳经济"为口号，呼吁各国保护生态环境，减缓气候变化，倡导低碳经济及生活方式，鼓励进行环保方式的各类消费。新西兰旅游局不断发展推广生态旅游，其中"百分百自然纯净"口号使新西兰生态旅游的影响力大范围提高，很多旅游最点以及社区等都已将可持续发展的理念融入了自身的服务和经营中，让每一个造访这片南半球神秘岛站的旅行者都能在清新、绿色、澄澈中体验百分百纯净的新西兰。为了表彰新西兰在环保运动上所做出的杰出贡献，联合国环境规划署把"2008 世界环境保护日"的主办权交给了新西兰。

日本高度重视生态环境的保护和生态旅游业的发展，是世界上生态旅游发展较为成熟的国家。1992 年，日本参与了巴西全球首脑会议后，加入了《世界遗产公约》成为契约国之一并制定了环境基本法。生态旅游在日本各旅游区得到初步发展。日本旅游业协会（JATA）于1992年成立环境对策特别委员会（NAC-SJ），开展了一些生态旅游宣传、教育、产品开发利用等方面的工作，如发布《生态旅游的指导方针》和《游客保护地球宣言》，召开关于生态旅游的研讨会，同时为了凑集足够的资金用于保护旅游地的资源而设立了"公益信托JATA环境基金"等。1996年日本第一家地方性的生态旅游协会成立，随后很多地方都成立了生态旅游协会或生态旅游促进会。2007年6月，日本内阁会议通过了"21世纪环境立国战略"，政府颁布了《生态旅游推进法》，就科学发展生态旅游进行法律层面的规范。由于日本政府的大力支持，生态旅游在日本得到了快速的发展，与其相关的产业发展和服务质量得到提升。目前日本全国共建立白神、知床、冲绳、富士北麓等十几个生态旅游示范区，主要提供环保旅游、观鸟旅游、徒步长征、观光农业、跨国生态旅游等生态旅游产品。

2. 欠发达国家生态旅游发展历程

一般认为，欠发达国家的生态旅游发展具有被动性，这些国家发展生态旅游主要是为解决生态环境保护和经济发展之间的矛盾，因而在一定程度上可以说是被迫发展的。由于大多数欠发达国家拥有极其丰富的自然资源和深厚的文化内涵，这些为生态旅游的发展提供了良好的条件，在吸引生态旅游者方面有明显的相对优势；欧美先进工业国家在发展的同时，以环境为代价换取经济发展，对环境造成了公害和污染，有了前车之鉴，欠发达国家强调自然保护，不步工业国家的后尘；欠发达国家的技术和人才落后于先进国家，许多方面需要大量依赖进口和外援；传统旅游会对环境造成一定的冲击，同时生态旅游比传统旅游获得更大的利益。所以欠发达国家选择如畜牧、工业、农耕等土地利用形式的时候，逐渐考虑绿色和谐开发利用，寻求与环境相适应的经济发展模式，以生态旅游为平台，积极发展生态旅游业，实现环境、经济和社会的协调发展。甚至有些欠发达国家将生态旅游列作基本国策，全力投入发展。所以在欠发达地区生态旅游逐渐得以发展。

哥斯达黎加以及肯尼亚是经济贫穷国家规模化地进行生态旅游开发的典范。非洲旅游业发展过程中，肯尼亚是开展生态旅游最早的国家，被认为是发展生态旅游的先驱。肯尼亚著名的生态旅游产品有野生动物之旅、土著文化旅游、滨海旅游等。肯尼亚最早的生态旅游活动来源于狩猎游戏，当时的大多数游客受肯尼亚原始自然环境和丰富的野生动物资源的吸引来此旅游，进行打猎、追求冒险和刺激。大富豪、军人、探险家等喜欢将肯尼亚的自然野地当成自己的狩猎园，美国总统罗斯福1909年在肯尼亚举行了大狩猎之旅，从此肯尼亚以"野生生物巡游"闻名全球。自然观光和狩猎旅游迅速发展的同时出现了许多问题，对野生动物的滥捕行为严重影响了野生动物的生长与繁衍，各个国家公园和保护区的环境品质急剧恶化，缺乏科学规划与良好的管理造成旅游品质下降，游客满意度下降，各种负面评价扑面而来，带来了很多不良影响。肯尼亚政府为了解决这一问题，于1977年宣布停止狩猎游戏活动，建立国家公园，至今共建成26座国家公园、28处保护区和1处自然保护区，占地面积约12%。同时一些团体机构提出"用你的镜头来猎取肯尼亚"替代狩猎旅游。肯尼亚政府实行开放发展政策，接受先进国家提供的旅游发展计划，吸取经验技术、资金，加快旅游业发展。1987年观光旅游也成为肯尼亚外汇的首要来源，超过传统出口商品茶和咖啡。20世纪90年代初，肯尼亚被列为世界上生态旅游者最喜爱的国度。1990年肯尼亚召开关于生态旅游的区域性工作会议。1993年旅游相关行业人员更进一步组织起来成立全非洲第一个生态旅游协会（ESOK）。1994年，生态旅游协会首任主席大卫·魏诗登出任肯尼亚野生生物服务署（KWS）的署长，主要负责管理肯尼亚国家公园的运作，他计划将肯尼亚国家公园的管理模式转型为既兼顾当地民众权益和保护自然环境又能维持生态平衡的管理模式。最终魏诗登的做法有了回馈，1995年底约有160万美元的资金分配给当地社区，约有300个民间团体以及地方政府的计划方案获得资金补助，部分资金用来创建学校或者作为学生奖学金。1997年的生态旅游国际研讨会在肯尼亚举行，引起肯尼亚全国上下对生态旅游的高度重视。肯尼亚旅游部在最近公布的2017年旅游业表现报告中披露，2017年全年肯尼亚接待的国际游客总人数为147万人次，同比增长9.7%，旅游业总收入为12亿美元，同比增长20%。旅游部长纳吉布·巴拉拉对于过去一年旅游业行业增长表示欣慰，并称伴随政治局势趋稳，恐袭影响逐渐消弭，预计肯尼亚旅游部门复苏态势将会持续。

哥斯达黎加是中美洲国家，濒临太平洋和大西洋的加勒比海，在世界上属于中等收入国家。哥斯达黎加曾被电视旅行新闻网授予金质指南奖，在美国旅行代理商协会的一项调查中，哥斯达黎加是美国游客心目中最受欢迎的生态旅游目的地，其生态旅游发展对于森林资源的保护。哥斯达黎加发展生态旅游的典型产品是热带雨林游、海底观赏、观鸟观兽等。据哥官方统计，2014年上半年旅游业收入同比增长5.4%，70%的外国游客自空港口岸入境。美国仍是最大游客来源国，达 56.9 万人次；其次是加拿大，11 万人次；德国 3.2 万人次；法国 2.9 万人次；西班牙 2.7 万人次。哥斯达黎加生态旅游资源丰富，热带生物种类众多，拥有 12 个自然带和至少 3 个雨林景观带，上万种植物物种。历史上为了促进国家经济的快速发展，肆意砍伐林木，造成国家水土加剧流失，引发了土地贫瘠、经济倒退的严重后果。为了阻止这种恶劣行为和削弱消极影响，哥斯达黎加开始设立国家公园管理局，并着手创建国家森林公园以及划分自然保护区，将四分之一的国土面积划在保护范围内，并把一部分保护区开放为生态旅游区。20 世纪 80 年代初期，哥斯达黎加出台了"经济结构调整计划"，开始从传统经济向多样化经济转变，其中发展生态旅游业是其主要内容。1998 年，哥斯达黎加颁布《生物多样法》，增设国家保护区和生物多样性相关管理机构，从法律层面上进一步保护生态环境以及生物多样性。政府每年投入接近 1500 万美元资金用以支持各地区开展绿化活动。政府还重视科学研究，发动民众和组织力量，邀请相关学者去往当地进行考察，研究利用动植物，开发新产品从而提高经济效益。20 世纪 80 年代，由旅游业带来的经济效益成为哥斯达黎加外汇经济效益的主力。数据表明，哥斯达黎加 35% 的外来旅游者表明是哥斯达黎加接近原生态的自然环境吸引他们来到这里旅游的。

亚洲欠发达国家如尼泊尔和印度尼西亚等地是较早开展生态旅游活动的国家。

尼泊尔的三大主要旅游运动项目是登山、漂流和徒步旅行，尤其是高山探险旅游最受国民的欢迎。尼泊尔拥有得天独厚的高山资源，为了加速社会经济发展，尼泊尔高度重视高山探险旅游的开发利用，将它作为促进社会发展的重要举措。尼泊尔国家旅游产业发展中，高山探险旅游占据首要发展地位，主要体现在国家外交以及体育事业发展方面，高山探险旅游发展过程中产生了许多生态旅游产品，如极限运动受到了众多探险旅游者的欢迎。尼泊尔中部的"喜马拉雅山脉的安娜普纳环线"于 2008 年被评为世界第一大精选徒步线路，其特点是将高山和徒步完美地结合，为旅游者带来了全新的高山探险旅游体验。世界旅行和旅游理事会（WTTC）近日发布《2018 年旅行及旅游业经济影响力报告》，称 2017 年尼泊尔旅游业为尼泊尔全国 GDP 直接贡献 998 亿卢比，占尼泊尔全国 GDP 的 4%，接待游客人数 94 万人次，同比增长 24.86%。

印度尼西亚近几年重视开发大自然旅游产品，20 世纪 90 年代至今建成格林兹塞国家公园、哈利姆山国家公园、格代班格兰奥山国家公园等接近 120 个国家公园露营基地。20 世纪 90 年代出提出了"环境与传统"的旅游主题,并制定了有关生态旅游利用规划,同时规定旅游开发者严格遵守在保护区发展生态旅游的保护生态环境和生物多样性、维持保持经济效益与自然保护相平衡等原则。为了吸引更多的游客和保存东南亚美丽的自然景观,在开发过程中,大力挖掘当地具有自然特色的旅游产品,深入挖掘当地文化风俗,注重环境与文化相结合,设计了高质量和环境友好的度假村和度假产品,促进了旅游景区与生态旅游的协调互动发展。巴厘岛是闻名世界的生态旅游胜地,拥有得天独厚的海洋资源,长相各异的鸟类动物资源,风光美丽的自然乡村景观,历史文化悠久、独具特色的建筑,还有如土著舞蹈表演类的文化资源,吸引着世界各地的游客。据 Bali Discovery 公布的最新数据显示,2017 年 1 月至 7 月,巴厘岛总共迎来了 281 万人次国际旅客,比 2016 年同期增长了 23.8%。

马来西亚旅游局发展生态旅游的目标是要将本国建设成为出色的国际旅游观光国,同时利用本地丰富的自然资源和多姿多彩的旅游胜地将国家打造成为东南亚生态旅游业中的佼佼者。20 世纪 90 年代,马来西亚旅游年推出五个生态旅游主题,包括探秘国家公园;岛屿旅游、听鸟观鸟等;漂流旅游;自然之旅,观赏花卉、渔民出海、观看河龟产卵;潜水旅游。马来西亚世界自然基金会在 1996 年推出了具有指导性的国家生态旅游计划。这份计划包括如何整合政府等各方面资源和获取资金帮助、如何管理自然保护区、如何呼吁民众参与生态旅游等内容。通过进一步落实计划,马来西亚在生态旅游的发展日益成熟。马来西亚旅游部最新公布的数据显示,2018 年到马来西亚观光的外国游客达到 2583 万人次,旅游总收入约为 841 亿林吉特(约合人民币 1383 亿元)。

(二)国内生态旅游的发展历程

我国开展生态旅游活动历史悠久,早期的山水旅游活动中就包含朴素的可持续生态旅游思想,如儒家主张的"天人合一"、道家"道法自然"以及被佛家奉为"五戒"之首的"勿杀生"等。另外《尚书》中记载有,舜有五年一出山巡的惯例,二月东出泰山,五月南巡华山,十一月北巡恒山。1956 年中国的第一个具有现代意义的自然保护区——广东鼎湖山自然保护区建成。但在往后的 20 多年间,生态旅游并没有引起重视,发展相对滞后。真正意义上的生态旅游在中国的发展,应始于 20 世纪 80 年代初。处于萌芽期的中国生态旅游,刚开始生态旅游定义尚不明确,这个时期主要理念是"资源保护和永续利用",生态旅游研究文献也比较少,开展生态旅游的场所主要有自然保护区、森林公园、风景名胜区等。党的十一届三中全会后，国务院批准建立第一批国家级风景名胜区，建立了第一个国家森林公园——张家界国家森林公园，公园的建立强调旅游开发必须以资源保护为前提，追求旅游资源的永续利用，旅游业与生态环境保护相互融合共同发展。在此影响下，森林旅游相关产业发展迅猛，一定程度上为生态旅游的发展奠定了坚实的基础。根据 2015 年中国林业发展报告统计，各地森林公园共投入生态保护资金 54.54 亿元，新增风景林 11.66 公顷，改造林 17.17 万公顷。截至 2014 年底，全国共建立森林公园（含国家级森林旅游区）3101 处，规划总面积 1780.54 万公顷，其中国家级森林公园 792 处，面积 1226.10 万公顷。各地共投入森林公园基础设施建设资金 457.70 亿元。截至 2014 年底，全国森林公园拥有游（步）道 7.81 万千米，车船 3.47 万台（艘），床位 85.29 万张，餐位 153.73 万个。随着生物多样性保护力度的加大，新增林业系统自然保护区 11 处，林业系统保护区总数达 2174 处，总面积 1.25 亿公顷，占全国国土面积的 12.99%。其中，国家级自然保护区 344 处，面积达到 8112.86 万公顷，国家级自然保护区面积占林业系统自然保护区总面积的 65%。林业系统自然保护区有效地保护了我国 90% 的陆地生态系统类型、85% 的野生动物种群和 65% 的高等植物群落，涵盖了 20% 的原始森林、50.3% 的自然湿地和 30% 的典型荒漠地区。全国湿地公园总数达到 900 多处，其中：国家湿地公园（试点）达到 569 处，总面积达 275 万多公顷，保护湿地面积 183 万多公顷。此外，中国还建有国家级地质公园 240 处，国家级风景名胜区 244 处，国家水利风景区 475 处。

生态旅游在中国的发展过程中，主要经历了三个时期。

1. 萌芽期（20 世纪 80 年代）

1982 年，我国建立了第一个国家森林公园，建立了 40 多处国家级风景名胜区，公布了 20 多处国家历史文化名城。1985 年，国务院为了加强风景区的管理力度，进一步改善风景区的环境质量，于 6 月颁布了我国第一个关于风景名胜区工作的行政法规——《风景名胜区管理暂行条例》。该条例从法律层面上为风景名胜区资源保护管理等工作提供了保障，进一步推动了风景名胜区旅游业的良好发展。

2. 倡导发展期（20 世纪 90 年代至 2008 年）

在倡导发展期间，我国对生态旅游逐渐重视起来，与旅游相关的政府部门和组织通过会议、公告、媒体等宣传方式，向社会推行有关生态旅游的理念，很多学者在此期间进行了生态旅游相关理论研究，各地也开始尝试进行生态旅游活动实践。国际上及中国国内发生了一些重要事件，对中国生态旅游的发展产生了深远的影响，生态旅游得到了大范围的关注，政府工作人员以及旅游相关学者开始交流探析，民众对生态旅游的认识逐渐加深，我国生态旅游步入发展新时代。

1993年，第一届东亚地区国家公园和自然保护区联合会议在北京举行。会议将生态旅游定义为提倡保护环境的旅游或者提供相关的设施设备和环境教育宣传，使得旅游者在不破坏生态系统或区域文化的前提下，可以相互访问、了解、欣赏和享受自然和地域文化。同时会议通过了《东亚保护区行动计划概要》文件，表明生态旅游定义获得了政策性的支持，第一次在我国得到明确的文件认可。

1994年，中国旅游协会成立了以中国科学院各生态科研单位为基础的"生态旅游专业委员会"，简称中国生态旅游协会（CETA）。协会创建的目标是团结一切有关生态旅游的人员力量，共同建设中国生态旅游事业，运用可持续发展模式合理开发利用生态旅游资源，开展有关活动，开发有关产品，全面增强国民的生态保护意识，提高生态旅游经济效益，进一步促进我国的旅游业发展。主要工作有：加强与国际生态旅游组织的交流合作；同时，鼓励国内成员开展生态旅游信息交流活动，制定生态旅游相关规划，建立旅游部门之间的联系系统，提供生态旅游咨询，指导以及培训服务，进行生态旅游科研项目研究研发生态旅游产品，举办活动宣传生态旅游知识；印发生态旅游宣传手册相关资料等。

1995年1月，在云南西双版纳召开了全国首届生态旅游发展研讨会，有十多位学者出席会议。会上发表了《发展中国生态旅游的倡议》，对中国的生态旅游发展起到了极大的推动作用。会议讨论了有关生态旅游的一系列问题，如其定义内涵、其与自然保护的关系、旅游资源持续利用的战略选择等。会议之后开展了一些交流活动，如邀请相关旅游专家实地考察，提供线路选择的意见、加强与国际生态旅游国家和组织的信息交流，获取相关资料信息，进一步加强生态旅游的学习。同年4月，由联合国环境规划署和世界旅游组织等机构组织开展的"可持续旅游发展会议"在兰莎罗召开，会议通过了《可持续旅游发展宪章》和《可持续旅游发展行动计划》两个重要文件。文件对旅游业的可持续发展的实质、目标以及原则等做了一定说明。会议精神对中国旅游业的可持续发展产生了深远影响。同年5月，东亚生态旅游暨海峡两岸生态旅游研讨会在中国台湾召开。

1996 年，武汉市外事局和旅游局在联合国开发计划署的帮助下，组织召开了武汉国际生态旅游学术研讨会。借此机会，武汉市在会议上首次提出了发展都市生态旅游，并就如何提高市域生态旅游水平为议题收集会议意见，并将生态旅游研究推向实践，出版了会议论文集。同年，国家自然基金委员会与国家旅游局联合资助了"九五"重点项目，由计划统计司与中国科学院地理科学与资源研究所共同主持，开展生态旅游典型案例研究。1996 年 10 月，《中国 21 世纪议程优先项目》在优先领域与自然资源保护利用领域，列出了可持续旅游，把"承德市生态旅游""井冈山生态旅游与原始森林保护"等作为实施项目。同年，《中国旅游业可持续发展理论基础宏观配置体系研究》获得了国家资金支持，被列为旅游发展的重点项目，国家旅游局与中国科学院研究所共同展开项目研究。

1997 年，由国家旅游局、科学技术委员会等机构组织召开的第一届"全国旅游业可持续发展研讨会"在北京举行。中共中央办公厅研究室、国家环境保护局、联合国开发计划署（UNDP）以及来自长春、北京、合肥、青岛、沈阳、乌鲁木齐、杭州、重庆、昆明等地的 20 多所院校、科研单位的 50 多名代表参加了会议。来自不同部门、不同学科领域的研究学者从不同角度讨论研究了中国旅游业可持续发展有关于生态资源、生态环境、生态文化等方面的问题，会议呈现了许多具有重要意义的研究成果，提供了许多新思路和新认识。会议代表一致认为我国实施可持续发展战略的重头产业是旅游业，同时认为中国旅游业发展必须要实施可持续发展战略。这次研讨会共收到 50 多篇论文，专家组草拟了《中国旅游业可持续发展的若干问题与对策》会议报告。

1999 年 7 月，国家旅游局、环境保护总局、林业部和中国科学院召开了主题为"走向自然、认识自然、保护自然"的"99 生态旅游专题研讨会"。会议总结了生态旅游建设经验，并就各地的发展情况进行交流学习，会上国家旅游局提出，生态旅游的实质问题就是如何突破旅游资源可持续利用难题，促进旅游业持续健康地发展。会议代表呼吁生态旅游者和经营者应自觉加强生态环境保护意识，倡导文明旅游和绿色旅游。"99 昆明世博会"和"99 生态环境旅游"主题活动将中国的生态旅游研究和实践向前推进了一大步。以湖南和四川为起点，生态旅游逐渐在全国范围内发展起来。相关旅游经营机构，为满足不同游客需求，充分利用我国丰富的自然资源，合理开发了许多具有生态文明和科普教育意义的生态旅游线路和产品，如漂流旅游、保护环境行动之旅、生物观赏旅游、自然生态考察旅游、滑雪登山旅游和海洋旅游等生态旅游产品。

同年9月"生态旅游与景观生态学学术研讨会"在昆明举行，会议由国家旅游局和世界旅游组织共同举办。会议总结学习了国际生态旅游开发的成功案例，研究探讨了生态旅游与可持续发展之间的关系。会议还讨论分析了生态旅游在中国实施碰到的瓶颈问题等。会议进一步加强了旅游学研究和生态学研究之间的联系。

为响应联合国关于2002年"国际生态旅游年"的决定，以及《魁北克生态旅游宣言》的各项建议，由中国社会科学院主办，国家旅游局指导，中国社会科学院旅游研究中心承办，世界自然基金会（WWF）支持，"2002中国生态旅游论坛"于2002年11月25日至28日在北京举行，该论坛由中国社会科学院主办和中国社会科学院旅游研究中心承办，还得到了国家旅游局的指导和世界自然基金会（WWF）的支持。会议代表收集多方建议，探讨分析世界和中国生态旅游发展的理论与实践情况，并整理发布了《关于中国生态旅游发展的倡议书》。我国与世界自然基金会共同合作开展了如云南生态节能项目等项目。同时，我国为了推进生态旅游项目顺利开展，制定了相关规划和管理规范文件，如《卧龙国家级自然保护区生态旅游规划》《生态旅游管理科学技术规范（征求意见稿)》等。

2004年9月8日至10日云南省政府、重庆市政府、中国太平洋经济合作全国委员会、中国工商联旅游业商会、中国光彩事业促进会等，在中国西南部高原旅游景区云南省香格里拉县举行了一场主题为"生态旅游与民族文化遗产保护和经济发展"的"太平洋经济合作理事会（PECC）第二届生态旅游论坛"，参会人员有来自PECC 25个经济体成员、世界旅游组织、世界旅行和旅游理事会、联合国环境规划署、世界银行及国内外有关旅游企业，以及热心生态保护的部门、学术机构在内约150位代表出席。会议探讨中国旅游业的发展趋势、生态旅游与生态保护如何充分结合、如何利用旅游发展促进云南少数民地区致富、云南如何进一步凸显资源和地域优势等问题。

2005年11月14日至16日，以"生态环境与社会经济双赢的生态旅游经营"为主题的"2005中国生态旅游国际论坛"在浙江举行，来自国内外70多个机构的100余名专家和代表参加了论坛。本次论坛围绕"生态环境与社会经济双赢的生态旅游经营"的主题展开讨论。两天的论坛由浙江大学严力蛟博士、唐建军博士、澳大利亚昆士兰大学特雷夫·索奥夫教授、绿色环球21中国首席代表诸葛仁博士、中南林学院钟永德教授等主持，22名专家、教授、企业家做了主题报告。论坛取得了一些进展，明确了中国可以成功地实施可持续旅游和生态旅游项目、生态旅游的内涵与发展方向、生态旅游理念来源于实践、应加强与国内外有关生态旅游的科研学习、商业项目交流与合作。

2006 年 8 月，为了进一步促进旅游业和环境保护的结合，积极推动生态旅游发展，"中国的生态旅游现场会议"在四川召开。同年 12 月 16 日至 17 日，中南林业科技大学森林旅游研究中心在湖南举行了主题为"森林旅游与生态旅游过去、现在与未来""2006 中国森林旅游生态旅游学术论坛"。论坛上总结和回顾中国森林旅游与生态旅游研究 20 年的发展历史，并肯定其研究成果。论坛还探讨交流了生态旅游环境影响评价和评价标准、生态环境资源开发利用原则和方法、生态旅游区的规划和管理等问题。论坛还重点探讨了新的研究课题方法。此次论坛对中国森林旅游与生态旅游研究影响深远。

2007 年 10 月举办的"中国国际生态旅游博览会"立足江西、辐射全国、影响亚太、关注国际，是具有浓郁国际色彩的区域型专业展会。"2007 中国国际生态旅游博览会"成为将理论与实际相结合、国内与国外相结合、景区与线路相结合、普及生态旅游与发展奖励旅游相结合的新型展会，为探索中国生态旅游的发展实践提供了一个良好平台。同年，国家旅游局、国家环境保护总局共同授予广东省深圳市东部华侨城"国家生态旅游示范区"的荣誉称号，东部华侨城成为中国首个获得此项殊荣的旅游区，广东省深圳市旅游部门专门发布了《东部华侨城国家生态旅游示范区管理规范》。

由亚太旅游联合会、中国生态学会旅游专业委员会和中华民族文化促进会旅游文化研究中心联合主办的"2008 中国文化生态旅游高峰论坛"于 2008 年 11 月 2 日在北京召开。会议围绕中国的文化生态旅游发展形势以及如何培育独特的文化和生态品牌、推进中国文化生态旅游资源开发，进行了深入的探讨。

3. 示范期（2008 年以后）

经过 20 多年的发展，生态旅游逐渐受到中国政府和人们的重视，并在中国深深地扎下了根，但是国内还有不少人对生态旅游的内涵和特性了解不到位，没有真正把握甚至曲解发展生态旅游的意义。因此，中国生态旅游在发展过程中出现了不少问题，急需进一步规范生态旅游发展。

为规范生态旅游的开发，2008 年国家旅游局规划发展与财务司在《全国生态旅游发展纲要（2008—2015）（征求意见稿）》中指出：加强生态旅游的试点示范工作，总结经验，逐步推进旅游可持续发展战略实施。2008 年 11 月，全国生态旅游发展工作会议在北京召开，国家旅游局在会上发布了《全国生态旅游示范区标准（征求意见稿）》。该文件为在全社会都树立起保护环境的生态观，并在实践中奉行，加大对生态旅游产品开发利用，大力倡导资源节约型旅游经营方式，践行环境友好型旅行的旅游理念奠定了基础。同时国家旅游局将 2009 年确定为"中国生态旅游年"，此次生态旅游活动涉及 31 个省、自治区、直辖市，将"走进绿色旅游、感受生态文明"作为主题宣传口号。2009 年 8 月，"中国青海国际生态旅游高峰论坛"在青海省西宁市成功举办。在此次论坛上交流了有关生态旅游方面的最新的研究成果，并出版了论坛文集。

随后，中国政府进一步加快了生态旅游示范各类标准和规程的制定。2010年由国家旅游局提出，联合环保部和两家机构起草了《国家生态旅游示范区建设与运营规范》。2012 年 9 月，由国家旅游局和环境保护部联合制定了《国家生态旅游示范区管理规程》和《国家生态旅游示范区建设与运营规范》评分实施细则，并颁布实施。依照上述规程及实施细则，经相关省级旅游部门和环保部门联合技术评估和推荐、专家审核并公示，2013 年 12 月，国家旅游局、国家环保部公布国家生态旅游示范区名单，共 26 个省 39 家单位。2014 年成立了全国林业生物多样性保护委员会，统筹指导林业部门履行《生物多样性公约》工作。

为响应联合国决议，丰富 2017 国际可持续旅游发展年内容，国家旅游局从2016 年起推出一系列举措，如主办世界旅游发展大会、推出旅游发展行动方案等措施，来促进旅游可持续发展。2016 年 8 月，中共中央办公厅、国务院办公厅印发《关于设立统一规范的国家生态文明试验区的意见》及《国家生态文明试验区（福建）实施方案》，并发出通知，要求各地区各部门结合实际认真贯彻落实。

建设生态文明，关系人民福祉，关乎民族未来。党的十八大对生态文明建设做出了战略部署，要求把生态文明建设放在突出地位，融入经济建设、政治建设、文化建设、社会建设各方面和全过程，努力建设美丽中国。党的十八届三中全会要求紧紧围绕建设美丽中国深化生态文明体制改革，加快建立生态文明制度，健全国土空间开发、资源节约利用、生态环境保护的体制机制，推动形成人与自然和谐发展的现代化建设新格局。党的十八届五中全会提出"推动建立绿色低碳循环发展产业体系"，《十三五规划》把"绿色 GDP"纳入经济社会发展评价体系。

为贯彻落实党的十八大和十八届三中、四中、五中全会关于加快生态文明建设和加快旅游业发展的精神，落实《国务院关于促进旅游业改革发展的若干意见》要求，推动生态旅游持续健康发展，国家发展改革委、国家旅游局编制完成

《全国生态旅游发展规划（2016—2025年）》。该规划提出两个目标，即"到2020年，一批生态旅游目的地和精品线路基本建成，我国成为具有一定国际影响力的生态旅游目的地国家""到2025年，我国以生态旅游协作区、目的地、线路和风景道为主的总体布局基本确立，成为世界生态旅游强国"。

党的十九大还制定了我国生态文明建设的"三步走"规划，即2020年之前"打好污染防治的攻坚战"、2020～2035年"生态环境根本好转，美丽中国目标基本实现"、2035～2049年"生态文明全面提升"。当前，随着我国生态文明建设步伐的不断推进，生态旅游作为环境友好的、可持续发展的旅游活动，将不断促进生态文明各个方面的建设。

二、生态旅游的发展趋势

（一）世界生态旅游发展趋势

了解世界旅游业的特点和发展态势，有利于更好地分析世界生态旅游发展趋势。

1. 世界旅游业的发展现状及特点

旅游业是当今世界发展最迅速、最有活力的产业，已成为推动经济社会发展的主要动力。世界旅游业发展总体上呈现高速增长态势。世界旅游业能够快速发展的主要原因有：国家经济逐渐发达，国民收入增加，有足够闲钱投入到旅游活动中去；国内外交通运输能力逐渐提高，旅程速度提高，缩短旅程需要时间，而且出行方式多样，人们外出旅游方便；社会技术不断进步，劳动生产率提高，而且国家社会民生状况稳定前进，人民有更多的时间进行旅游活动（刘文海，2012）。纵观70年来世界旅游业的发展，呈现以下突出特点和发展态势。

（1）旅游业增长高速、持续、稳定，位于各行业前列。

有研究表明，1950～2000年，全球旅游人数持续增加。1950年仅有几千万人旅游，到了2000年旅游人数就增长到上亿；2000年开始，由于人口基数提高，到2010年，增加幅度较前十年慢了许多，据统计，2010年旅游人数接近10亿人。世界旅游业收入增速明显高于同期世界经济年均增速，从1950年至今，旅游业的年平均收入增长率，最高达到10%左右，最低接近5%（刘文海，2012）。根据世界旅游组织公布的数据，2017年全球旅游总收入（包括国内旅游总收入和国际旅游总收入）达到5万亿美元，相当于全球GDP的7%左右。2017～2018年，全球总收入和旅游总人次增速持续高于GDP增速。国际货币基金组织和世界银行对 2017 年全球 GDP 实际增长率都接近 3% 左右，全球旅游总收入增速比其高出接近 1% 左右。国际旅游业在世界经济中的地位和权重可见一斑。

（2）世界旅游市场呈现"三足鼎立"的格局。

全球旅游市场逐渐形成欧洲、北美洲、东亚及太平洋地区"三足鼎立"的新格局。欧洲和北美洲是全球旅游市场两大巨头，原先是世界上最受欢迎的两大旅游目的地。由于全球一体化推动旅游业发展，原有的旅游市场格局逐渐发生改变。供旅游者选择的旅游目的地逐渐丰富多样化，东亚及太平洋地区也成为旅游者可选择的旅游胜地。根据世界旅游组织公布的数据统计分析，2017 年全球旅游格局中，欧洲份额缩小，美洲保持稳定，亚太地区持续扩大。欧洲、美洲和亚太市场占据全球旅游总人次的 98%。从旅游人次情况分析，2016～2017 年，亚太地区份额增长了 2%，非洲板块份额保持不变，而美洲板块份额和欧洲板块份额都下降至接近 1%，中东板块份额也下降了 0.1%。从旅游总收入情况分析，2016～2017 年，亚太地区所占份额增长接近 1%，美洲板块份额增长 0.2%，中东和非洲板块份额保持不变，欧洲板块份额则下降了 1%。据预测，到 2020 年，东亚及太平洋地区接待国际旅游人数占全球份额将上升为 30% 左右，超过北美洲位居世界第二，进一步巩固"三足鼎立"新格局。

（3）旅游逐渐融入人们的生活，成为一种社会化、普遍化、休闲化生活方式。

人类经济社会高速发展，人们收入水平和生活水平不断提高，主要体现在物质、时间等方面能够自由化地分配。20 世纪 90 年代末，据不完全统计，全球就有 140 多个国家实行一周 5 天的工作制，有些发达国家甚至打算实行一周 4 天的工作制，并延长带薪休假时间，人们可自由支配的收入和时间大幅度增加。人们在物质方面得到了极大的满足，开始更多地关注精神方面的需求。于是休闲度假旅游逐渐成为人们支配闲暇时间的生活方式，成为最重要的旅游市场方向。欧美发达国家是休闲度假旅游的发源地和发达地。休闲度假旅游发达程度几乎可以用来衡量一个国家的旅游发展程度，休闲度假旅游比较发达的国家往往旅游业发展走在国际前列。

旅游业的第一大支柱是海滨休闲度假，如在巴哈马、百慕大等，休闲度假旅游是国家经济收入的主要来源，旅游业收入占其国民收入的一半以上。

（4）"生态旅游"成为世界旅游业倡导新方向。

旅游业的可持续发展逐渐成为世界各国的关注点，各国对生态环境和资源以及人文资源的保护十分重视，制定各种法律法规文件指导旅游业健康发展，同时不断加强旅游目的地的环境建设，呼吁旅游经营机构以及民众关注环境问题，减少因旅游活动造成的不良影响，积极承担保护生态环境的社会责任。"生态旅游"术语在 1983 年提出，其意为保护环境和维护旅游地民众生活双重责任的旅游行为。目前生态旅游发展较好的国家有美国、加拿大、澳大利亚等国家，这些国家在生态旅游开发中，以不破坏自然环境景观、减少旅游对旅游环境的影响为原则，旅游设施和自然环境尽量协调一致，不占据大片面积，基本没有豪华接待设施，在交通方面倡导低碳出行。

2. 世界生态旅游业发展趋势

世界生态旅游业作为旅游业的分支产业，经过几十年的发展，出现了一些明显的变化趋势，主要表现在以下几个方面：

（1）客源市场拓宽的可行性日益明显，生态旅游者持续增加。

随着 21 世纪的到来，许多新鲜元素为社会经济的发展增添了新活力。随着当今全球环境与经济发展问题日趋尖锐，人们对生活环境要求的提高，沉重的工作压力，城市生活的紧张，各国开始注重环保知识的教育和宣传，不断加大绿色旅游的推广力度。人们环保意识日益加强的同时，人们"回归大自然"的愿望也日益强烈，为生态旅游客源市场营造了良好的社会环境，生态旅游的精品性和可参与性成为旅游业消费升级的一个方向。预计未来会有越来越多的旅游者加入到生态旅游的队伍中，因此生态旅游者将持续增加。据有关方面统计，世界旅游业每年以 4% 的速度增长，而生态旅游业以接近其 5 倍的速度增长。

（2）生态旅游在世界旅游业体系中的地位日益凸显。

生态旅游最初在发达国家只是某种特定的旅游产品，由于社会文明的进步和发展，回归自然逐渐成为一种趋势，生态旅游不再只是专项产品，其涉及的范围逐渐扩大，不仅包括自然环境资源，还涵盖了人文生态资源，是人与自然和谐相处的产物。由于世界旅游产业的转型升级，生态旅游已成为其发展的主要方向，成为旅游市场最受欢迎的旅游形式，逐渐被世界各国接受，成为旅游业重要的组成部分，在世界旅游业及中国旅游业中扮演着重要的角色。生态旅游已成为当今世界旅游业发展的热点，每年给全球带来的产值至少达 3000 亿美元。据世界旅游组织估计，目前，在亚太地区以及非洲国家和地区，生态旅游收入已占该地国际旅游总收入的 20%，对于某些以生态旅游为主的旅游区，这一比例可能更高。而且生态旅游正在以高于旅游业总体发展的速度快速增长，今后在旅游业中所占的比例将越来越高。

（3）生态旅游产业体系不断完善，产品倾向于个性化和多样化。

随着生态旅游的快速发展，加之其在世界旅游产业体系的重要地位，有关生态旅游衍生的旅游服务行业，如饮食、娱乐购物场所、酒店住宿等发展配套不断完善，同时旅游服务质量也在提高。与生态旅游相关的工作人员数量增多，许多旅行社推出了很多生态旅游精品路线和生态旅游产品。由于生态旅游者的经历不断丰富，不同国际生态旅游者具有不同特征，我国学者研究表明，生态旅游者对生态旅游活动的爱好以及体验感的不同，主要体现在年龄、旅游经验丰富程度、受教育程度以及性别等方面。另外，生态旅游者偏向于单独旅游，比一般旅游者支付更多的费用和旅行时间。由于生态旅游者特点突出，要针对这些特点设计相应的生态旅游产品，可以从规划设计着手，充分利用现有的条件，理解生态旅游的深层含义，推行"投资少、产出快、加工深、收益高"的经营方式，促进旅游业可持续发展。

（4）旅游经营管理日趋"生态化"。

随着越来越多的政府部门、非政府组织、旅游学者和专家、企业以及当地居民等参与到生态旅游中，人们对生态旅游的认识不断增强，在总结开展生态旅游的实践案例中，不断吸取经验教训，进行科学分析研究，生态旅游的概念逐渐清晰完善。展望未来，生态旅游经营管理必将成为旅游发展新趋势，具体体现在：①国家旅游管理组织将越来越注重中小型生态旅游公司、非政府机构等的生态旅游活动的宣传；②政府将采取激励措施，利用国际原则制订方案、生态标识等，倡导旅游经营者积极承担环境保护、人文资源保护方面的责任；③国家旅游组织和旅游企业或非旅游企业之间的经营合作力度日益加大，国家之间的地区销售组织和行动互动性增强；④各国逐渐重视对生态旅游人才的培养；⑤生态旅游研究逐渐成为学术研究热点，如旅游环境方面的科学测定、环境监测、生态旅游区的产业布局和功能区规划等；⑥全球即将出台有关的可持续旅游发展国际准则和规范指南，可指导贯彻可持续发展理念的国际和国家级的立法框架、政策及总体规划；⑦绿色经营的观念被广泛应用到生态旅游业及其相关产业中，企业不再只追求经济效益，企业经营的目标将会重视生态环境的保护，产品开发设计、生产、销售等各个环节，会注重生态环境效益。

（二）国内生态旅游发展趋势

经过20多年的发展，我国生态旅游日趋完善。当前，我国生态旅游发展形势喜人，不管从产业、政策方面还是从学术研究方面来看，生态旅游的发展都获得了更多的支持、更大的投入、更加深入的研究和实践。

1. 大力发展生态旅游，不断壮大中国旅游产业

首先，从国际生态旅游发展趋势来看，生态旅游发展态势良好，旅游人数和旅游经济收入等方面保持增长的趋势，生态旅游成为世界旅游体系的龙头产业。由于世界生态旅游不断向一体化进程发展，有关生态旅游的交通设施以及接待设施等逐渐国际化和现代化，同时各国都十分重视对生态环境的保护。其次，就国内旅游发展趋势而言，由于我国经济高速发展，中国的旅游业也随之迅猛发展，其在世界旅游市场占有的份额逐年扩大，成为国际最受欢迎的旅游目的地之一。据世界旅游组织报告，亚太地区旅游人数和旅游收入份额不断增长，其主要原因是地区需求，尤其是中国的旅游业发展为亚太地区旅游市场做出了极大贡献。改革开放以来，中国重视旅游业的发展，各方面加大建设力度，2010 年以后中国逐渐成为世界最受欢迎的旅游目的地之一，旅游人数和旅游收入也大幅度增加。2017 年，中国接待国际游客约有 6000 万人次，全球排名上升至第四，国际游客人数和旅游收入分别占亚太地区总数的 20% 和 8% 左右。尤其是自"一带一路"倡议提出以来对中国旅游业的影响深远。据文旅部门数据统计，2018 年两个季度的中国出国旅游人数达到 7000 多万人次，增长约 15%，主要旅游去向是"一带一路"沿线的国家。

2018 年是中国与东盟友好合作的第 15 年，两地流动游客人数逐年增加，增加幅度也逐渐扩大，如 2018 年上半年，哈萨克斯坦访华人数达 11 万人次。预测中国将在 2020 年成为世界第一大旅游目的地国。这些数据说明我国客观上国际生态旅游市场潜力巨大，我国古人就有生态旅游中"天人合一"的想法，还具有崇尚大自然和尊重各民族文化的传统美德，相当一部分人以自然和生态旅游资源为旅游对象，加上随着国家日益推动生态旅游区建设，生态旅游产业配套体系不断完善，以及全民环保意识的提高，将会有越来越多的人加入生态旅游队伍。因此，我国要顺应国际国内旅游业的潮流，充分重视、不断扩大富有潜力的生态旅游市场，才能大力发展生态旅游，不断壮大中国旅游产业。

2. 完善生态旅游产业体系，建立中国特色生态旅游产品体系

改革开放特别是"十二五"以来，我国旅游业发展迅速，对国民经济持续增长作用巨大。同时，旅游已经融入国民生活，成为一种普遍的日常娱乐行为。我国生态旅游经过 30 多年的发展，已初步形成了以世界遗产、风景名胜区、自

然保护区、森林公园等为主要载体的生态旅游产品体系，基本涵盖了山地、森林、草原等 8 大类型。我国生态旅游发展至今，由于受各方面因素的影响，生态旅游产业虽然还不能进行独立核算和统计产业体量，但生态旅游产业的特色和规模已经形成。以森林旅游为例，近年来在各级林业部门的共同努力下，全国森林旅游发展态势稳步向前，相关旅游从业人员以及游客数量不断增加，森林旅游进一步促进了区域经济发展和就业增收能力。从 2015 年以全国森林公园、湿地公园等为基础的统计数据看，森林旅游直接收入 1000 亿元，同比增长 20.00%，创造社会综合产值 7800 亿元，约占 2015 年国内旅游消费（34800 亿元）的 22.41%，同比增长 20.00%。全年接待游客约 10.5 亿人次，约占国内旅游人数（40 亿人次）的 26.25%，同比增长 15.38%。森林旅游管理和服务的人员数量达 24.5 万人次，其中导游和解说员近 3.8 万人次。此外，生态旅游发展带动了就业增收能力，目前生态旅游已成为农民脱贫增收的新渠道，更成为推动地方经济转型升级、促进消费的新引擎，对地方社会经济的带动作用日益明显。但总体来看，生态旅游产品体系仍然比较薄弱，生态旅游产品雷同现象严重，缺乏精品。我们应当考虑各种生态市场影响因素，开发适销对路的生态旅游产品。如生态旅游市场的细分应该考虑不同年龄段以及性别不同的旅游者对生态旅游的偏好、生态旅游目的地，应当依据国内生态旅游资源的不同特点而建设、针对生态旅游活动的多样性，以整体模式开发利用整合旅游资源，以生态旅游为重点突破、推出高质量富有特色的生态旅游产品，要结合中国特色，有针对性地宣传推广。

3. 改革生态旅游景区管理体制，建立国家公园体制

2013 年 11 月召开的中共十八届三中全会通过了《中共中央关于全面深化改革若干重大问题的决定》，其中提出，"坚定不移实施主体功能区制度，建立国土空间开发保护制度，严格按照功能区定位推动发展，建立国家公园体制。"

2014 年 2 月召开的中央全面深化改革领导小组第二次会议，确定 2014 年经济和生态方面要推进的改革举措大体上有 60 项，其中，生态文明制度建设有 12 项具体工作，国家公园体制建设正是其中之一。建立国家公园体制是从体制入手解决自然生态的整体性和建设管理的分制性之间的现实矛盾，必然会实现对自然生态系统的管理由部门行为到政府行为的转变，必然会实现由多方分治到国家统治的转变，是加强国家治理能力的重要内容，也是中国共产党在生态文明制度建设方面的重大创新和重要举措。

中国生态旅游的保护与管理模式主要有自然保护区、森林公园、风景名胜区、地质公园等，并成立自然资源管理委员会或管理局对其进行管理，这些模式虽然有明确的管理部门，但生态旅游权属制度仍不明确。

我国生态旅游区构成具有多元性和多样性，国土、林业、环保等多部门均有管理权，由于权限不清、行政关系不同，同时涉及的部门利益较多，造成管理不到位等后果，一定程度上阻碍了当地政府发展生态旅游业，带动区域经济发展。中国生态旅游景区是中国自然生态系统恢复建设和保护的主体，因此，加强我国自然保护区、森林公园、湿地公园、沙漠公园等生态体系的重大体制性改革，尽快建立国家公园体制，是中国生态旅游景区未来建设与发展最重要的历史使命。

4. 加强生态旅游的保护与管理，推动生态旅游持续健康发展

我国生态环境脆弱，生态安全情况不良，生态系统质量和功能偏低，同时环境保护和社会经济发展存在一定矛盾。随着我国生态文明建设步伐的不断深入推进和全国旅游工作会议相关部署的全面展开，生态旅游作为推动生态文明建设的重要载体，正迎来黄金发展期和战略机遇期，融合发展势头日益凸显，是建设美丽中国，让城镇更美、让农村更美、让老百姓更富裕的重要途径。

目前，在国内，开放的生态旅游区主要有自然保护区和风景名胜区等。生态旅游格局呈现多样化和多元化，其形式多样，主要有观赏游览、科学考察、户外探险、乡村生态旅游等。虽然我国生态旅游发展情况良好，但是在发展过程中还是出现了不少企业为了经济效益而忽视生态环境保护的情况。张家界武陵源风景区在20世纪末被列入世界自然遗产名录，由于其建筑为了赶工存在粗制滥造的问题，导致整个风景区的自然环境越来越像"城市"，自然环境遭受到很大程度的破坏，因此联合国有关委员会多次警告，甚至亮出了"黄牌"。虽然当地政府极力恢复补救，投入大量资金，耗费大量人力物力，景区的自然风貌也难以恢复成原样。没过多久，张家界又作妖兴建"世界最高的全暴露户外电梯"，此举惹来了社会各界的议论，纷纷谴责其行为，张家界须做的是保护自然生态环境，合理开发，提升旅游质量，而不是破坏环境兴建土木。由此可见，中国生态旅游还处在起步阶段，缺乏相应的法律和管理手段，加强对生态旅游的保护与管理是实现中国生态旅游持续发展的关键。实现发展方式的绿色转型，推进生态文明建设是党的十八大确立的一项重要战略任务。如何把生态文明建设的理念、原则等深刻融入和全面贯穿到我国经济、政治、文化、社会建设的各方面和全过程，把"绿色化"与"工业化、农业现代化、城镇化和信息化"协同推进，着力推进绿

色发展、循环发展、低碳发展，为人民创造良好的生产生活环境，形成人与自然和谐发展的现代化建设新格局，是当前和今后一段时期内摆在我们面前的一项艰巨任务。依据《全国生态旅游发展规划（2016—2025 年）》文件中的阐述，党的十八大会议提出推进生态文明建设，构建生态安全格局。党的十八届三中全会进一步要求建立空间规划体系，划定生产、生活、生态空间开发管制界限。"十三五"规划《纲要》要求加大生态环境保护力度，为人民提供更多优质生态产品。生态保护作为生态文明建设的重要内容，关系人民福祉，关乎民族未来。为加快推进生态文明建设，更好地满足日益增长的旅游休闲消费需求和生态环境需要，必须加快发展环境友好型、非资源消耗型生态旅游，有效整合资源，丰富旅游内涵，提升生态品位，促进融合发展，优化配套体系，加强资源环境保护知识教育，提高环境意识，引导形成正确的生态价值观，树立崇尚生态文明新风尚，推动形成绿色消费新观念，发展负责任、可持续的旅游业，实现人与自然和谐共生。

中国生态旅游保护与管理要吸收国际生态旅游发展的先进经验。具体而言，要从以下几个方面做好工作：

（1）平衡经济发展和旅游资源与环境的开发问题。环境保护是利用开发的前提。旅游资源和环境是生态旅游活动的物质基础，不合理的开发利用可能会破坏生态旅游环境，造成资源浪费和消失。同时生态旅游也失去了它最核心的意义，不能为了追求经济发展而漠视对环境资源的保护。当地的经济、人口、生物多样性和生态系统的敏感度决定了一个地区能否开展生态旅游及如何确定适当的规模。虽然我国旅游资源丰富多样，但由于经济技术水平和国民整体素质水平有待进一步提高，因此要实现资源环境全面科学开发和保护，需要突破以上难题，而且有些资源的保护配套设施要求极高，需要借助十分先进的技术水平才能将旅游资源呈现展示，所以在我国现有经济和科技水平下，应当以资源环境保护为主，合理发展生态旅游。

（2）要充分发挥政府在生态旅游发展中的作用。政府可以通过各种手段和渠道来加强对生态旅游地的引导和管理力度，如加强政府与旅游地的合作力度，政府应当制定相关生态旅游标准，规范规划程序，呼吁社会各行各业为生态旅游提供帮助和支持、组织开展生态旅游科学活动、提供策划评审以及基础设施资金服务等。

（3）提高旅游者的环保意识。旅游者不仅是生态旅游活动的消费者还是参与者，虽然旅游动机可能涉及观赏、考察学习等，但大多数游客只停留在旅游观光的表层，认为自然就应当为人类服务，而自身很难深入理解生态保护的重要性，主动学习生态知识的积极性较低。在这种情况下，生态旅游的保护工作开展有一定难度，难以让大众参与到保护行动中去。所以应该倡议生态旅游者建立环境保护的理念和生态平等的观点，积极承担保护环境的责任，加强生态环境保护意识。

（4）引导旅游地民众积极参与到生态旅游中去。作为生态旅游的消费者和受益者，除了要树立正确的生态价值观之外，更要建立全新资源观，考虑好当代人和后代人的生存利益，对生态环境资源要实现保护和利用兼顾。只有旅游地民众的自我保护意识增强了，才能从最基础的层次促进生态旅游资源的有效利用和保护。

（5）加强对生态旅游从业人员的培训和对生态旅游者的引导。包括提高导游和管理人员的社会生活处理技能，如沟通交流能力、语言能力、对旅游地的熟悉程度等，要起到带头作用；引导生态旅游者尊重地方文化民俗，保护当地旅游生态环境等。

第三节　生态旅游发展的意义

生态旅游是以最大限度地减少其对自然环境和社会文化造成的负面影响为目的的旅游方式，其以自然生态环境为基础，以满足旅游者观赏自然景观和了解地方文化需求为内容，以生态环境保护教育为特点。多年的旅游经济发展的实践表明，生态化是旅游经济发展到一定阶段的需要，是旅游经济持续、健康发展的必然要求，也是旅游业整体形象建设的新要求，生态旅游已经成为全球旅游业的发展潮流，生态旅游业在新时期已成为一个极重要的经济增长点。积极开展生态旅游资源开发和持续利用研究，建立现代生态旅游开发模式，对于促进旅游业健康持续发展，合理利用和保护生态资源，加快人与自然和谐进化发展，保证当代与后代利益兼顾，效率与公平兼顾，推动人类社会的可持续发展，均有着重要的意义。

一、生态旅游促进了社会的可持续发展

可持续发展的宗旨是满足人的全面发展的需要。人的全面发展的需要可以归纳为 3 个层次，即生存需要、精神需要和发展需要。生存需要包括对生产资料的需求和对生活资料的需求，它是人口再生产得以正常进行的基本条件，也是社会稳定的基础。精神需要是指在满足物质需求基础上追求精神文化方面的享受。发展需要为最高层次的需要。可持续发展的最终目标是为了人类的永续生存，满足人的全面发展需求，包括满足当代人以及后代人的全面发展。而良好旅游环境是旅游业能够持久发展的前提，其奠定了旅游业发展的基础。生态旅游的兴起，其目的是实现旅游的可持续发展，实现旅游中社会经济和环境保护协调发展，以弥补和消除以往旅游方式对环境造成的不良影响，加强人们对生态环境的保护意识和保护行为。所以，合理开展生态旅游活动对环境保护起到非常重要的促进作用，更是人类生存活动的一种永续行为，生态旅游在社会可持续发展中有着重要的地位和作用。

（一）生态旅游行为方式与社会可持续发展一致

生态旅游区的旅游交通要求简易环保，提倡低碳出行，同时接待设施要求小巧不占地。建筑设施方面要求与自然环境协调一致，不破坏生态环境。生态旅游的核心因素是自然景观，要确保自然景观受到保护。生态旅游者在进行生态旅游活动时，要充分尊重旅游地的自然文化，保护景区动植物，举止文明，不随地乱丢废弃物，等等。这些行为方式的普及与推广，是形成节约型社会的基础，更是社会可持续的保障。生态旅游就是实现旅游可持续的行为。

（二）生态旅游是生态教育的实践

生态旅游具有教育人们自觉维护旅游资源和旅游环境的功能。生态旅游的最大特点是"保护旅游对象"，也就是要保护生态环境，要求游客和景区管理者必须真正懂得生态旅游，同时在生态旅游过程中，风景区管理者和游客又学到了生态建设的理论和实践。经过近年来"生态旅游"的发展，在自然景观中兴建土木等破坏景区自然环境的现象大为减少。以前的旅游从业人员对于生态旅游知识了解得比较少，没有接受相关学习，所以未能将生态系统的地质地貌、资源分布以及对生态系统的保护意识等信息传递给游客。第一，随着生态旅游业的发展，导游必须想方设法提高自身的生态旅游知识。第二，通过生态导游的外溢效应和讲解"灌输"提高生态游客的环保能力。按生态旅游的规范，生态旅游参与者

必须保护生态环境，禁止刻字刻画、随意踩踏花草、随意乱丢废弃物。这样的旅游"生态"导向社会"生态"，为社会可持续发展铺就生态教育之路。第三，生态旅游对文化遗产、人文环境、自然风光和野生动植物的保护起着十分积极的作用。可以说，生态旅游是以维护自然人文生态环境协调发展为目的的新型消费方式，其基本要求是旅游发展规模与自然人文环境相适应，以保护自然人文环境及当地居民的福祉为目的，采用合乎自然人文生态环境需要的发展模式和管理方式。挖掘当地文化资源，保证自然和人文资源的可持续发展和延续，保护当地丰富多彩的各民族传统文化。

生态旅游对于引入绿色创新的社会理念，建立社会生态园区，进行产品开发的绿色设计，健全法制、社会环境和经济空间结构，培育良好的社会可持续氛围具有十分重要的作用。事实证明，生态旅游不但具有保护环境的作用，而且还能丰富生态资源和营造良好的生态环境。

二、生态旅游对经济发展具有积极意义

可持续发展强调社会、经济、资源、人口的相互协调和共同发展，要求既能相对满足当代人的要求，又不对后代人的发展构成威胁，实现以生态建设促经济发展，以经济发展保障生态建设稳步推进。随着时代的发展，生态旅游逐渐走进人们的视野中。中国的旅游业是最活跃的产业之一，根据世界旅游组织的统计数据，我国旅游增长是世界旅客增长率最高的旅游目的地，这得益于我国的国际影响力以及我国生态旅游业的发展。生态旅游不仅给我们的生活带来了变化，更为我国的经济带来巨大的变化，生态旅游对经济发展具有重要意义。

（一）有利于促进第三产业的发展

有利于促进第三产业的发展，带动相关产业的发展，促进产业结构的优化调整，促使我国产业逐步趋于合理化、专业化。如四川九寨沟景区形成了一个良性循环的发展模式，利用先进的发展理念和发展模式，在增加旅游收益的同时促进景区生态环境的保护以及当地居民生活条件的改善。同时，学习借鉴国内外先进管理经验，坚持走"保护促发展，发展促保护"的永续发展之路，进行了一系列保护自然生态环境的措施，优化旅游环境、完善设施建设、提升管理服务水平，管理模式在中国旅游业发展中走在前沿。九寨沟自从走上生态旅游发展道路后，每年接待游客人数由20世纪八九十年代的十余万人，发展到今天的千万人。每年的年经营收入从百万元上升到亿元。旅游业的发展为当地居民的生活带来显

著变化。旅游业的发展，促进当地其他相关产业的发展。服务业等第三产业如雨后春笋，这使当地居民生活水平和人均收入大幅度提高。美国黄石国家公园是美国的第一个国家公园，也开创了世界国家公园运动的先河。每年有上千万的旅游者到国家公园中专门开辟的公共地域旅游，使得"自然旅游者"的数量与日俱增。同时，那些旅游者培养出了一批从事生态旅游产品开发、经营的专业机构和企业。增加了国民经济收入，也保护了生态环境。

（二）有利于提高劳动者的自身素质

生态旅游业在一定程度上可以算作是劳动密集型产业。可以扩大就业，促进农村劳动力的就近转移，一定程度上缓解当前巨大的就业压力。同时，生态旅游业的发展对劳动者的素质要求逐步提高，需要大量高素质、高层次的复合型专业人才。随着市场需求的日益紧迫，广大劳动者会通过各种途径逐步提高自身的能力，提高劳动力市场的素质。

（三）有利于缩小城乡差距

生态旅游多发展在旅游资源丰富的乡村等地，交通不便。发展生态旅游可以促进当地交通业的发展，加强城乡之间的联系。生态旅游能有效地提高当地居民的收入水平和生活质量，带动当地经济发展。即通过旅游开发的方式，为旅游区筹集资金，为当地居民创造就业机会，有效地发展经济，在生态环境质量不降低的基础上，使当地居民在经济、财政上获得益处。同时，通过城市的示范和推动作用，带动农村地区的经济发展，逐步缩小城乡差距。

第二章　生态旅游的基本理论与研究动态

第一节　生态旅游的基本概念与内涵

"既要绿水青山，也要金山银山。宁要绿水青山，不要金山银山，而且绿水青山就是金山银山。"习总书记在谈到环境问题时如是说道。现阶段，我国在生态问题上，面临着严峻的考验。在过去的很长一段时间内，我国坚持以经济建设为中心，没有正确地把握经济发展与环境的关系，没有合理地规划，盲目开发，其开发强度和力度都远远超过了自然环境的承载力，给生态环境造成了难以修复的破坏。随着中央对生态文明建设的重视程度不断加深，出台了相关文件和政策，确保我国生态文明建设稳步前进。特别是将"绿水青山就是金山银山"重要思想写入党的十九大报告和新修订的党章，标志着我国对生态环境的重视，提升到了前所未有的高度。

发展生态旅游是突破现阶段我国旅游业发展瓶颈的新模式，我们要充分认识到生态旅游发展模式在旅游业中的特殊地位。如何实际运用生态旅游发展模式，实现人与自然的和谐发展，将是未来很长一段时间我们需要思考的问题。

一、生态旅游的概念和内涵

（一）生态旅游的概念

随着旅游业的不断发展，传统旅游业与自然环境的矛盾日益彰显，所以人们提出了生态旅游的概念，以积极应对不断恶化的生态环境。"生态旅游"是自然保护国际联盟的特别顾问 Ceballos Lascurain H. 第一次在文献中使用的。此后，各类有关于生态旅游的研究，如雨后春笋般冒出，但是对于"生态旅游"概念的界定至今仍然没有统一。

那么生态旅游到底是什么呢？最新的概念界定有 100 多种，几乎每个研究者都有属于自己的概念。生态旅游的思想和理念，经过近 30 年的发展，形成了一些公认的基础框架结构和方法，但是离成为一门成熟的学科还有很大距离，最突出的表现就是对研究的基础——生态旅游的概念和内涵还众说纷纭，但是在以下几个方面，人们已经达成了共识：

（1）以环境保护作为第一原则；

（2）游客、旅游开发者和旅游地居民共同参与；

（3）旅游地必须保持原始的自然环境和较为古朴的人文风俗；

（4）能改善解决旅游业发展与环境破坏间的矛盾，促进旅游业健康、可持续发展。

生态旅游在不同的空间、领域、不同的时期，以不同的表现形式被不同的人使用。生态旅游可视为一种全新的发展理念，可具体为一种旅游产品，可细分到某种行为，一种旅游模式，也可能是一系列的原则和目标。现在，生态旅游的概念界定主要是基于不同的学科领域、视角和层次。有的从消费者需求的角度出发，特别强调旅游者的出行动机，认为生态旅游这一活动是回归自然之旅，是一种旅游形式；有的从供给方面看，强调旅游规划和布局，着眼于管理者的行为和理念，认为生态旅游是一种可持续开发的产品；有的从生态旅游的环境制约来分析，认为它是一个生态工程；有的从生态旅游的宗旨和规则标准来看，需要确定它的目标是不是可持续发展，社会收益和生态收益是不是有机的一个整体；有的从生态旅游目标的完成角度分析，应该有一个确定的目标和方式；有的从旅游的产品等级、旅游者消费能力的高低、旅游者素质的高低来进行定义；有的从生态旅游的对象是否受限制或干扰方面分析，认为也可以被分为两类，包含狭义的和广义的；有的学者还从生态旅游的方式对概念进行阐述和定义。在众多不同的概念定义中，不难发现，生态旅游在低碳旅游、文化旅游、自然旅游和可持续旅游等概念上都存在相同点和不同点。

不同的人因为处于不同的文化、政治、经济、科技等环境中，所以为生态旅游赋予了不同的含义。此外，随着社会的不断进步和发展，民众对生态旅游概念的了解和认识也将会是一个不断变化和深入的过程。所以，不需要把所有的概念统一起来。虽然有许多不同的概念，但是它们的关注点是一样的，就是一定要将发展旅游与环境保护相结合，做到互相融合、协调发展。与此同时，经过众多学者的不断探索、追寻和推广，生态旅游概念已深入人心，人们愈发认同生态旅游的理念并且在许多方面已经达成共识。虽然还存在争议，也正是因为争议的存在，生态旅游才有发展和进步的空间。我们需要借助这样的争论，共同探究，找出其内在的根本含义，完善生态旅游体系。

（二）生态旅游的内涵

生态旅游的内涵通常能从它的定义中展现出来。生态旅游发展至今，学术界也没能就生态旅游的定义达成共识，形成一个统一的定义。因此，生态旅游的内涵在不同的领域中、不同的学科中，也会有不同的认识和解释。在结合了发展生态旅游的初衷和在发展生态旅游过程中遇到的问题、现象后，我们将生态旅游的内涵总结为以下几个方面：

1. 以原生态旅游资源为基础

原生态的旅游资源是指未受到开发利用的原始自然风貌、未经过包装和打造的传统民俗文化。旅游资源是自然界长久以来形成的景观、现象和人类文明，它们都具有一定的科研价值，对游客有较强的吸引力，可开发成旅游产品、旅游产业的，并可带来经济、社会和环境效益的各种事物和因素（唐卫东，2010）。通常情况下，自然旅游资源和人文旅游资源是常见的两种分类形式。海洋、沙漠、山川、森林、草地、湖泊等都属于自然旅游资源的范畴，它们散发着无穷的魅力，吸引着旅游观光者，毋庸置疑地成为了生态旅游的首选旅游对象。人文旅游资源是否属于生态旅游的游览对象呢？在这个问题上，还存在很多分歧。通过总结和分析，我们认为，人文旅游资源是生态旅游资源中不可或缺的一部分，如果缺少了人文旅游资源部分，生态旅游将失去生机，失去一种展现形式，那么游客参与生态旅游的体验感将会大打折扣。所以人文旅游资源应属于生态旅游的旅游对象的范畴之内。其原因有二：①人文旅游资源是人类社会发展的浓缩，集中展现了人类创造的文明成果，需要加以保护和传承。②很多时候，自然旅游资源与人文旅游资源是融合发展的，很难界定。特别的是，生态旅游资源具有很强的原生性，是现代社会开发的仿原生态旅游产品不能企及的。比如，"对山歌"。众所周知，这是广西壮族自治区特有的民间娱乐活动，但是，如果被其他地区复制过去，即使经过各种媒体宣传和渲染，专业团队的演出，那种节日民俗也不具有原生性，就不属于原生态旅游资源了。

2. 高质量的旅游体验

随着社会经济快速发展，人们的工作压力随之增大，生活节奏不断加快，人们渴望一种能放松身心、愉悦欢快的减压方式。显然，生态旅游的发展给人们提供了一种全新的旅游方式。它摒弃了传统旅游走马观花的旅游模式，让游客能参与到旅游地的各种体验活动中，使游客在活动过程中重新感受生活的乐趣，体会到旅游活动带来的满足感，从而释放现实生活的压力。在生态旅游区，悠扬的猿鸣、多彩的民族服饰，处处都体现出纯粹的自然之美，让游客耳目一新。同时，生态旅游还是一种学习活动。在生态旅游区的规划和建设中，涉及不同领域的学科知识和理论，人们在进行生态旅游活动时，就仿佛在一个天然的课堂中。这种寓教于乐的模式，也使得生态旅游本身更富有吸引力了，也能提升游客的获得感。

3. 生态旅游强调对旅游对象的保护

生态旅游是一种能促进人与自然和谐相处、互利互惠的发展模式。人们在获得经济效益的同时，减少或是消除了对自然环境和人文生态环境的破坏，同时加强了对自然环境的保护，对旅游对象的保护，这是生态旅游发展的根基。而传统旅游形式看重的是旅游资源带来的经济效益，对生态环境保护的意识薄弱。以肯尼亚为例，在其发展生态旅游的早期，肯尼亚根据本国动物物种、数量丰富的特点，大力开发以传统狩猎为名目的旅游产品，受到了广大游客的追捧和喜爱，该项目也使得肯尼亚的旅游收入大幅增加。但由于无节制的猎杀，肯尼亚主要地区的各类动物的种群数量急剧下降，生态系统面临崩溃。这不是生态旅游，这是在变本加厉地破坏生态。经过不断的探索，旅游开发者有了新的思路。他们建立了自然生态保护区，人们可在特定的范围、时间，以一种友好的方式，近距离观赏保护区的动植物，这种模式得到了广泛的认可。因此，生态旅游发展的重中之重是要推广生态旅游的理念，加强对生态旅游对象的保护，使其深入人心。其次是加强生态旅游各个环节的监管和引导，规范旅游者的旅游行为，提高旅游地居民保护环境的主体意识，监督开发者的规划开发过程。

4. 生态旅游可以实现社会效益和经济效益的统一

经过各国专家学者的不懈努力，推动了生态旅游的发展进程。同时，生态旅游模式的普及，也证明了生态旅游是实现经济效益和社会效益协同发展的有机结合。第一，生态旅游是以保护为优先原则，这就要求旅游者、旅游目的地社区居民和旅游开发者，都要时刻以保护环境作为自己进行生态旅游相关活动的行为准则。第二，带来经济效益是促使生态旅游发展永葆活力的重要原因。"经济基础决定上层建筑"。一方面，只有给旅游地社区居民带来客观的经济效益，他们才能积极转化为发展生态旅游模式的拥护者，才能更自觉地保护当地的自然环境。另一方面，只有地方的旅游收入提高了，当地政府才有足够的财力和物力，对生态环境做全方位的保护。与此同时，只有保护好自然环境，发展生态旅游才有基础，才能带来社会效益和经济效益。在生态旅游发展模式中，体现出来的是相辅相成、和谐共生。

二、生态旅游的特征和原则

（一）生态旅游的特征

生态旅游相对于传统的大众旅游而言，是一种自然取向的体验、观光旅游，并被认为是一种兼顾自然保护与发展目的的活动。学者赫克特认为，生态旅游是到相对原生态的自然区域旅行，有特定的旅行目的，且观赏其中的野生动植物景象，体验原生态环境中的生活，并且关心区内的文化特色。生态旅游包含科学、美学、哲学方面的内容，但并不要求每一个旅游者都在旅游过程中体会到这些；生态旅游的重点在于一个人去从事生态旅游，就有机会去深入了解自然，沉浸在自然环境中，去感受自然，享受自然，而后上升为崇敬自然，懂得去保护自然。柯特则认为生态旅游是一种发展模式，在特定的时间、范围和空间里，让游客获得享受，给当地带来经济效益和社会效益。生态旅游发展模式，还是一种科学的、具有前瞻性的旅游发展型模式。它能很好地兼顾自然环境保护、地方人文环境保护和经济发展三者之间的关系，从更高的角度重新诠释了旅游的综合优势。

综上所述，生态旅游兼顾了传统旅游业的经济效益和自然生态保护，是建立在良好的自然环境和丰厚的历史积淀以及优良的传统文化上的旅游新模式。生态旅游者以精神欣赏、参与和培养敏感度与低度开发地区产生互动，他们不是以消费者的角度进行旅游活动，而是融合于野生动物及自然环境间，通过劳动或经济方式，对当地环境保护和居民做出贡献，从中获得快乐。

1. 保护性

将保护性置于首位，是发展生态旅游的鲜明特征。进入 21 世纪以来，我国经济发展形势大好，城乡居民可支配收入持续增长，为旅游业的发展奠定了基础。旅游活动参加人数陡然增加，旅游带来的经济效益明显增强。在这种市场经济的刺激下，大量的社会资本和人员参与到旅游行业中来，这导致旅游业并没有得到科学的开发和有效的监管，缺乏成熟的理论指导体系，开发和管理都是被动的，旅游活动对生态环境造成破坏的行为屡见不鲜。传统旅游业的发展与自然环境的矛盾逐渐凸显。

现代生态旅游的保护性涉及旅游行业中的各个环节。对于政府相关部门来说，应当将保护性放在优先考虑的位置，严肃处理以牺牲生态本身来换取经济效益的开发项目。对于旅游开发商来说，要恪守生态保护底线，不能盲目地追求经济效益最大化，从而忽略生态环境的保护。项目开发时，要科学的规划，立足长远，不能只追求短期、快速的效益。对于游客而言，要自觉提高生态环境保护意识，进入景区时要规范自身行为。在推动发展生态旅游时，要充分尊重自然规律，努力做到人与自然和谐相处，确保旅游行业的健康、可持续发展。

2. 自然性

具备良好的生态环境原始性和人文环境的原始性，是发展生态旅游的基础。生态旅游的独特吸引力，一方面在于旅游目的地未受人类活动影响，没有工业化污染的原始自然风貌，包括山川、飞鸟、森林和人文。另一方面在于富有地域特色的淳朴的风土人情和丰厚的历史、文化积淀。生态旅游开发者在规划旅游路线和设计旅游产品时，要充分体现出自然性，且要注重保护生态环境和人文环境的原始性，保留其独特的自然魅力，目的是让旅游者更好地体验到生态旅游带来的轻松和愉悦。

3. 参与性

参与性强调的是游客和旅游目的地社区居民的参与。现代游客已经厌倦了走马观花的旅游模式，传统的观光旅游已经不能满足游客的旅游需求，他们渴望能通过参与活动的方式，来体验大自然的魅力，感受不同的地域风情。生态旅游的发展，从旅行者的角度出发，开发不同的体验活动，使游客们通过亲身体验，获得不同的感受和经历，从而获得快乐，产生共鸣，从而更加热爱自然，自觉地保护自然。

旅游目的地社区居民参与生态旅游的开发和建设，让他们感受到发展生态旅游带给他们的经济效益，他们才能成为发展生态旅游模式的践行者和维护者。同时，社区居民是当地文化的传承者，只有他们的参与，景区的人文活动才能丰富多彩，游客才能更直接地了解和接触当地的风俗文化，增强游客的体验感。

4. 科学性

生态旅游的发展是建立在学科知识发展的基础上的，所以必须要有成熟的生态旅游理论对其进行开发和管理指导。生态旅游的科学性在于充分考虑到项目开发会对自然环境造成的影响并最大程度上规避这些影响，以保证生态环境能及时地自我修复。开发、设计前应进行充分的调研、论证，因地制宜，优先使用环保材料，使用节能设备，做好建筑垃圾的处理工作。生态旅游游览区应严格执行生态系统保护条例，如限定每日入园游客数量、科学合理地安排观光路线等。要从动物自身的角度出发，避免在其进食、休息等时间进行观光活动，以减小对其的影响。

5. 高层次性

生态旅游的高层次性是指参与生态旅游的体验者们主要是以探寻自然与人文资源魅力为主要目的。参加生态旅游活动，能使参与者返璞归真，尽情地享受自然风光。与此同时，还能体验不同地域的人文风情。此外，生态旅游区就是天然的科教场所，可对游客讲述环境保护知识，可有效提高旅游者的生态环境保护意识。生态旅游的高层次性并不表示它就是小众旅游。恰恰相反，生态旅游这种新型旅游模式所占的市场份额正逐年提高，成为越来越多人出行的首选方式。

6. 专业性

在生态旅游区的规划、开发和建设过程中，涵盖了较多的学科知识和领域，具有较高的科学文化内涵。所以在设计旅游产品和开发旅游项目等方面，都对专业性提出了很高的要求，使得游客能快速地融入自然，进入返璞归真的境界，在感受自然的同时又能热爱自然，珍惜自然环境，自觉地保护自然。相应地，对于参与生态旅游的游客，自身也应具备一定的科学文化素养和生态保护知识，只有这样，游客才能在观光和体验的过程中，了解、学习到丰富的知识，才能感受到生态旅游区的历史文化底蕴和自然风光的无限魅力。

7. 原生性

生态旅游资源具有原生性。生态旅游系统中的各部分组成要素，都具有原生性。他们的原生态是不加任何修饰和宣传的，并带有强烈的地域特征。相应地，生态旅游区内的人造设施，在设计、建材和色彩等方面，都必须与生态旅游理念相协调。这种原生性不仅仅体现在自然和人文旅游资源上，也应体现在生态旅游活动中的方方面面。例如吃，游客们要怎么吃才能吃出原生性呢？一方面，菜肴要符合当地的特点，内陆地区的生态旅游区餐桌上出现海鲜，这就不太符合逻辑。另一方面，不能为了追求干净卫生，使用一次性的碗筷餐具，这将会降低游客们对原生性的体验感。

8. 多样性

生态旅游资源具有多样性。它不仅包括自然、人文旅游资源，也包括生物多样性资源。可发展成为生态旅游景区的生态类型种类各式各样，可以是湿地公园、野生动物保护区和海岛，也可以是历史遗迹、人文景区等地方。而且，生态旅游资源的每一个分类，都是一个复杂的构成，涵盖了不同旅游资源。生物多样性是生态旅游资源构成中不可或缺的组成部分。生物丰富度高的地区，其生态系统更加稳定，有利于降低人类旅游活动带来的部分影响，更有利于生态旅游的发展。

9. 效益综合化和持续性

生态旅游能够协调经济效益和生态环境保护的关系。旅游开发是一种经济行为，自然是以追求经济效益为目标。当我们引入生态旅游概念之后，通过生态旅游的开展，通过招商引资，建设项目，提供就业岗位，从而带动地方经济的发展，使其经济效益得到提高。生态旅游通过提供就业岗位的方式，提高生态旅游开发区当地及周边居民的收入，从而改善他们的生活条件，转变人们的生产、生活和消费观念，进而体现出来社会效益。因此，生态旅游的效益是将生态环境效益、经济效益和社会效益三者有机结合在一起，从而体现出综合效益。生态旅游通过对自然生态和人文生态的保护而实现生态资源的可持续发展，保证了效益的长期性和持续性。

(二) 生态旅游的原则

1. 保护第一原则

各生态旅游区在开发建设和经营时，必须将生态环境保护列为第一原则。当旅游用途与保护用途相冲突时，必须优先保护用途。在利用自然的同时，也要充分地保护自然，切实将生态旅游区整体列为保护对象，使生态旅游的开发建设成为积极主动的保护行为，用旅游开发的综合效应促进生态保护工作的开展。我们应当鼓励政府、社会各界对资源内在的价值进行深入的了解，特别是自然资源本身及其有限性的认识。现阶段，我国生态旅游开发过程中存在一个极为严重的问题就是开发与保护的非同步性，其直接后果就是旅游业所带来的效益被环境破坏的后果冲得一干二净。生态旅游的开发不能竭泽而渔，而应以一种有利于环境的方式去开发。

将保护当地文化与环境有机结合在一起。当地民众世居于此，长期形成的具有浓郁地方色彩的民风民俗等人文文化活动，使得这类景区具有很强的市场竞争力，可开发出相应的生态文化活动并将这些活动介绍给游客；一切活动开展的前提都是在生态环境保护条例允许下进行的，要杜绝例如为展现原住民的传统狩猎，而进入保护区猎杀保护动物的行为。

2. 互利共赢原则

生态旅游景区通过合理的开发，接待前来消费的旅游者，从旅游者的消费行为中获得经济效益，并将部分收益设立景区保护资金，进而对资源和环境做全方位的保护。互利共赢原则是理想的经营模式，但也是最难做到的。生态旅游的开发应充分运用双赢策略。很多项目在开发初期能做到互利共赢，但在后期的实际经营过程中，为追求经济效益最大化，往往忽略掉环境保护，这是不可持续的，这种行为必将是自取灭亡。

3. 生态旅游区人员行为规范原则

在旅游区的规范细则中，应该明确告知进入生态旅游区的一切人员，哪些行为是允许的，哪些行为是禁止的，明确告知其环境的最大承载限度，从而减少人为地破坏自然生态环境，更好地保护生态旅游区。游客作为生态旅游区的"消费者"，应强化使用者付费的理念，生态旅游并非是无偿或免费对景区进行体验、观光活动，游客必须支付相应的费用或是劳动，用以换取旅游满足。相对地，生态旅游区的经营者，也应当支付一定的费用，用以换取旅游区的经营权并且按一定的比例从经营收入中抽取一部分用于旅游区的生态保持和恢复。就现阶段而言，世界各国愈发青睐保护区收费的观念。

三、生态旅游与传统旅游的差异

生态旅游是旅游业可持续发展的重要途径，与传统大众旅游有着本质的区别，而这种区别不仅仅体现在旅游客体上，更重要的是其对环境和社会的责任。原世界旅游组织秘书长弗朗加利在峰会中就世界生态旅游提出了自己的看法，他认为，发展可持续生态旅游不仅有利于促进社会稳定，加快经济发展，也对环境保护起到重要作用。生态旅游要做到刺激国家经济的增长，解决贫困问题，要为农村与城市之中的弱势群体创造出一定的就业机会，同时也要为保护自然环境以及文化等方面带来资金的保障。

传统旅游以追求经济效益最大化为目的，往往忽略了对自然环境造成的破坏。开发的项目为吸引游客，投其所好，只具备基础的娱乐、休闲和度假功能。传统旅游在管理方式上，非常粗放，没有严格的规章制度。在开发建设上，没有科学合理的规划指导，盲目地大兴土木，以营造强烈的视觉效果和奢华的体验为目的。通常情况下，在传统旅游业中，开发商是主要的受益者，当地居民的获利少或不获利，参与度很低。在这种开发模式下，虽然能够为当地的经济发展带来一定的作用，但是是以牺牲自然环境资源为代价的，而且会严重地干扰旅游地居民和生物的生活规律。

生态旅游是建立在尊重自然、顺应自然和保护自然的前提下，以欣赏自然景观、感受自然魅力为目的的旅游发展新模式。生态旅游的旅游项目在开发和设计上，主要是使游客在大自然的环境中，放松身心，释放压力，感受到愉悦。生态旅游在开发建设之前，应进行充分的调研和论证，做出科学合理的规划和实施方案，避免因为考虑不周而对整体环境带来负面影响。在生态旅游的模式下，开发者、旅游地居民、游客都成为了受益者，开发者和居民得到了经济上的满足，游客获得了高质量的旅游体验，同时也提高了三者的积极性和参与度。发展生态旅游模式，在带来经济效益的同时，还能使资源和环境得到有效的保护，确保生态旅游的健康可持续发展。

第二节　生态旅游的理论基础

一、可持续发展理论

人类的观念总是随着时代的变化而变化的。当人类首次面临自身生存受到威胁困境时，紧迫的全球性生态环境问题令人回味和思考：我们在谋求生存和发展的同时，是否在毁灭地球，毁灭家园，毁灭自己？正是在对传统发展观的审视和变革当中，这种旨在调节人与自然环境关系的新型发展观——可持续发展理论在社会中迅速形成和发展起来。这是一种新的生存理性，是人类为长久和更好地生存所必需的理性，它代表着一种良知、一种觉悟、一种文明。

1980年，世界自然保护联盟（IUCN）、世界野生动物基金会（WWF）、联合国环境规划署（UNEP）在联合发布的《世界自然保护大纲》中首次提出了可持续发展这一概念。1987 年，世界环境与发展委员会（WCED）中以布伦特兰夫人为代表的人士就《我们共同的未来》作了详细的报告，全面阐述了可持续发展概念，即要求要同时考虑当代人及后代人的发展需求，确保资源的可持续利用。此后，这一概念开始逐渐应用于实践，并被大众所接受和认可。可持续发展概念中包含了需要和限制两层内涵，前者主要是要优先考虑满足世界各国人民的基本需要；而后者主要是指环境满足当下和未来发展需要的能力也受社会组织和技术状况的限制，这也体现了科学发展观的宗旨，是一个覆盖面较广的概念。国际自然保护同盟在 1980 年的《世界自然资源保护大纲》中强调，在全球可持续发展研究上，要着眼于自然、生态、经济和社会以及与自然资源利用间的联系的研究。美国的 Lester R. Brown 于 1981 年在《建设一个可持续发展的社会》中强调，可持续发展的实现必须依赖于对资源基础的保护、再生能源的开发以及对人口增长的控制等。1992 年 6 月，"环境与发展大会"在里约热内卢召开，联合国在大会中发布了《21 世纪议程》《里约环境与发展宣言》等文件，且核心都集中在可持续发展上。

（一）可持续发展的两个重要概念

一是人类需要：人类需要主要包括高层需求和基本需求，前者主要指的是假期、安全感、高水平生活等；而后者则主要是指衣食住行等。在 WCED 看来，使人类需要得到满足是发展的主要目标。可持续发展战略对于发展中国家而言，首要的任务是保障经济的持续稳定增长，并在使人们基本需求得到满足的情况下尽可能地使其高层次需求得到满足。

二是资源限制：众所周知，自然环境及其资源都具有一定的承载力，大多数并非永久性资源，储量有限，因此人类必须协调好人类发展与资源与环境间的关系，社会组织结构和技术水平限制可能导致资源限制进一步加剧或持续。

（二）可持续发展的三大原则

1. 公平性原则

公平性原则包含的主要内容有：同代人之间的公平、代际之间的公平以及资源分配的公平。

所谓可持续发展，是在满足机会、利益等需求的基础上所进行的发展，既要考虑区域间的公平性发展，不能为了实现某些地区的发展而损害其他区域的发展，也包含了代际之间公平发展的理念，在满足当代人发展需要的同时，又不能损害下一代的利益。在这种理念下，因为人们生活在相同的空间当中，因而有着财富均等享受的权利。所以，在实现可持续发展的过程中，应当先将消除贫困作为基本目标，确保各个国家、地区的人们能够平等发展。

与此同时，可持续发展的公平性原则主要关系到当代人与人之间的公平、隔代间人与人之间的公平以及对于自然资源进行合理分配和有效利用之间的公平。因此，可持续发展需要确保在利益分配、机会创造方面的公平，一方面要求不同区域之间能够实现协调发展，在确保个别地区优先发展的基础上不损害其他区域的发展；另一方面也要求隔代间的区域发展，在满足当代人发展需要的同时为后代预留充足的资源，保证该资源能够满足下一代人对其的需求。人类世世代代都生存在地球这一固定空间之中，对这一空间的各项资源都拥有相同的使用权利，每个人所享有的生存权是同等的，可持续发展的公平性原则要求对各个国家各个地区的人民都给予同等的公平发展权利。

2. 持续性原则

持续性原则所要求的是，在满足人类发展需要的同时，不能超过环境的实际承载力。这就要求人类一方面要尽可能地满足当前的发展需要，另一方面也要有所限制地使用这些资源。因此，要确保发展和制约两个因素的相辅相成。具体来说，限制性因素包含人口、环境、资源等方面的内容，这些都是人类在利用资源方面所产生的一些限制性条件。事实上，最主要的限制性约束仍然是资源的有限性以及环境的不可再生性。所以，在实现可持续发展的过程中，应当充分考虑环境承载力，以满足人类当前和未来的发展需要。

自然生态系统承受能力是有限的，人类为了经济的发展和社会的进步对自然界资源的索取不应该超过自然界所能承受的最大限度，否则会造成生态环境失去应有的平衡。因此，也要求在满足人类需求的同时，注意要把握好限制的因素，说到底就是在发展的概念中要注意把握好制约因素。这些主要限制因素包括人口、资源等，同时也要在对自然开发的技术层面加以限制，既要满足眼前的需求也要保障好后代对其的需要，其中最主要最核心的限制因素还是自然资源。从本质上讲，持续性原则实现的是人类短期利益和长期利益的结合，坚持实现人类发展对自然界的索取不能超越生态系统所能承受的最大范围。

3. 共同性原则

尽管不同国家对于可持续发展的理解以及使用的模式存在各种各样的差别，但是却有着共同的特点，那就是持续性和公平性，这也是确保可持续发展的先决条件。事实上，可持续发展是脱离了国家和文化本身，从全球角度来看待发展的问题。尽管不同国家存在不同的发展特点，甚至国家体制也存在非常大的差异，但是公平性、协调性、持续性都是可持续发展不可或缺的重要原则，所以为了达成可持续发展的目标，就必须调整相关政策。在各个国家的共同努力下，达成可持续发展的目标，构建人类命运共同体。

可持续发展并不是一个国家的事情，地球作为一个相互依存的整体，决定了各个国家必须携手共同推进可持续发展，所以，可持续发展必然要建立在全球共同认知的基础上，致力于解决全人类的发展问题。可持续发展是能够突破历史遗迹文化差异实现各国统一发展的，各个国家因为国情的差异，可持续发展的模式也会存在一定的差异，实现可持续发展对应的形式也会存在一定的差异，但是无论是发达国家还是发展中国家，可持续发展中的公平性原则和持续性原则却是相同的。可持续发展的总目标能否实现，并不是一个人或一个国家可以决定的，而是需要整个人类来共同努力完成的，它将人类发展所产生的共同利益和局部利益联系到了一起。

（三）可持续发展的具体内容

可持续发展主要包含经济、生态、社会三方面内容，强调三者之间的和谐统一，提出在发展经济的同时，也应重点呵护生态环境，强调人与自然之间的和谐共处，追求公平公正的社会环境。可持续发展作为我国现代社会发展的主旋律，强调环境与发展的有机统一，其战略目标不仅仅停留在经济或环境层面，而是从更加宏观长远的角度出发，构建了全面发展的社会经济发展观。

要想可持续发展能够顺利进行，就需要处理好这三大方面的关系，实现生态、经济、社会三方面的可持续、和谐统一发展，并且人类在发展过程中也要关注生态系统的和谐问题、注重经济发展的效益问题、解决好社会发展的公平问题，从而达到人类社会的全面发展。虽然可持续发展是一个从生态保护问题衍生出来的理念，但是当它成为指引人类走向新世纪的重要发展理念的时候，它已经不再是简单的环境保护理念了。它把自然和发展问题有机结合，构建了一个科学的全面性发展战略，并用于指导社会各方面的发展。从生态、经济、社会三个方面可概括为以下几点：

1. 经济的可持续发展

国家想要壮大自身的实力，经济发展是必不可少的。经济的可持续发展指的是在保护环境的同时，也要不断地发展经济，经济的可持续发展既要注重经济发展的速度，同时也要注重经济发展的质量。与传统的经济发展的高消耗、高成本以及高污染相比，经济可持续发展产生的污染小，效益更高，同时也更加节约资源。集约型经济增长在很大程度上很好地表现出了经济的可持续发展方式。

在保持经济可持续发展上，一个国家综合国力的强弱和社会资源的丰富度都是由国家经济发展的好坏来决定的，应该要做到在保护自然生态资源的基础上实现和鼓励经济的可持续增长，而不是为了保护生态环境就放弃实现社会经济的发展。经济可持续发展过程中，我们需要关注的不仅仅是经济发展的数量，更要求我们把关注点放到发展的质量问题上。经济的可持续发展可以大致地看作是经济发展方式以集约式的形式进行，传统的"三高"生产模式和经济发展方式已经无法满足如今的社会需求，我们需要做到以清洁的方式进行生产、以文明的方式进行消费，在提高经济效益的同时做到节能减排。

2. 生态可持续发展

可持续发展很重要的一点就是经济的发展需要和生态环境和谐统一，不能超过了生态环境的承载能力。可持续发展强调我们在向大自然获取资源的同时，也要保护好自然，从而使得经济的发展可以持续下去。社会发展和保护生态环境并不是对立的，而是相辅相成的。想要实现可持续发展，必须改变原有的发展模式，从本质出发来解决环境问题，保护好生态环境。

在保持生态可持续发展上，有效的经济建设和快速的社会发展对自然资源的消耗都必须是在自然界可承受的范围之内的，进行社会发展的同时必须要保证对生态环境没有造成过大的负担或者做到对生态环境有所改善，在可持续发展的基础上使用自然界的资源，使得人类发展所产生的自然损耗在地球自然环境所能承受的范围之内。生态可持续发展坚持的并不是将保护和发展作为对立的两方进行发展，而是要求从发展的源头上找到转变发展模式的突破口，从本质上对问题进行解决，生态的可持续发展既是有限制的也是持续发展的。

3. 社会可持续发展

社会作为保证环境保护目标能够顺利实现的重要前提，依据不同时代社会发展需求的改变，可持续发展的目标也在不断变化，但其终极目标就为了帮助人类更健康的生活，为人类提供更优质的生活，并且为全体人民创造一个自由、平等、公正、法治、和谐的社会家园，使其免受暴力和灾害。其中，可持续发展中以经济作为条件，生态作为基础，社会才是其真正目的。而在下一个世纪时，人类追求的共同目标应该构建自然—经济—社会三位一体的和谐有机的社会体制，并且实现以人为本的健康、可持续发展。

社会公平发展是实现资源保护的重要前提，为保证可持续发展的顺利进行，各个国家也根据自身在不同时代发展需求的不同，制定了不同发展目标，但究其根本原因都是为了改善人民生活，为人民安居乐业创造出一个平等、自由的社会环境。综上所述，生态可持续是基础，经济可持续是条件，实现人与自然、经济、社会的和谐发展，是当前人类社会所努力追求的。

旅游可持续发展作为旅游业发展的主要战略之一，也是顺应全球可持续发展口号的时代产物。早在1990年《旅游持续发展行动战略》中就曾提出：为维持和提高未来发展机会，维护旅游业公平，对各项资源进行科学合理布局，使其满足当地居民与外来旅客所需的活动称为可持续旅游。在可持续旅游中，还需要做到文化完整性，以及自然界中各类生物、生态过程之间的和谐统一，实现经济、社会和美学的有机融合（赵玉杰，2011）。

二、生态学理论

生态学是人与地球关系最密切而又年轻的学科。1866年，德国动物学家E.海克尔首先把"研究有机体与环境相互关系的科学"定义为生态学。生态学自诞生以来，经历了生物个体生态学、生物种群与群落生态学、生态系统生态学以及人类生态学四个阶段。生态学在当今人类社会经济活动以及日常生活中具有越来越重要的作用。卢云亭指出，生态旅游是在遵循生态学原则的基础上，以维持生态平衡与节约资源为目的而进行的一种边缘性的旅游活动与生态工程（李卓，2004）。生态旅游既可以提高社会的收益，又能够加大人们对生态环境的保护意识。为了更好地对生态旅游进行研究，需要借鉴生态学的方法体系。生态学理论中包含的物物相关与相生相克原理、生态环境补偿原理、生态位原理、生态平衡原理均对生态旅游发展具有十分关键的指导性。

（一）物物相关与相生相克原理

物物相关与相生相克原理体现在：生态系统的每个成分之间都有着十分错杂的关系，他们之间相互依存与约束，该系统中的某一个成分发生变化，必定会造成系统中奇特成分的变化。所以，生态旅游开发需要具有针对性，将地理条件考虑在内，将对生态环境平衡的破坏降至最低，避免生态环境遭到严重破坏。特别是对于一些尚未发达的地方，这些地方生态平衡能力差，同时治理达不到标准，因此生态旅游发展应充分重视对生态环境的破坏程度降至最低。

（二）生态环境补偿原理

生态系统可以确保生态平衡既与能量流动规律相关，同时也与物质循环相关。对于一个生态系统而言，它应当同时具有能量存量与物质存量。而开发生态旅游的过程会在某程度上影响二者的变化。比如：在建设设施时会影响绿色植物；生态旅游发展会对以前的资源使用方法带来影响，进而改变居民的经济来源。生态补偿属于保护资源环境的一种经济策略，同时也属于对生态资源价值的肯定。若拥有成熟且强有力的补偿制度，不仅可以为生态旅游开发提供相应的资金支持，同时也可以进一步推动保护环境与生态建设工作，最终实现生态旅游的可持续健康发展。

（三）生态位原理

埃尔顿（Elton，1927）提出：生态位属于有机体在生物群落中的地位与功能作用，一般这种物种同别的物种的营养关系会影响生态位。生态位接近的物种通常会诱发生态旅游发展所关系到的"定位"。根据生态位的分工，关系到旅游区域发展战略的制定和实施问题，原因在于其会影响旅游区可否获得合理发展以及区域旅游系统体系。对于同一个旅游景区而言，各个旅游点应该具有不一样的特点与功能，同时防止建设的重复性，以便保证每个景点与旅游区最终具有一定差别的"生态位"，从而确保旅游系统的稳定性、可持续性。所以，每个旅游地在进行整体评价时都应该充分考虑该景点的基础设施条件、自然和人文旅游资源价值、生产与地域结构以及开发利用条件，从而正确定位旅游区的位次与主题（黄芳，2001）。同时明确旅游景区的社会作用与基本职能，制定科学的开发方案，最终建立最合理的旅游系统分工体系。

（四）生态平衡原理

生态学理论主要提倡根据生态学的规律进行能量交换与物质循环过程，以便实现生态系统的平衡性。该平衡属于生态系统发展中的动态平衡，具有暂时性，通常是借助生态系统结构和功能关系的协调性与辩证统一来维持的。然而，任何生态系统的调节能力都是有限的，同时代偿能力也有一定的局限性，若超出其能承受的最大限度，那么生态系统的自我调节能力将会被破坏，最终造成生态失调。

生态失调以及生态失衡的主要原因是因为影响因素对生态环境造成的破坏超过了生态系统所能承受的生态阈值，生态系统的自我调节能力和自我保护能力是有限的，当破坏超过了所能承受的最大限度，自我调节能力就会下降甚至是消失，使得生态系统失去平衡。

但生态平衡的调节可以通过系统的抵抗力和恢复力来实现。在自然状态下，当前所呈现的生态系统可能不是最健康稳定的，人类通过对自然资源的开发与消耗就是对生态平衡进行破坏进而又使其通过自动调节作用达到另一种平衡的行为。生态旅游可以根据生态平衡原理，对自然能量进行维护，从而维持物质出入的平衡，确保能量的使用与循环都是最大化的，同时对开发管理人员以及旅游者的行为进行适当的制约，将其对旅游区生态的破坏降至最低，使人类与自然和谐相处。

三、旅游规划理论

20世纪70年代末，我国开始将建设的重点转移到经济发展，并取得了较好的成绩。同时，由于近四十年来注重工业的发展，环境污染、生态环境遭到破坏等问题日益严重，生态和发展问题亟须解决。党的十六大提出了科学发展观，即需要注重协调、可持续的发展，保护好生态环境。党的十八大首次提出了生态文明建设，把可持续发展上升到绿色发展的高度，体现出了党和国家高度重视生态环境，并将其放在了突出位置。作为绿色产业，旅游业的发展一度被高度关注。生态旅游规划不仅可以有效降低物资消耗，而且还能极大地降低能源消耗，使生态环境得到较好的修护和保护，实现"绿色、循环、低碳"发展，创建美丽新中国。因此，要想生态旅游可持续发展，首先要进行生态旅游规划设计，其重要性不言而喻。

（一）生态旅游规划的概念

生态旅游规划是由专业人士将生态要素进行综合评估，将生态要素与旅游相结合，设计出既能保护生态环境又能满足人们对生态体验的旅游目的，按照发展时期来定，可以分为近期规划、中期规划和长期规划。规划是对未来的一种预测，因此需要把握整体性和长期性。生态旅游规划的设计需要注意以下几点：一是了解开发对象。即特定的动物、植物、群落以及整个生态环境。二是保护好生态的完整性。规划设计以不破坏生态为前提，进行合理的开发利用，注重生态环境的承受能力。三是生态资源类型鉴定。在做规划时要调查旅游资源的状况、特性及其空间分布。四是旅游者的需求。生态旅游的开发应根据市场需要进行开发，在规划设计时应符合市场需求。

总的来说，生态旅游是在保护生态环境的前提下，合理地对自然资源进行开发利用，实现收益。从生态旅游开发机构角度来看，是以一种可持续发展的方式来实现保护生态和盈利；从旅游者的角度来看，是获得生态体验和科普教育，收获精神上的收益；从当地居民的角度来看，生态旅游带来了完善的基础设施和公共服务，提供就业岗位，最终实现脱贫致富。

（二）生态旅游规划的特点

在旅游规划中，生态旅游规划属于一种特殊规划。因此，除具备一般旅游规划的系统性、地域性、特色性、协调性、可操作性和预见性等特点外，还具有以下三个特点：

（1）生态性。生态性指的是生态旅游规划需要注重对生态的保护，在不违背自然规律和破坏生态景观的基础上，合理地进行开发设计，强调旅游开发和自然环境和谐相处，注重自然本身具备的生态美。生态旅游规划需要注重生态系统的完整性和稳定性，即需要保护好野生动植物，注重生态系统内外因子处于动态平衡的状态，可以进行自我恢复。总的来说，生态旅游规划设计在遵循生态学规划的前提下，对生态系统内的山、水、湖、树、动物等资源进行开发，形成生物多样性稳定的绿色生态景观。通过开发森林迷宫、天然氧吧等旅游项目，实现人与自然和谐共处，吸引游客前来体验。

（2）综合效益最优化。生态旅游是兼具社会、经济、生态三大效益为一体，生态效益则是重中之重。生态旅游是通过以当地的生态环境为开发对象，在不破坏生态环境的基础上，进行旅游项目开发，最终实现社会效益和经济效益。在带来社会效益和经济效益的同时，又将经济收益用于生态保护，使生态效益得到提升，其不仅是社会效益更是经济效益和生态效益循环发展的模式，实现了利益的最优化，既能保护好生态环境，又能带动当地社会和经济的发展，实现三重收益。

（3）专业性。生态旅游注重的是在旅游过程中，旅游者能认识自然、增加学习和体验的机会。因此，生态旅游规划需要将生态学和旅游学融合，设计出生态效果好、学习和体验性强的项目，从而要求规划设计者具有更高的专业性。同时，生态旅游项目的设计应体现当地的文化内容，并通过不同的形式呈现给游客，从而达到人与自然、文化和谐相处的局面，让游客从旅游认识中熟悉并了解自然，主动提升生态保护意识，更好地践行保护生态环境。面对如此高的要求，需要规划设计者具有更高的专业性，保证生态旅游的质量。

（三）生态旅游规划的原则

旅游资源的开发应该遵循一定的开发原则，以确保旅游资源的开发合理且富有吸引力。旅游资源的开发是为了获得经济效益，因此需要遵循市场的需要进行开发。同时，开发旅游资源，不仅要考虑其科学性，而且要重视其合理性。总而言之，其开发原则具有个性原则、市场原则、效益原则、保护原则、综合原则。

生态旅游的规划原则是根据国内外关于生态旅游开发的理论和实践总结出来的，主要遵循以下几个原则：

（1）可持续发展原则。在过去，我国的生态旅游的开发仅关注规模和数量，而不重视质量、水平，对自然生态、人文生态肆意破坏，对旅游业的发展造成了不利影响。实际上，遵循"永续利用"的原则来规划和开发旅游资源，才是保持其可持续发展的核心所在。从 20 世纪 90 年代开始，人们逐渐意识到生态旅游的重要性，并开始为旅游市场的可持续发展努力。

（2）环境保护优先原则。生态旅游与传统大众旅游存在明显的区别，生态旅游强调对旅游对象的保护，即对生态环境的保护。因此，在生态旅游规划中，要根据生态学规律，在遵循自然规律和不破坏生态环境的前提下，对生态资源进行合理的开发利用，使生态系统处于动态平衡的状态，保持生态系统的完整性和生物的多样性，注重人与自然的和谐相处。在保护生态环境的基础上，有选择地满足旅游者的需求，在空间拓展中以生态伦理道德为主导，以功能为导向进行景观生态调控，以促进资源与环境的保护为目标，保护有价值的自然与文化景观资源以及生态环境。

（3）突出特色和保持自然原则。生态旅游产品的品位，不仅由其原真性决定，而且由其特色性决定。一般来说，地方特色和原始风貌保留较好的生态旅游区，游客体验感较好，游客能从游玩中收获人与自然相处的真谛，学习和体验感较强；而缺乏地方特色和原始自然风貌的地方，游客体验感较差，得不到良好的游玩效果，因此也削弱了生态旅游区自身的吸引力。生态旅游规划在产品开发设计上应该准确把握地方特色和自然风貌，尽量在产品中体现出特色性和原真性，突出体现自然美和文化内涵。同时，旅游产品的开发应注重生态的承载力，在生态承载力内进行开发，避免造成对生态环境的破坏。如控制建筑的数量和体积、游客的接待量等，建筑和基础设施的用材上要突出环保且与周围环境和谐相处。合理对当地的民俗进行开发，增加游客的体验，突出体现当地的文化特色，让游客在游玩中既能亲近自然，也能体验文化，增长见识。

（4）多方参与和利益共享原则。生态旅游的开发涉及政府、社会资本、当地民众等多方主体共同参与。因此，各参与主体的利益联结密切，各主体的利益诉求不一致，通常是开发过程中会遇到的问题。因此，生态旅游规划设计时，应采取形式多样的征求意见方式，充分了解各主体的利益诉求，了解他们对景区的建议，建议应充分体现在规划的各个方面，保证生态旅游区的长远发展。其中当地民众对生态旅游参与程度对旅游产业发展事关重要。因此，要积极鼓励当地民众参与到生态旅游开发中来，积极挖掘当地特色的民俗风情，与旅游产品融合开发，形成一条极具特色的旅游路线，吸引广大游客前来。

四、利益相关者理论

利益相关者理论最早出现在 20 世纪 60 年代左右的西方国家，经过二十多年的发展，在 20 世纪 80 年代以后产生较大的影响。具体来说，企业经营管理者对企业进行灵活的管理，以期对各利益相关者的利益进行平衡，这种行为称之为利益相关者理论。利益相关者理论涉及较多的利益主体，包括社会环境、自然环境等多个客体，因此需要考虑多方的利益。

在生态旅游中引入利益相关者理论，主要是生态旅游区的开发涉及政府、社会资本、当地民众等多个投资主体，同时又要顾及生态环境、当地文化、自然资源等客体，因此在进行生态旅游区开发时，应该综合考虑多方的利益，实现灵活的开发，灵活的管理和运营，尽量满足各方的利益。利用利益相关者理论，主要体现在两方面：一是欠发达的地区开发生态旅游区是脱贫的有效方式，生态旅游区的开发使当地民众获得收益，从而增加收入，而生态旅游区的开发涉及多方的利益，引入利益相关者理论，可以灵活的管理。二是随着新兴旅游目的地的出现，旅游目的地竞争日益激烈。欠发达地区在竞争中处于弱势地位，而旅游目的地的竞争力受不同因素影响，为增强旅游目的地的综合竞争力，可以充分结合利益相关者理论施行。

五、景观生态学理论

景观生态学的核心表现在空间差异性和生态整体性，该理论在指导生态旅游可持续发展中具有重要的意义。景观生态学理论发展至今，各国的专家学者都各自提出和发表了观点，本书将列举出部分具有代表性提出者及其观点供读者参考，如表 2 - 1 所示。

表 2 - 1　景观生态学代表性的观点及其提出者

提出者	主要观点
Risser	①稳定性和变化；②结构和功能；③养分再分布；④异质性和干扰；⑤层秩性
Forman	①景观和区域；②景观抗性；③景观变化；④碎裂种群动态；⑤镶嵌系列；⑥生态系统间的相互作用；⑦必要格局；⑧粒度大小；⑨大型自然植被斑块；⑩斑块形状；⑪外部结合；⑫斑块、廊道、基质
Farina	①景观动态与演进；②景观破碎化；③生态过渡带；④土地镶嵌的异质性；⑤干扰过程；⑥土地分类；⑦系统的等级组织；⑧中性模型；⑨格局和过程的时空变化
肖笃宁	①景观的生态美学与视觉多样性；②景观稳定性景观变化；③景观结构与功能联系和反馈；④景观规划的空间配置；⑤人类主导性与生物控制共生；⑥土地镶嵌与景观异质性；⑦物种迁移与生态演替；⑧能量和养分空间流动；⑨尺度制约与景观层秩性
肖笃宁	①景观要素的异质性和景观系统的整体性；②景观价值的多重性；③景观的文化性与自然性；④景观研究的尺度性；⑤景观结构的镶嵌性；⑥景观演化的人类主导性与不可逆性；⑦生态流的扩散与空间聚集
邬建国	①景观连接度，中性模型和渗透理论；②岛屿生物地理学理论和种一面积关系；③空间异质性和缀块性；④等级理论；⑤缀块动态理论；⑥复合种群理论；⑦格局与过程；⑧缀块廊道基底模式；⑨边缘效应；⑩尺度及其有关概念

资料来源：钟林生等．生态旅游规划原理与方法［M］．北京：化学工业出版社，2003．

六、生态美学理论

（一）生态美的概念

（1）自然美到生态美的过渡。自然美是指客观世界中各个自然物、自然现象的美。自然界的蓝天白云、红花绿叶、海市蜃楼、七色彩虹等，无不充满着美。生态美是人们将自然美与自然价值相结合产生的美学观点。人类中心论者认为人类是自然的主人，自然的一切包括美都是为人类服务的，没有人，自然的一切美将失去意义和价值，这就是工业文明时代所谓的自然美。而生态文明论者则认为人与自然是平等的，自然的美是具有自身价值的，且与生存有关，而提供人类欣赏只是其中的一部分。到目前为止，可以说人类对自然的美学价值还知之甚少，因此不可否认自然美的自身价值，应该积极去发现自然美的价值，以此为出发点重新认识生态美。

（2）生态美按照类型不同可以分为自然生态美和人文生态美。自然生态美强调的是生命体与环境相得益彰的美，和谐之美。人文生态美指的是人们根据自然的发展规律和美学原则，创造出人与自然和谐相处的美。生态美是自然生态美与人文生态美的融合，表现出生命力充沛且与环境相和谐的一种美。

（3）审美基础和美的形成不同是自然美和生态美的主要区别。从审美角度出发，自然美是对自然外部美的一种欣赏，包括形态、色彩、声音等要素，产生视觉和听觉上的美。而生态美则是对价值尺度的一种欣赏，包括生命的价值、自然的价值等要素，是一种更深层的欣赏，使人产生一种心灵上的愉悦之感。从形成美的角度上看，自然美的创造者是自然本身，而生态美是由自然和人共同创造的一种美。

（二）生态美的特点

（1）活力美是指生命充满蓬勃旺盛、永恒不息的生命力。例如，植物具有生态美，因为它能持续将光能转化为自身所需能量，维持自身生命，并充满生机与活力；动物具有生态美，因为它能永不停息地进行生命繁衍；甚至微生物也充满着新陈代谢的承续之美。整个自然生态系统遵循着物质循环和能量运动的规律，使地球上的生命之树常青，洋溢着盎然生机。

（2）和谐美指的是生命之间、生命与环境之间相互依存，互利共生展现出来的一种美学特征。体现在两方面：①大自然自身的和谐美；②人与自然的和谐美。自然景观构成要素之间的相互依赖和相互协调所达到的浑然天成、融洽无间，是多样性的统一。在自然界，各种各样的自然物和自然现象有机地结合在一起，共同组成一幅和谐的生态景观。人本身就是大自然的一员，人与自然的和谐本身也是一种美。人文景观与自然景观的和谐，相得益彰，更能使旅游者感受到美。如生态旅游开发者在建设旅游景点的服务设施时，能够从和谐的角度来进行布局和设计，这就是生态和谐美的体现。如我国云南的西双版纳，原始森林与傣家竹楼的完美结合，能够使人感受到比纯自然的美还和谐的美。各种自然现象、自然景观与人文景观相互协调的多样性统一的和谐美是生态旅游者追求的至高无上的"完美"。

（3）创造美是生命与环境在共同进化中创造出来的。自然美是由自然环境中的生命与环境共同创造出来的；人文生态美则是由人类在自然美的基础上创造出来的。当人的创造力违背自然规律时，创造美的过程产生破坏自然和谐的力量，影响生态平衡；当人的创造力遵循自然规律时，就会在自然美的基础上加上人文色彩，形成具有特色的人文生态美。

（4）融合美是指参与者与自然美融合为一体，感受自然之美。生态美与艺术美在参与性审美体验上明显不同，艺术美拉开了审美者与审美对象之间的距离，生态美则强调的是参与者与自然美的融合，即生态美具有参与性的特征。如游客在森林公园游览时，人就是森林系统的一部分，森林给人带来美学享受，也给人带来呼吸必不可少的氧气，同时还体现出一种密不可分的相互依存的和谐之美。

（三）生态美理论的生态旅游价值

生态美是生态旅游者的永恒追求，是生态旅游开发者的努力结果，也是生态旅游管理者的最终目标。由此可见，在生态旅游中，生态美学理论起着非常关键的作用。

（1）从旅游的发生、运行上分析，生态旅游者对生态美的追求，是以审美、愉悦为核心内容的。在旅游活动中，以生态美的欣赏、体验为目的，才是生态旅游的本质。传统的旅游形式只具有自然美或者人文美，而生态旅游是自然美和人文美很好地融合在一起，让游客在旅游的过程中既可以追求自然美又可以享受人文美。生态旅游强调的是将人融入到自然环境中，体验和感受自然之美，同时在旅游产品中加入人文色彩，增加文化体验，让游客在游览中学习，在学习中游览，增加游客对自然生命的感觉。

（2）生态旅游开发者寻找生态美，从生态美的创造和开发上看，生态旅游开发者在追求经济效益的基础上会通过大量建设人工美来增加吸引力，然而人工建造对自然美的破坏是极大的，破坏了自然的和谐之美。因此，生态旅游开发者在创造和开发生态美时，应遵循自然发展的规律和生态美学原则，在自然美的基础上进行合理的开发利用，避免破坏生态环境，将生态环境维持在动态平衡中，同时在开发生态美的过程中可以加入当地的文化，形成独具特色的人文生态美，使文化和自然相融合，形成一种寓教于乐的形式，可以产生较大的吸引力。

（3）从生态旅游可持续发展上分析，生态旅游的管理者对生态美的保护需要考虑经济效益和生态效益，即需要用短期的经济效益来维持生态旅游区的发展，它是生态旅游区得以长远发展的关键。一方面，生态旅游管理者应该保护好景区内的生态美，使之维持一种可持续发展的模式，避免过度的开发，评估环境的承载能力，适当减少游客的数量，注重生态环境的自我恢复。另一方面，应该加强环境保护的宣传力度，增加游客的环保意识，加强监督和管理，确保生态产品不受破坏，保护生态环境，达到保护生态美的目的。

七、环境与资源经济学理论

（一）含义与研究范围

环境与资源经济学是研究环境、自然资源与经济之间的关系的学科。要理解环境、自然资源、经济三者之间的关系，需要厘清环境、自然资源在经济中具有的功能，一般来说具有以下三种功能：

（1）生产功能。自然资源（土地、森林、水）是人类进行生产活动的重要原材料，是人们劳动的对象。

（2）排放和净化功能。人们的社会活动，包括经济社会活动，会产生大量的废弃物，这些废弃物排放到环境中，环境起到容纳这些废弃物的功能，同时环境具有净化功能，经过长时间的净化，这些废弃物又回到自然环境中变成自然资源。

（3）改善生活质量的功能。自然资源和自然环境具有自身的特色，经过一定的开发利用，可以形成丰富多样的旅游产品，改善人们的生活质量。

除此之外，人类生活在一定的环境中，同样需要水、阳光、空气等自然资源，因此人类的生存和发展离不开环境和自然资源。如果人类为了追求经济效益，破坏了自然环境，危及人类自身生存，那么得到的经济效益将毫无意义。因此，人类在追求经济效益的同时需要兼顾生态环境、自然资源等要素，确保生存环境不受威胁和破坏。总而言之，生态环境、自然资源、经济效益是相互促进，互相制约的关系。

（二）研究特点

环境与自然资源经济学的定价方法是其一个突出的特点。在 1979 年由 A. M. 弗里曼所著的《环境改善的效益：理论与实践》、1989 年由 R. C. 米契尔和 R. T. 卡森出版的《运用调查方法估价公共产品：意愿调查评估法》、1993 年由 R. J. 考普和 V. K. 斯密主编的《自然财产价值评估》和 A. M. 弗里曼主编的《环境和资源价值的衡量理论和方法》等一系列的著作中，都突出强调了定价方法在环境与自然资源经济学中的发展，且是发展较为迅速的一个领域。

过去，学者们认为为了保护环境，企业和消费者应该做出牺牲；为了子孙后代，当代人应该做出牺牲。似乎保护环境与资源和发展经济两个目标之间只能选择一个。后来，国外的环境保护工作者认识到，保护环境与资源仅仅是人类社会的目标之一。如果为此付出的代价太大，政府、企业和公众都是无法接受的。因此，一部分环境保护工作者开始改变做法，他们到企业中去，给企业做咨询，帮助企业抓住保护环境给企业发展带来的盈利机会，说服企业采用既可以盈利又有利于保护环境与资源的办法。

第三节　国内外研究动态

一、国内生态旅游发展研究

20 世纪 90 年代，生态旅游在我国有了初步的发展，但在二十多年的发展历程中，也存在许多的问题，已经严重威胁到我国生态旅游未来的发展，主要包括以下几个问题：一是生态旅游没有统一的基础性解释。由于我国旅游科学发展处于不成熟的状态，因此缺乏定论的解释。二是过度开发，造成生态破坏严重。在生态旅游发展的过程中，开发商注重对经济利益的追求，忽视了生态承受能力，大量的人造景点、过度开发的问题屡见不鲜，因此造成了严重生态环境破坏。三是生态旅游在本体论和方法论两个方面存在比较严重的问题。主要体现在生态旅游的理论较为缺乏，理论指导性不足，无法形成建设生态旅游科学性的指导理论；而模棱两可的理论容易误导生态旅游区的建设，没有形成良好的开发建设局面。2013 年，王力峰等在研究中表明，我国现阶段对生态旅游的研究主要是在生态旅游的发展和基础性研究上，对相关性评价体系研究则相对偏少。

（一）国内生态旅游内容分类

目前，国内学者对生态旅游的研究主要集中在三个方面，即生态旅游基础性研究、生态旅游发展研究、生态旅游相关评价体系研究，下面将通过分析这三个方面的研究进展来说明我国生态旅游的研究进展。

1. 生态旅游基础性研究

生态旅游基础性研究主要是对生态旅游的概念、内涵、特征、学科融合等要素进行研究，以这些研究对象为切入点，研究生态旅游。因为研究对象属于比较基础的东西，因此称这些研究为生态旅游基础性研究。但由于生态旅游基础性研究成果收效甚微，截至目前对生态旅游确切的概念界定都没有形成，因此出现了生态问题研究的方向和目的没有明确，出现了"宽、泛、乱、浅"等现象（卢学爽，2013）。2007 年我国生态旅游研究学者提出了将近 100 种的生态旅游概念，这些概念是根据研究需要从不同层次、角度、范围进行定义的，但能达成统一且具有信服力的概念是没有的。在业界内，基本上认为生态旅游是将自然与人文等资源进行融合，在保护生态环境的前提下，合理地对自然资源进行开发利用，形成具有观赏价值的旅游资源；同时，有机地将生态保护、民众教育融入到旅游活动中，形成既能促进地方经济发展又能保护生态环境的行动。

2. 生态旅游发展研究

生态旅游发展研究是通过对生态旅游现状分析、问题研究和经营管理模式、开发建设模式、生态承载力等对象进行研究，了解生态旅游的发展状况。2004 年，杨桂华在其研究中提出了生态旅游者和生态旅游目的地统一协调的关系，构建双向责任模式。2005 年，李天元在其研究中提出，生态旅游市场以一个亚类或细分市场的形式存在于整个旅游市场。从整体上看，我国生态旅游发展研究还是相对较少的，缺少评估生态旅游在我国旅游市场的潜力和现状的相关研究。

3. 生态旅游相关评价体系研究

生态旅游相关评价体系研究主要是研究生态旅游的分区、环境质量和承载力、开发潜力等方面，探索建立生态旅游发展的相关评价体系，但是由于生态旅游基础性研究内容呈现"宽、泛、乱、浅"等现象，关于生态旅游相关体系研究也较为不足，表现为构不成体系、体系设计不完善、相关科学难以展开等问题，构建的体系与实际情况偏差较人。2006 年，刘静艳在其研究中建立了生态旅游系统共生界面的结构关系和行为模式。该体系是建立在生态平衡的基础理论上，以利益相关者和利益冲突为研究对象展开的研究，能较好地揭示利益相关者间的关系，从而能更加合理和科学地规范各参与主体的行为。徐红罡、杨彦锋等在其 2007 年的研究中提出了生态旅游的建设标准对生态旅游的发展影响很大，但我国对生态旅游认证工作尚有不足，导致生态旅游在国内旅游市场中的地位偏低，没有形成知名度，权威性也不足，这个现象在国内还是较为普遍。由澳大利亚生态旅游协会制定的《国际生态旅游部标准》在世界的部分地区已经被采用，为部分地区生态旅游的建设工作提供了很好的指导。

（二）现有研究的不足

1. 研究广泛，内容失衡

生态旅游的研究目前呈现出"宽、泛、乱、浅"的现象，从研究关注度来看，我国在 2000 年以后对生态旅游的研究逐渐增加，表现为相关的研究成果较之前在数量上有所增加。研究的内容有所增加，研究的内容主要包括生态旅游的基础性研究、生态旅游资源的研究、生态旅游的经营管理研究、生态旅游环境承载力研究、生态旅游生态环境教育研究以及生态旅游相关评价体系的研究；但对生态旅游基础性和专业性的问题研究则相对偏少，具体表现在生态旅游生态环境教育基础理论、生态旅游认证标准、生态旅游资源分级标准等方面的研究较少，有些甚至处于空白、没有研究成果的状态。

2. 研究方法，定性偏多

目前我国学者研究生态旅游大多采用定性研究，其他研究方法采用的相对较少。从目前的研究成果来看，有76%的研究采用定性描述，18%的采用数理统计分析，仅有6%的研究采用模型构造和3S（RS、GPS、GIS）技术分析。

3. 指标体系，建立困难

生态旅游需要通过认证才能增加其市场知名度和权威性，认证标准在生态旅游认证中居于重要的位置，基于表现形式和过程形式的认证方式，现阶段我国采用的两种认证方式，由于两套认证方式的侧重点不一样，导致生态旅游在认证过程中困难重重。2007年，徐红罡在其研究中指出，我国生态旅游认证标准应当考虑我国生态旅游的实际情况，以实际情况为依据，将生态环境作为主要的研究对象，生态环境是生态旅游的主要开发对象，所以应该将生态环境与生态旅游的动机、目的、市场等多个要素尽心联合研究，确保开发出来的生态旅游产品符合大众需求，让生态旅游在市场中能灵活的运营管理，进一步实现生态旅游和生态旅游资源的可持续性。

总而言之，生态旅游是在保护生态环境的同时实现旅游业可持续发展的模式之一，在未来的研究中仍然占有很重的比例。由于我国在对生态旅游的研究内容和深度上尚有不足，没有完善的认证体系。因此，在今后的研究方向和内容上应该偏向生态旅游的基础性研究和相关认证体系的建立，以不断完善我国生态旅游的研究空白。

二、国外生态旅游发展研究

（一）文献概况

1. 数据来源

随着生态旅游的不断发展，各个国家对其的关注度不断增加，开展生态旅游的研究也不断增加，期刊发行量有所上升，一些国际影响力较大的期刊也开始纷纷发表生态旅游的相关研究，从而使生态旅游的国际影响力越来越大，各类研究专著也为数众多。本节主要分析生态旅游的国外研究情况，具体研究方法是从Web of Science 数据库中以"ecotourism"为关键词进行检索，共检索到从1981年到现在的文献总数1415篇，之后对检索到的文献进行分析和研究。

生态旅游研究本身就是一个综合性的理论集合体。国外生态旅游研究起步较早，整体性较强，研究文献涵盖了如社会经济学、生态保护学、森林学、海洋学环境保护、可持续发展等不同学科知识和领域（尚天成，2011）。

同时，生态旅游的研究需要其他相关学科的体系支撑。从表 2 - 2 中得知，国外生态旅游所属的学科分别是旅游、环境科学与资源利用、宏观经济管理与可持续发展、生物学、资源科学、企业经济、建筑科学与工程、蚕蜂与野生动物保护八个学科。通过对比，不难发现，近年来研究生态旅游的学科主要集中在旅游学、经济学和环境保护学等学科。从文化、工业、行为科学等角度研究生态旅游较少，因此，加强从文化、工业、行为科学等角度研究生态旅游，有利于加快生态旅游理念的传播速度，有利于形成生态旅游更合理的发展模式，进而能形成生态旅游相关理论体系，完善和优化生态旅游的开发和管理模式，形成生态旅游的可持续发展模式。

表 2 - 2　国外生态旅游研究文献学科分布

学科类别	数量（篇）
旅游	838
环境科学与资源利用	180
宏观经济管理与可持续发展	166
生物学	129
资源科学	107
企业经济	96
建筑科学与工程	82
蚕蜂与野生动物保护	63
数学	57
经济体制改革	51

2. 研究阶段

进入 21 世纪以来，全球环境问题日益突出，世界各国对生态环境保护的关注度不断提高，生态旅游的热度在学术界也在不断攀升，发表的文章数量不断增加，特别是联合国正式确定 2002 年为"生态旅游年"，这一决定直接影响了生态旅游的发展，推动了生态旅游的历史进程。在世界旅游组织、联合国环境规划署等国际组织的倡导下，世界各国积极响应，结合本国的实际情况，因地制宜地开展各类生态旅游示范区的创建活动，进一步丰富和完善了生态旅游理论研究体系。

将文献的年度发表数量作为参考，可以将生态旅游发展进程初步分为 3 个阶段：①起步阶段（1983 年之前）。这一阶段，人们对生态旅游只是处于讨论阶段，它作为一种新型的游玩方式，被少部分人认同和接受，学术界对它的概念定义还很模糊。②发展阶段（1983~2001 年）。随着环境问题的不断恶化，人类生存环境面临着巨大的挑战，学术界开始意识到发展生态旅游是一种很好的途径，各领域、学科在生态旅游方面的研究成果明显增多。③快速发展阶段（2002 年以后）。联合国将 2002 年命名为"生态旅游年"，直接推动了生态旅游的发展，生态旅游在各国迅速的传播，生态旅游的国际影响力不断上升。在此阶段，生态旅游研究方向由基础方面的研究转向了如何实践的研究，生态旅游的实践研究成为这一时间段旅游业的研究热点，从而形成了形式多样的研究方法，研究地点的选择上也是以生态环境好、旅游资源丰富的国家和地区为主。由于研究力度加大，方式创新，从而加快了理论转化为实践生产的速度。

（二）文献研究内容分析

1. 研究方法

通过对近十年来公开发表的有关于生态旅游的研究成果进行整理和分析，发现现有的生态旅游研究成果主要采用的研究方法为描述分析法、访谈法、模型分析法以及统计分析法。同时，生态旅游涉及的学科和领域较多，是一个综合性较强的内容，在其研究方法选择上主要以定性与定量研究为主，其中定性研究主要采用描述分析法和访谈法，而定量研究的研究方法较为多样，借助结构方程模型、层次分析法、条件价值法、聚类分析等方法，研究成果让人一目了然。

2. 研究热点

（1）对生态旅游概念和内涵的研究。随着生态旅游的认可度不断提升，发展生态旅游成为了一种共识。研究学者分别从自然、人文等不同的角度研究生态旅游的概念和内涵，不断地丰富和完善生态旅游的概念和内涵，但可惜的是，至今生态旅游仍然没有统一的概念和内涵。国外学者 Fennell 通过对 85 个生态旅游的定义进行分析总结，得出价值导向型的生态旅游的定义，即生态旅游的关键词为环境保护、道德规范、可持续性、教育与社区利益等几个方面；而学者 Blamey 认为，生态旅游应该以自然环境为吸引物，游客从自然环境中得到启发和学习，同时生态旅游产品的开发应该遵循可持续的发展原则，这三个基本条件构成了生态旅游。学者 Roberto 对生态旅游定义为"负责任式"的旅游形式，即在旅游过程中应该将生态环境的影响控制在最小化，应该采取积极措施保护生态环境，既能实现生态价值也能增加当地居民的收入。因此，人们在进行生态旅游活动时，必须规范和约束自身行为，在活动开始前，要学习和了解生态旅游的相关知识，保护旅游目的地，尊重当地的风俗习惯，不做任何破坏自然环境的举动，做生态环境保护的践行者。

综上所述，生态旅游的发展应当以生态环境不受破坏，保护生态环境为前提，以提高人们的环保意识和自然科普教育为主要目的，是一种高层次的、具有综合效益的、可持续的旅游发展新模式。

（2）对生态影响研究。在生态旅游研究范畴里，生物多样性保护是最受学者们关注的研究对象。生态旅游虽说是一种人与自然和谐相处的旅行方式，但这只是相对于传统的旅游方式而言。人类的旅游活动对自然环境和旅游资源带来的不良影响总是无法避免的，主要体现在社会文化、生态环境以及生物多样性等方面，生态旅游只是强调在旅游过程中尽量降低人类活动对自然环境的影响。学者 Sarrasin 在 2013 年的研究中指出，马达加斯加岛自从开展生态旅游以来，当地的经济增长速度明显加快，并对周边地区起到了带动作用。从政治经济学视角分析，这种模式是成功的。这种用自然资源的损失来换取经济增长的方式，是得不偿失的。而从生态学的角度进行分析，由于在生态旅游的发展进程中，不可避免地会建设配套设施，从而破坏了原始森林的完整性，而这种破坏是无法修复的。生态旅游的发展会对植被造成破坏，对海洋生物和鸟类的影响的研究结果也表明，生态旅游也和传统旅游一样，对它们的行为造成一定程度的影响。但就目前来说，对生态旅游行为对动植物的影响并没有产生直接的后果，所以我们并不能单方面的判定发展生态旅游是对的还是错的。自然环境是拥有自我修复能力的，只要是在其自我恢复能力范围之内的影响，都算是可以承受的。总之，尽管生态旅游的发展模式还是存在很多争议，但生态旅游是目前利用自然资源，减少对自然环境破坏等方面较为先进的较优的方法和理念，是实现经济和生态可持续发展的模式之一（Libosada，2009）。

（3）对社会经济文化影响研究。以社区为基础的生态旅游发展模式是解决社会经济文化影响的主要方式，主要措施是对社区的授权，让社区参与生态旅游的建设和经营管理，不仅能助力当地的经济发展，提高居民的收入，改善其生活质量，还可将景区的部分收益设立环境保护基金，有助于生态系统的恢复与保护，是一种互惠互利的模式。以津巴布韦为例的研究中提出了"生态旅游是降低生态环境负面影响和减轻社会经济影响的解决方案"（Hubert，2001）。学者 Ogu-tu 通过研究生态旅游对肯尼亚安博赛利国家公园周边人民生活的影响发现，通过发展生态旅游，当地居民的收入提高了，从而减少了他们对自然资源的依赖和掠夺，也缓解了与野生生物之间的矛盾，这就证实了发展以社区为基础的生态旅游模式是可行的（Ogutu，2002）；Avila 认为，发展以社区为基础的生态旅游对原始风貌保存较为良好，是对于生态环境比较脆弱的地区发展生态旅游一种比较好的方式，不仅可以减轻传统旅游带来的环境污染、生物多样的破坏等问题，而且可以增加社区居民的经济收入。

综上所述，以社区为基础发展生态旅游是实现环境破坏最小化、利益最优化，能有效带动农村的发展，发展生态旅游减轻对社会经济文化影响的有效方式之一。

三、国内外生态旅游发展研究对比及反思

众所周知，我国幅员辽阔，自然资源丰富，但由于人口基数大，人均占有量非常小，同时还存在资源分布不均匀的情况。在过去的很长一段时期，我国经济发展都是以牺牲自然环境为代价的，但是自然资源是有限的。随着时间的推移，这种野蛮的经济增长方式带来的不良影响逐渐体现出来，污染日益严重，生态环境愈发脆弱，自然环境遭到严重破坏，甚至威胁到了人类的生存。传统旅游业发展在赢得巨大经济效益的同时，也对自然环境造成了难以修复的破坏。以联合国将 2002 年定为"生态旅游年"，倡导生态旅游为契机，我国生态旅游抓住了国际发展的趋势，开启了新一阶段的生态旅游研究。由于国内生态旅游研究发展起步较晚，国际上对生态旅游的概念及内涵等基础方面已经做了很多探索和研究，因此，生态旅游的开发条件、生态旅游规划等指导实践方面，成为了我国专家学者主要研究的对象。通过对现有文献的整理和分析发现，生态旅游的诸多研究成果主要集中在国外，且国外对生态旅游的研究已经比较成熟，形成了比较完整的研

究体系，研究内容涉及的学科和领域也较广泛。

从国外的研究成果和经验来看，对我国今后开展生态旅游研究的经验借鉴主要有以下几个方面：

（1）从研究内容上看。生态旅游的学科和领域综合性较强，而我国主要从生态学、地理学、国土开发等学科对生态旅游进行研究和分析，研究的内容相对较窄，因此，在以后的研究中应当拓宽学科范畴和领域，从不同的学科和领域研究生态旅游，以便获得更加全面和完整的生态旅游理论成果和建设指导体系。

（2）从研究深度上看。我国生态旅游在资源评价和区域开发对环境影响的研究方面处于初步的探索期，主要集中在相关理论的争辩阶段，并没有对典型案例进行深刻的剖析，提出的解决模式和方案没有针对性。我国的生态旅游发展研究，不应该局限于构建完整的理论体系，还应该创新生态旅游示范区的创建模式，使研究向纵向发展，这样的研究成果才能快速推动我国生态旅游的发展，提升生态旅游的层次。

（3）从研究广度上看。我国在生态旅游的研究领域较为单一，没有全面覆盖生态旅游的构成要素，主要以生态旅游示范区规划和自然保护区为研究对象；对生态变化、旅游主体行为以及人文环境的影响等其他方面的研究较少，不能形成较好的生态旅游开发模式。生态旅游开发建设需要涉及多个要素，多个要素集合构成生态旅游，各个组成要素对整体的影响都是不可忽略的。同时，生态旅游的各个利益主体的行为对生态旅游都起着决定性的作用。因此，各位专家学者在进行研究时，应把思维定位到更高、更全面的层次，从多学科、多角度进行讨论，不断完善生态旅游研究体系。

（4）从研究层次上看。由于生态旅游在我国起步较晚，我国对生态旅游的基础性研究较浅，现阶段的研究层次主要在描述和阐释上，从而限制了我国生态旅游的研究，导致我国生态旅游研究方法单一、研究深度、广度不足等问题。因此，学术界应密切关注世界生态旅游发展方向，参考国外生态旅游示范区的成功案例，吸取失败案例的经验和教训，在此基础上，通过具体的总结和提炼，努力探索出具有中国特色、符合中国国情的生态旅游建设体系，从而推动我国生态旅游较快的发展。

综上所述，我国生态旅游的研究与国外生态旅游发展研究相比，还存在着很大差距。尽管我国的生态旅游研究起步较晚，但是经过研究人员的不懈努力，已经有了很大的发展和进步，也有了不少成果。我国要想做好生态旅游，还有很长一段路要走，只有借鉴国外先进的经验，再结合我国国情，才能创新出具有中国特色的生态旅游发展之路。

案例分析

生态旅游的成功典型——日本屋久岛

日本是世界上发展生态旅游较早的国家。经过长时间的发展，日本的生态旅游产业已经形成了较为成熟、完整的理论体系和实施方案，其中的一些经验和发展过程中遇到的问题，非常值得我国学习、借鉴。

日本属于资源小国，大量资源依靠进口，但其自然旅游资源相当丰富。作为亚洲经济发展最为快速的国家之一，日本的旅游产业相当发达，发展旅游产业带来的经济效益也是非常明显的。但是到了20世纪末，随着国内游客人数的大幅提升，再加上入境游客的不断增多，环境的压力越来越大，某些地区甚至出现了自然环境临近崩溃的边缘。至此，如何协调经济效益与环境保护之间的矛盾，实现旅游业的可持续发展，成为了日本政府面临的重大难题。

日本于1992年签约，成为《世界遗产公约》的契约国，生态旅游作为一种新型的旅游模式被引入日本，并且在试行的地区取得了良好的反响和很高的社会认可度。此后，日本便在全国范围内大力推行生态旅游，屋久岛生态旅游示范区作为日本最早创建的示范区，发展至今，旅游业开展得依旧如火如荼，其建设经验非常值得借鉴。

屋久岛是鹿儿岛县大隅列岛群的一部分，位于北纬30度。屋久岛从海平面到海拔最高的宫之浦岳顶部，竟相差1935米。每上升100米，平均气温就会下降0.7℃。所以在屋久岛上，有着很大的垂直温差，但年平均温度保持在20℃左右。屋久岛的雨季很长，年降雨量很高，但降雨量分布不均匀，年降雨量在7000~8000毫米左右，岛上阳光充沛。

独特的气候环境使屋久岛形成了独特的自然生态系统，加之屋久岛人口密度小，人类活动范围小，且重视生态保护，所以始终都保持着原始森林的风貌，有着超高的森林覆盖率，为各类动物提供了良好的栖息场所，所以岛上的物种丰富度极高。从海底的珊瑚礁到山坡上的杉木，从盛开的杜鹃花到冷艳的樱花，各类植物令人目不暇接；良好的生态环境同时也孕育了如屋久猴、屋久鹿等屋久岛特有的动物品种。据统计，岛内分布着1900多种亚种的植物，哺乳动物16种。

岛上独特的自然景观众多。这里成片的杉树因超长的树龄和独特的生态研究价值，被各方关注，所以他们也有了属于自己的命名——屋久杉。根据统计，屋久杉的树龄平均在 3300 年左右，现在所记载在册的最长树龄的屋久杉竟达到了 7200 年的树龄，树身周长竟达到 16.4 米，这是世上绝无仅有的。这些古老的杉树极具研究价值，它们不仅成为鸟类的栖息地，还起着改善生态环境的作用。不仅如此，岛上还因为悬殊的海拔差距，形成了特殊的植物分布景象。不同气候地带的各种植物共同生长，并同时存在于一个地区且形成一个相对完整的生态系统，这种景象在全球范围都是极其罕见的。除此之外，岛上的白谷云水峡，日本动漫大师画笔下的千寻瀑布、有孤独守望者之称的"屋久岛灯台"等，这些都是上岛游客必须要"打卡"的网红景点。还有山边的平内海中温泉，其靠山而建，面朝大海，独特的设计使得浴客们在享受温泉的同时，又仿佛置身于大海的波澜壮阔之中。这种温泉建设风格和理念被许多酒店和景点效仿。而对于希望走遍全岛、体验全套服务又不想自己做攻略的小伙伴，参加旅游团将会是你的不二之选。

　　屋久岛本富岳海拔不足 1000 米，但具有压倒性的存在价值，是屋久岛三大岩壁（另有障子岳、七五岳）之一。从入口处"千寻瀑布展望台"到山顶，往返花费 6 小时，陡坡连续不断，在山顶附近有很大的起伏。途中可以看到树龄三千年的大树"万代杉"。山顶尽管狭小但景色壮观，村落、海岸线等铺陈脚下，可以欣赏屋久岛独有的绝美景色。

　　在岛北边的海岸上有一片特殊区域，这是世界上为数不多的海龟产卵栖息地。在每年五月到八月时，海龟便成群结队地游回岸边产卵。2004 年，有学者专门就海龟洄游登岸数量进行了统计，数量达到了 7300 余只。随着岛屿开发的程度越来越大，范围越来越广，这些海龟的生存环境受到了前所未有的挑战，幸好有保育团体的及时介入，因此，屋久岛规划出几个海滩是不对游客开放的，是为了保护海龟的生存环境。

　　良好的自然环境和独特的自然景观，是屋久岛发展生态旅游模式、创建生态旅游示范区的基础。由于日本的人口素质普遍较高，对于新鲜事物接受能力较强，也充分意识到了保护自然的重要性，这也是屋久岛能成功发展生态旅游的原因之一。他们遵循保护第一的原则，首先成立了各类的自然保护区，制定和完善了各项保护措施和条例，制度先行的理念，普遍提高了居民的环保意识。开发者和经营者也都会自觉地贯彻执行生态发展的理念。他们在建设的过程中没有大兴土木，如：将原有住民的空闲房屋改造成民宿，保留了岛上的土路等。为了保护原始森林的完整性，园区还会限制人员和车辆的进入。

屋久岛得天独厚的自然风光和丰富的物种多样性，给其发展生态旅游提供了良好的基础。同时，作为日本动漫大师宫崎骏电影中的现实取景地，宣传手段也是非常有效的。各类设施的建设和旅游产品的开发，也充分体现了生态旅游尊重自然、保护自然的原则。屋久岛生态旅游示范区的成功经验表明，发展生态旅游，是一种实现人与自然和谐相处，实现旅游业的可持续发展的新途径。

第三章　生态旅游示范区发展分析

第一节　国家生态旅游示范区发展沿革

21世纪初期，由国家旅游局、环保局、计委等有关部门协同制定出生态旅游示范区的认定标准。2007年7月，东部华侨城作为我国首个通过国家旅游局、环保局等有关部门的评审，获得"国家生态旅游示范区"荣誉称号的旅游区，并于同年，制定并发布了《东部华侨城国家生态旅游示范区管理规范》。2008年11月，国家旅游局在全国生态旅游发展工作会议上发布了《全国生态旅游示范区标准》征求意见稿，全面征求生态旅游示范区的标准。国家旅游局、环保局以及另外两家机构，在2010年起草了《国家生态旅游示范区建设与运营规范（GB/T26362—2010）》。我国现行的《国家生态旅游示范区管理规程》和《国家生态旅游示范区建设与运营规范（GB/T26362—2010）评分实施细则》是由国家旅游局和环境保护部在2012年制订并颁布实施的。2013年，经自愿申报和国家旅游局、环保局等有关部门审核，共有39家示范区入选2013年国家生态旅游示范区。在之后的两年内，又分别有37家和35家示范区获得"国家生态旅游示范区"的荣誉称号。

第二节　国家生态旅游示范区相关概念

一、旅游资源

旅游资源是指自然景观和人文景观等能对人们产生吸引力的资源，并在一定程度上进行开发和利用，从而产生经济效益、社会效益、文化效益及环境效益。同时，旅游资源是旅游业发展的前提条件。

二、生态旅游示范区

生态旅游示范区是以一定区域内的生态环境、自然景观和人文景观所组成的系统为依托，在区域内进行开发，以达到促进旅游者了解和学习自然、生态的目的，提高旅游者对生态环境保护和社区发展的责任感，最终形成可持续发展的旅游区域。

生态旅游区在开发、管理运行以及生态环境保护等方面具有典范作用，经自愿申请，并通过《国家生态旅游示范区建设与运营规范（GB/T26362—2010）》标准确定的评定程序后，便可以获得"国家生态旅游示范区"（以下简称示范区）的荣誉称号。示范区具有明显的地域界限，虽然示范区具有明显的范围，但也是全国生态旅游示范区的类型和组成的重要部分之一。

三、生态旅游区分类

依据资源类型的不同，所开展的旅游活动不同，可以将生态旅游区分为七种类型，即山地型、森林型、草原型、湿地型、海洋型、沙漠戈壁型、人文生态型。

（一）山地型

生态示范区主要以山地环境作为主要的旅游资源进行开发建设，该类型适于开展科考、登山、探险、攀岩、观光、漂流、滑雪等活动。

（二）森林型

生态旅游区主要以森林植被及其生态环境作为主要的旅游资源进行开发和建

设，该类型包括大面积竹林（竹海）等区域。此类型的生态旅游区适于开展科考、野营、度假、温泉、疗养、科普、徒步等活动。

（三）草原型

生态旅游区主要以草原植被及其生境为主要的旅游资源进行开发和建设，该类型的生态旅游区包括草甸类型。此类生态旅游区适于开展参与性较强的体育娱乐活动以及民族风情体验活动等。

（四）湿地型

生态旅游区主要以水生和陆栖生物及其生境共同形成的湿地为主要旅游资源进行开发和建设，主要指内陆湿地和水域生态系统，也包括江河出海口等。此类生态旅游区适于开展科考、观鸟、垂钓、水面活动等。

（五）海洋型

生态旅游区主要以海洋、海岸生物及其生境为主要旅游资源进行开发和建设，此类型主要包括海滨、海岛。该类型的生态旅游区适于开展海洋度假、海上运动、潜水观光活动等。

（六）沙漠戈壁型

生态旅游区主要以沙漠或戈壁及其生物以及其生境为主要旅游资源进行开发和建设。该类型的生态旅游区适于开展观光、探险和科考等活动。

（七）人文生态型

生态旅游区主要以突出的历史文化和特色的民俗文化等为主要旅游资源进行开发和建设。该类型的生态旅游区主要适于历史、文化、社会学、人类学等学科的综合研究，以及适当的特种旅游项目及活动。

四、相关规范文件

《国家生态旅游示范区建设与运营规范（GB/T26362—2010）》
《国家生态旅游示范区建设与运营规范（GB/T26362—2010）》评分实施细则
《国家生态旅游示范区建设与运营规范指引》
《国家生态旅游示范区管理规程》

第三节 国家生态旅游示范区空间分布特征

生态旅游示范区有别于传统景区,生态旅游示范区强调生态、绿色、环保和可持续,因而它的创建给业主单位及管理部门提出了更高的要求。生态旅游示范区的创建是实现旅游业可持续发展的重要内容之一,它是以保护自然环境与人文生态为前提,以实现旅游资源可持续利用为目的,不断促进生态环境、社会和经济三方和谐发展。自 2001 年提出生态旅游示范区概念以来,全国各省市均开展相关创建活动,成效显著,相较于省(区)级生态旅游示范区而言,国家级生态旅游示范区的创建难度更高,但各省(区)的创建热情依然高涨,至今全国已完成四批国家生态旅游示范区的创建工作。为充分了解国家生态旅游示范区的空间分布情况,特搜集国家文化和旅游部与生态环境部公布的 112 家国家生态旅游示范区名单,采用数量统计的方法和空间分析法等两种方法,探索和分析我国"国家生态旅游示范区"的空间分布特征。

一、研究区域概况

按照国务院发展研究中心发展战略和区域经济研究部提出的分区方案,将全国 31 个省份(不包含港澳台地区)分为八大区域,分别为黑龙江、吉林、辽宁三省(合称东北地区),北京、天津、山东、河北四省(市)(合称北部沿海地区),江苏、浙江、上海三省(市)(合称东部沿海地区),福建、广东、海南三省(合称南部沿海地区),河南、山西、陕西、内蒙古四省(区)(合称黄河中游地区),湖南、湖北、江西、安徽四省(合称长江中游地区),四川、重庆、云南、贵州、广西五省(区、市)(合称西南地区),甘肃、宁夏、青海、西藏、新疆五个省(区)(合称西北地区),统计 112 家国家生态旅游示范区在八大分区的分布情况(陈小龙、叶持跃、刘文生,2018)。

二、数据来源

截止到 2019 年 4 月,中华人民共和国文化和旅游部总共公布了 112 家国家生态旅游示范区,如表 3－1 所示。

表3-1　国家生态旅游示范区在八大区域的分布　　　　单位：家

省（区、市）	区域	2007年（第一批）	2013年（第二批）	2014年（第三批）	2015年（第三批）
黑龙江、吉林、辽宁	东北地区	0	4	4	4
北京、天津、山东、河北	北部沿海地区	0	4	3	4
江苏、浙江、上海	东部沿海地区	0	6	5	4
福建、广东、海南	南部沿海地区	1	3	4	4
河南、山西、陕西、内蒙古	黄河中游地区	0	4	4	3
湖南、湖北、江西、安徽	长江中游地区	0	6	5	4
四川、重庆、云南、贵州、广西	西南地区	0	8	6	7
甘肃、宁夏、青海、西藏、新疆	西北地区	0	4	6	5
合计		1	39	37	35

三、研究方法

1. 最近邻点指数

表示点状事物的相互邻近程度的地理指标是最近邻点指数，最邻近点指数 R 是指实际最邻近距离与理论最邻近距离之间的比值。其公式如下：

$$R = \bar{r}/r_e = 2\sqrt{D}$$

$$r_e = 1/2\sqrt{n/s} \tag{3-1}$$

式中：$\bar{r}$ 为实际最邻近距离，r_e 为理论最邻近距离，D 为点密度，s 为区域面积，n 为区域内国家生态旅游示范区数（陈小龙、叶持跃、刘文生，2018）。

2. 地理集中指数

衡量研究对象集中程度的重要指标是地理集中指数，可以用来分析国家生态旅游示范区在省际尺度上的集中分布特征。其公式如下：

$$G = \sqrt{\sum_{i=1}^{n}(X_i/T)^2} \times 100 \tag{3-2}$$

式中：G 表示国家生态旅游示范区的地理集中指数，X_i 表示第 i 个区域的国家生态旅游示范区的个数，n 为我国省市区的总数，T 为国家生态旅游示范区的总数（陈小龙、叶持跃、刘文生，2018）。

3. 基尼系数

用来研究离散区域的空间分布并通过比较不同研究对象的区域分布差异找出其地域分布的变化规律的是基尼系数（Gini）。它是衡量国家生态旅游示范区在各区域分布情况的重要指标。其公式如下：

$$H = - \sum_{i=1}^{N} P_i In P_i$$
$$H_m = InN$$
$$Gini = H/H_m$$
$$C = 1 - Gini \tag{3-3}$$

式中：Gini 为基尼系数，C 为分布均匀度，P_i 为相应研究区域内国家生态旅游示范区个数占示范区总数的百分数，N 为研究单元（八大区域）的个数（陈小龙、叶持跃、刘文生，2018）。

4. 核密度分析

探究区域内要素的分布密度在空间上的形态特征及变化来表达空间要素的分散或集聚分布状态用核密度估计法。其公式如下：

$$f(x) = (1/nh^d) \sum_{i=1}^{n} k[(x - x_i)/h] \tag{3-4}$$

式中：$k[(x - x_i)/h]$ 为核密度方程，x_i 为点核密度，x 为网格中心处的核密度，h 为阈值，n 为阈值范围内的点数，d 为数据维度（陈小龙、叶持跃、刘文生，2018）。

四、结果与分析

首先是空间分布类型，利用 ArcGIS10.2 软件计算出每家国家生态旅游示范区与其他国家生态旅游示范区之间的实际距离 r_i（$i = 1，2，3，\cdots，112$），并从中求出平均最近距离 r 为 123.67 千米，由式（3-1）可求得理论最近距离 r_e 为 146.39 千米，实际平均距离与理论最近距离的比值小于 1，可知国家生态旅游示范区在整体上的空间分布呈集聚型分布。其次是空间分布均衡性，国家生态旅游示范区总数为 112 个，划分区域有 31 个，通过计算可求出地理集中指数，通过与各省市区平均分布值比较，地理集中指数远远大于平均分布值，可知国家生态旅游示范区的分布较为均衡。通过对基尼系数分析，可知国家生态旅游示范区在八大区域的集中度较强。最后是分布形态，通过对核密度的分析，可知核密度高值区域有长江三角洲和京津地区两个区域，核密度中值区有山西、河南与湖北交界处和重庆与贵州交界处，以及湖南与江西交界处，核密度低值区为西部地区及内蒙古地区。综合来看，国家生态旅游示范区在空间上呈现"X"形分布，在沿海地区及部分中西部省份较为集中（陈小龙、叶持跃、刘文生，2018）。

第四节　国家生态旅游示范区标准解析

一、国家生态旅游示范区创建标准

（一）示范区规划

示范区规划：分值 100 分，占总分的 5%。

建议最低得分：100 分。

景区的开发建设应严格遵循规划先行原则，一方面是避免景区无规划、无头绪、无指引、乱开发、乱建设而背离初衷，另一方面是避免景区成为无规划的非法景区。生态旅游示范区的创建工作的第一步是邀请有相应资质的规划编制单位按照整体优化、生态优化、生境或景观完整性及容量控制四个原则编制涵盖生态保护和旅游开发两大块内容的专项规划，获得政府或相关部门审批后，严格按照规划要求实施。规划内容要包含分区、分级土地利用控制、生态环境状况评价、生态环境容量、生态环境影响因素识别、生态旅游规划、社区协调规划、生态环境影响控制、生物多样性保护等方面内容。规划的编制要严格遵循所在市县的用地规划，不得随意改变土地和建筑的使用性质，规划应秉承保护优先原则，尊重和展示自然，尊重地方文化和民风民俗，并合理控制景区范围内生产活动和生活活动，保护资源和景观的可持续性。

（二）生态旅游资源

生态旅游资源：分值 160 分，占总分的 8%。

建议最低得分：150 分。

生态旅游资源是考评生态旅游示范区是否合格的重要指标，创建标准中生态旅游资源包含生物多样性、资源丰富性、价值独特性三个部分内容。生物多样性的保护在工作机制上要求景区定期做好监测，并安排专职人员或专家参与保护和监测工作，在工作内容上要禁止或慎用引进外来物种，严格保护生态系统本土性，重点保护珍稀物种及濒危物种，禁止捕猎野生动物和破坏野生动物生存环境，禁止出售野生动物制品，可根据动物生活习性，合理设置动物通道、搭建动物休息棚，严格控制噪声，避免水质污染，为动物提供良好的生存活动环境。资源的丰富性要求资源结构合理、规模大、丰度好。价值独特性要求景区旅游资源具有游憩性、美学性、科研性、文化性、稀缺性、代表性，并在市场上有一定的吸引力。良好的生态环境是生态旅游示范区最具吸引力旅游资源，是生态旅游示范区的魅力所在，也正因此它对景区提出了更高的要求，生态旅游资源保护好了定会助力景区更上一个台阶。

（三）生态环境质量

生态环境质量：分值 345 分，占总分的 17.25%。

建议最低得分：330 分。

生态环境质量在评分细则中占比最高，可见生态旅游示范区对生态环境质量要求极高。生态环境质量从环境质量、生态环境、资源利用、分区利用、系统整合和修复整治六个方面提出了具体要求，环境质量要求地表水质量要达到Ⅲ类水质 GB3838 以上，海水质量达到Ⅱ类水质 GB3097 以上，空气质量常年达到 GB3095 一级水平，住宿接待设施噪声应到达 GB3096 的Ⅰ类标准，同时安排专业机构进行持续监测，并要求一年有 85% 以上的样品达到要求。生态环境要求景区原生态环境保持完好，独具特色，不开展改变地形地貌的活动如挖沙取土、开矿采石等，不破坏生态系统。尽最大努力保持生态系统的稳定性和自我恢复能力，在非特殊情况下景区禁止使用化肥、农药及杀虫剂等杀伤力大，对环境有破坏的化学药剂，如特殊情况须使用应在生态环境保护专职人员或专家的指导下使用，生态环境保护是个动态过程，景区应请专业机构进行持续的生态监测，并完整记录，如发现有破坏环境、影响生态系统平衡的情况发生应及时商讨处理。资源利用要求景区不能利用不可再生资源，开展退耕还林还草、退养还滩等，并严格控制建设用地，节约水资源，采取"少使用、少处理"，提高污水处理能力和水循环利用率，排入自然水体的污水应符合污水综合排放一级标准，不得随意排放，地下水的采用应严格控制，采取量不应超过自然补给能力。分区利用要求各功能区划分合理，功能明确，遵循保护优先原则，多功能区域统筹、分配，在有效保护生态环境的同时也满足各层次游客需求。系统整合和修复整治要求景区各要素形成一个生态环境系统，类型丰富，互补性强，景观环境与周边相协调。景区生态环境质量是决定创建是否成功的关键因素，在创建过程中及将来的发展管理中景区都应将生态环境质量保护作为重点工作来开展。

（四）传统文化保护

传统文化保护：分值 65 分，占总分的 3.25%。

建议最低得分：65 分。

文化是旅游的灵魂，成熟的景区应秉承"在保护中开发，在开发中保护"的理念，对景区传统文化进行充分的挖掘和保护。生态旅游示范区的创建对传统文化保护提出了具体要求，首先，预留足够的资金作为自然景观、文物、古迹等的保护和维护专项资金，管理上要有具体细致可操的措施，岗位职责要明确，并安排专人进行管理和维护。其次，景区的景观打造不能破坏文物古迹，并要融入当地特色文化，要与周边建筑物和景观相协调，视觉感良好。建筑用材应环保、无毒、无污染，尽量减少钢铁等耗能材料，多使用太阳能等自然能源，设计通风，节能环保。最后，要尊重当地历史文化、自然文化、民族民俗文化及宗教文化，并加强保护。

（五）基础设施

基础设施：分值 295 分，占总分的 14.75%。

建议最低得分：280 分。

基础设施直接关系到游客的体验感，基础设施是否完善也是评判一个景区是否合格的基本标准。景区交通决定景区的可进入性和游览路线的设置，景区交通应按生态旅游活动内容设置自行车道或徒步道，减少机动车的进入，且有清晰正确的标识系统。道路的设计应以实用为原则，尽可能在原有道路上提升美化、少动土、减少人为对景观的破坏，用材应选用生态材料，避免使用耗能材料，提倡使用低耗能、低排放的交通工具，停车场应按生态停车场标准建设，具有良好的排水功能和遮阴效果，并保证车位充足，管理到位，适当控制游客量和活动强度，有效保护景区生态的可持续性。关于能源利用应制定详细可操的节能计划，并严格实施，以减少温室气体排放为目标，合理改善景区燃料结构，提倡使用可再生能源和清洁能源，电线、电线杆、高压箱等电力设施及各类管道等给排水设施设置隐蔽，不影响景观。景区应提供邮电服务，服务点位置合理，功能齐全，邮政纪念产品丰富，满足不同游客的不同需求。

（六）服务设施

服务设施：分值 215 分，占总分的 10.75%。

建议最低得分：210 分。

景区的服务设施对住宿、餐饮、购物和娱乐四个方面提出了具体要求。住宿要求符合 LB/T007 标准，住宿外观与景观相协调，生态特色鲜明，布局合理，体量适宜，排污方便。餐饮推广生态餐厅，主打无害、有机、绿色食品，但不能食用野生动物，餐厅布局合理，菜谱丰富。购物场所选址合理，规模适宜，外观风格和内饰具有当地特色，产品以销售本地特色产品为主，通过包装、宣传促使其品牌化，提高景区知名度。娱乐活动的开展应深度挖掘地方文化，突出地方特色，但活动选址、形式不能破坏生态环境和自然景观，严禁黄赌毒。

（七）安全

安全：分值 85 分，占总分的 4.25%。

建议最低得分：85 分。

景区安全是景区运营、管理工作的重中之重，为给游客营造安全、放心的旅游环境，景区安全工作应设有专门的安保机构，做到制度健全，安保人员数量充足，职责明确，安全设备健全、落实到位、措施有效，应编制印发安全应急预案，能够应对高峰期和特殊时段的特殊事件。危险地带防护设施有效，并设置数量充足、醒目的危险警告标志，在景区入口、主要游览场所等人流量大的地方悬挂醒目的安全宣传标语，方式多样、讲求实效。景区应设置有专用医务室，基本药品和医疗器械配套完备，并有医护人员值守，以应对突发状况。

（八）卫生

卫生：分值 155 分，占总分的 7.75%。

建议最低得分：140 分。

景区卫生关乎景区的形象，生态旅游示范区的创建要求景区各类场所的环境卫生全部达到 GB9664 规定的卫生标准，并设有专人负责日常环境卫生，及时清扫，做到日产日清，确保垃圾桶及清扫器具干净、整洁。要求使用分类垃圾桶，对垃圾进行分类回收，对不可回收的进行统一处理，对可利用的废弃物进行回收，并循环利用，降低垃圾污染率，提高垃圾综合利用率。景区应单独设有吸烟区，内配备相应的消防设备，通风良好，且管理到位。餐饮卫生要求食品卫生符合国家有关规定，餐具定时消毒。于旅游服务设施集中的区域配备污水处理设施，污水处理达标后排放，也可根据用途需求再次使用。旅游厕所建议按照 A 级旅游厕所规划建设，布局合理、外观与景观相协调、标识醒目，厕所设施设备健全，100%使用免冲水生态厕所，给游客带来美好的体验。

（九）区域统筹

区域统筹：分值95分，占总分的4.75%。

建议最低得分：80分。

生态旅游示范区的区域统筹要求创建范围内不能有小城镇，防止景区向城镇化倾斜。景区附近的小城镇建议以第三产业为主，以旅游生产的第二产业为辅，小城镇应尽可能保持传统民居特色，街区建设以不破坏自然景观和生态环境为原则，杜绝大兴土木。建筑材料的选择和外立面的色调、装饰应保留传统风格，并与周边环境相协调，街道环境做到干净、整洁。

（十）公共环境与社区参与

公共环境与社区参与：分值130分，占总分的6.5%。

建议最低得分：115分。

公共环境与社区参与要求景区治安良好，秩序稳定，当地居民对外来游客态度友善，不欺生、不敲诈。按照GB/T10001.1标准统一设置公共图形符号，制作精美，具有当地特色，位置设置合理、数量充足。景区加强宣传，通过社区广播、社区电视、宣传栏等媒介定期宣传、解释旅游发展中遇到的问题，并设置意见箱或召开社区会议搜集公众意见，与社区居民共同商讨旅游建设、经济建设、资源开发利用、环境保护、城乡规划等问题。

（十一）市场营销

市场营销：分值70分，占总分的3.5%。

建议最低得分：60分。

景区在进行市场营销过程中应该诚信营销，宣传资料上应该明确指出游客所享有的权利和义务，准确和负责任地向游客提供示范区信息，勿夸大宣传，导致现实情况和宣传效果不符。生态旅游区在市场营销过程中应追求长远的品牌效益，所以应加大景区知名度和美誉度等方面的宣传力度，形成示范区稳定的品牌和长久的可持续发展模式。景区在宣传过程中应注意结合生态特色，在宣传资料的设计、制作上应该突出环保理念，在宣传材料上应用可再生纸质或者网络宣传，秉承生态环保的理念。在示范区内应配备有导游或者语音解说系统，对景区进行讲解，便于游客及时和准确地了解景区的基本情况和景点，且解说内容应该具有科学性和准确性，保证传达信息的准确性。景区导游需持证上岗，具有较高的文化素养，普通话100%达标，在有少数民族居住的地区，应配有少数民族导游，景区根据游客来源，适当配备双语导游（即普通话和英语），通过导游服务提高景区的知名度。

（十二）综合管理

综合管理：分值185分，占总分的9.25%。

建议最低得分：170分。

综合管理要求景区设置合理的管理机构，规章制度健全，岗位职责分工明确。示范区形象鲜明，推广方式多样。游客中心位置合理，有必要可根据景区游客量设置游客咨询点，游客中心外观与景观相协调，服务设施齐全，员工着统一服装，服务态度良好，为游客提供诚挚服务。景区意见投诉制度健全，流程明确、清晰、处理及时、反馈到位，并有完整的记录备案。景区应配备一定量的特殊人群服务设施，设计人性化、位置醒目，方便使用。可根据景区实际情况在生态、环保、历史、文化等方面开展科研活动，并设置专门机构、引进专职人员。景区建议实施绿色采购，按照环境友好型要求采购具有绿色认证和安全认证的标识产品，杜绝使用一次性不可降解碗筷。

（十三）培训与教育

培训与教育：分值100分，占总分的5%。

建议最低得分：85分。

培训与教育的重点是员工培训和旅游者行为引导两个方面。做好员工培训首先要制定好教育培训计划，其次是落实培训制度、机构、人员、地点和经费，员工培训重点放在生态环境的教育培训，培育能为游客提供准确的景区自然和文化解释的一线员工，通过一系列的演示、训练，提高员工的语言表达能力、人际沟通能力及处理旅途中各种问题的能力。针对旅游者行为引导问题，景区通过开展多种生态旅游活动，营造浓厚的生态旅游氛围，通过生态旅游教育，引导游客参与到生态环境保护知识学习和实践过程中，在游中学，在学中游，充分发挥景区的教育功能。加强社区教育，增强社区居民保护生态环境和文化遗产的自觉性，将生态旅游纳入社区学校的教学计划中，也可将景区生态环境、历史文化等内容编入乡土教材中。

二、申报认定程序

国家生态旅游示范区的申报程序分为申报、技术评估、考核验收、公示公告、批准授牌和复核管理六个阶段。

（一）申报

满足《国家生态旅游示范区管理规程》第九条规定的基本条件的申报单位，向省级旅游与环境保护主管部门确定的机构提出申请，提交申报文件。

受理申报的机构自收到申报文件之日起 60 个工作日内，依据《规范》及《评分实施细则》，联合进行初评、筛选工作，对符合条件的申报单位，通过省级旅游和环境保护主管部门共同向国家有关评定机构推荐。

（二）技术评估

国家有关评定机构自接到申报文件（含初评意见）之日起 30 个工作日内完成材料审核。对申报文件合格的单位，60 个工作日内完成现场技术评估；申报文件不合格的，待其补充完善，重新提交。

国家有关评定机构应当在技术评估结束后 30 个工作日内，向省级旅游与环境保护主管部门和申报单位反馈书面评估意见；发现问题的，要求及时进行整改。

（三）考核验收

技术评估合格，或已按要求对技术评估发现的问题整改合格，并经省级旅游与环境保护主管部门确定的机构核实后，申报单位可通过省级旅游与环境保护主管部门向国家有关评定机构提出现场考核验收申请。

国家有关评定机构收到考核验收申请后，在 60 个工作日内组织相关管理人员及专家开展考核验收。

（四）公示公告

对达到标准并通过考核验收的申报单位，在相关网站进行公示，公示期不少于 7 个工作日。对公示期间收到的投诉和举报问题，国家有关评定机构应当进行现场核查，也可委托省级旅游与环境保护主管部门进行核查，做出相应决定。

（五）批准授牌

对公示期间未收到投诉和举报，或投诉和举报问题经调查核实、整改完善的单位，授予"国家生态旅游示范区"称号，并颁发证书及标牌。

（六）复核管理

对示范区实行"动态管理、能进能退"的复核管理机制。

已授予称号的示范区每年 11 月底前将本年度工作总结和下年度工作计划报国家、省级旅游与环境保护主管部门备案。工作总结应着重分析示范区在生态旅游发展、规划建设、运营管理、环境保护等方面的具体实践。

对已授予称号的示范区每3年组织一次复核。复核工作由国家有关评定机构统一组织实施，各省（自治区、直辖市）旅游与环境保护主管部门配合。

三、国家生态旅游示范区案例——崇左市大德天景区

亚洲第一、世界第四大跨国瀑布，国家AAAAA级旅游景区——德天瀑布，位于广西壮族自治区崇左市大新县硕龙镇德天村，中国与越南边境处的归春河上游。是《酒是故乡醇》和《花千骨》的外景拍摄地。2016年1月，国家文化和旅游部和生态环境部拟认定广西壮族自治区崇左市大德天景区为国家生态旅游示范区。

（一）示范区规划

大德天景区高度重视旅游资源的保护与开发管理，遵循整体优化、生态优先、生境范围、市场导向、容量控制五大原则，以生态环境建设为前提，依托景区原有自然景观、自然生态环境以及中越特色文化，全面提升景区的自然性、独特性、多样性与完整性，实行可持续发展对策，强化景区生态与文化内涵，使之成为空间结构合理，功能体系完善，生态环境效益显著、社会效益与经济效益明显的景区。

崇左市人民政府于2015年12月编制了《大新德天瀑布旅游景区总体规划》，2016年7月编制了《德天跨国瀑布景区控制性详细规划》。各规划对景区下一步规划建设具有较好的指导作用。

《大新德天瀑布旅游景区总体规划》《德天跨国瀑布景区控制性详细规划》已获得了广西区人民政府的批复。大德天景区建设项目通过了旅游、环保、土地等部门审批，项目建设严格按照规划进行。

（二）生态旅游资源

根据国标《旅游资源分类、调查与评价》（GB/T18972—2003），规划区旅游资源共分为8个主类、18个亚类、41个基本类型，共计54个资源单体如表3-2所示。从资源类别分布上看，自然类资源占35.2%，人文类资源占64.8%如表3-3所示。场地内有丰富的旅游资源，以水域风光、地文景观以及生物景观为主，其中水域资源占11.1%，以瀑布景观为主，地文景观占14.8%，生物景观占5.6%。其中优势景观资源为水域资源，集中在德天跨国瀑布，陇江村、绿岛行云—大阳谷和沙屯叠瀑。人文资源主要为硕龙镇的人文活动，以民族节庆、歌舞、饮食以及特色建筑与设施等资源为载体，另外景区内保留部分军事

设施，展示了神秘的军事文化。综合来说，场地的旅游资源以山水风光和人文风情并重，以自然景观架构基本格局，以边境风情打造文化品牌，都依托边境边关，具有浓郁的地方特色，旅游业发展潜力巨大。

表3-2　景区资源分类

主类	亚类	基本类型	资源单体
A 地文景观	AA 综合自然旅游地	AAA 山丘型旅游地	梯田
		AAD 滩地型旅游地	岩石滩
	AB 沉积与构造	ABA 断层景观	绿岛行云
	AC 地质地貌过程形迹	ACA 凸峰	奇峰、红泥岭
		ACF 岩壁与岩缝	石岩
		ACN 岸滩	大阳滩
	AE 岛礁	AEA 岛区	竹林岛
B 水域风光	BA 河段	BAA 观光游憩河段	归春河、隘江村水系
	BB 天然湖泊与池沼	BBA 观光游憩湖区	湖水
	BC 瀑布	BCA 悬瀑	德天跨国大瀑布
		BCB 跌水	沙屯叠瀑、绿岛行云瀑布
C 生物景观	CA 树木	CAA 林地	林地、森林
		CAB 丛树	竹林
D 大象与气候景观	DA 光现象	DAA 日月星辰观察地	瀑布与彩虹、山间日落
E 遗址遗迹	EB 社会经济文化活动遗址遗迹	EBA 历史事件发生地	53 号界碑
		EBB 军事遗址与古战场	古炮台、银盘山炮台
F 建筑与设施	FA 综合人文旅游地	FAB 康体游乐休闲度假地	丽水边城
		FAF 建设工程与生产地	农田
		FAI 军事观光地	地下长城
		FAJ 边境口岸	硕龙口岸
		FAK 景物观赏点	"德天跨国大瀑布"碑、"绿岛行云"碑、835 号国界碑
	FB 单体活动场馆	FBA 聚会接待厅堂（室）	德天酒店
	FD 居住地与社区	FDB 特色街巷	德天景区购物街、特色旅游商品街
		FDC 特色社区	古村落
		FDH 特色市场	德天边贸点、边贸互市

续表

主类	亚类	基本类型	资源单体
F 建筑与设施	FF 交通建筑	FFA 桥	吊桥
		FFC 港口渡口与码头	越南竹排码头
		FFE 栈道	归春河旅游栈道
	FG 水工建筑	FGC 运河与渠道段落	跃进飞渡
G 旅游商品	GA 地方旅游商品	GAA 菜品饮食	红烧归春鱼、鸡皮果炆土鸭、嘎咾蚂蚁夹
		GAC 水产品与制品	归水河鱼
		GAD 中草药材及制品	石斛
H 人文活动	HC 民间习俗	HCA 地方风俗与民间礼仪	短衣壮民俗
		HCB 民间节庆	侬峒节、三月三歌圩
		HCC 民间演艺	短衣壮山歌
		HCD 民间健身活动与赛事	打陀螺
		HCF 庙会与民间集会	赶圩节庆
		HCG 饮食习俗	壮家虫宴
		HGH 特色服饰	短衣壮服饰
	HD 现代节庆	HDA 旅游节	崇左（德天）边关国际旅游节
		HDB 文化节	中越边境歌坡节
8 主类	18 亚类	41 基本类型	54 资源单体

表 3 – 3　景区旅游资源分类统计

大类	主类	单体数目（个）	所占比例（%）	自然人文比例（%）
自然景观类	地文景观类	8	14.8	35.2
	水域风光类	6	11.1	
	生物景观类	3	5.6	
	天象与气候景观类	2	3.7	
人文景观类	遗址遗迹类	3	5.6	64.8
	建筑设施类	17	31.5	
	旅游商品类	5	9.2	
	人文活动类	10	18.5	

景区通过建立森林保育区、生态保护区，对新引入的动植物的严格把控，禁

止狩猎等手段，实现生态系统的均衡及对整个生态环境的保护。景区内设置有环境保护监测站，对景区内的空气质量进行监测。景区设有科普科研部，对景区内的植物进行专业管理养护和科研，能够最大限度地对植物进行救助；景区设有保卫部，对游客伤害动物的行为及时制止，必要时移交公安机关处理；景区设有医疗救助点，备有常规的医疗药物，能够对动物及时救助。景区在原有生态系统的基础上，引入新的动植物时必须通过检疫和试验，防止对森林生态系统产生破坏的新病虫害及杂草等进入，防止繁殖力强盛的外来物种在景区内蔓延而破坏现有的植物群落或动物群落。景区内自然植被中倒伏或折断的树木树枝在自然状态下进行分解，转化成有机质，再供给新的植物生长所需；部分修剪的树枝和落叶经过粉碎、发酵后作为有机肥料重新利用，实现生态循环利用。通过这些有效措施，有效保护生态系统自然性，防止生境损失。景区自然资源丰富，绿化覆盖率极高，形成的良好生态环境对应了生态旅游发展的潮流。植株及叶片形态多种多样，丰富的姿态构成了独特的美学价值和游憩价值，深受广大游客喜爱，现场反馈效果好。景区完好的生态系统、丰富的物种、生物群落及其赖以生存的环境，为进行各种相关研究提供了良好的基地，成为设在大自然中的研究生物资源、生态系统和地质构造的天然实验室，有很高的科学研究价值。大德天景区是中越友好关系的坚固桥梁，是展示广西和中华民族团结、多彩文化的窗口，特殊的情感纽带和深厚的文化底蕴使景区具有珍贵而独特的历史文化价值。

（三）生态环境质量

景区严格控制建筑面，以景观游赏、生态环境建设用地为主，除了文化休闲娱乐区为商业街区性质的建筑外，其余建筑实际上是景观亭、廊，为景观用地。道路以方便、实用为原则，努力减少道路用地，不建或少建盘山公路或贯通区域的交通干线。景区游览道路均方便实用，全部采用生态游步道，减少景区道路用地。

景区针对湖泊、水库设置科学合理的管理，建立水源保护区、成立专门的水域保洁小组、雨季加排、旱季蓄水、定期做湖面清理、加强游客环保意识等，保持蓄水量，改善水质，防止富营养化。景区内的自然资源十分丰富，且景区对这些资源严格保护，因此自然资源的生长量远远超过消耗量。

景区周围没有有污染的企业。景区内自然植被丰富多样，自身环境状况良好、空气质量良好，达到国家二级标准。景区境内群峰起伏、山林葱郁、清幽雅静，旅游区范围内禁止鸣喇叭，噪声指标达国家一类标准。大德天景区林木葱郁,景区境内地表水涓涓不断涌出,达到国标规定。无明显的令人不快的沉淀物;无令人不快的碎片、浮渣、油类等漂浮物;无令人不快的颜色、气味或浑浊物;无对人类或动植物有毒、有害物;无破坏水生生态的生物。

景区十分重视对景观、生态、文物、古建筑及珍稀名贵动植物的保护。近年来保护费用占全年门票收入的9%~15%。分别制定了《大德天景区环境保护管理制度》《大德天景区古树名木保护管理办法》《古迹与建筑保护措施》《生物景观保护措施》等各项保护制度和措施,并认真贯彻和实施。

(四)传统文化保护

景区管理部门对景区内传统文化保护工作非常重视,不断加大保护人员及经费投入。先后印发了景区旅游资源开发保护等相关文件,同时制定明确的传统文化保护规章制度,并严格执行。景区重点对古炮台、边关地下长城、银盘山炮台、赶圩节庆、三月三歌圩、侬峒节等文物和传统文化进行保护,通过景观景点和文物景点的相互连接,打造以历史文化游览为主线的旅游路线。

(五)基础设施

景区位于广西西南部,处于中越边境交界处,归春河上游。景区道路建设有与示范区相匹配的绿化,并有公交车通达,交通十分便利。生态停车场的设置符合游客的需求,停车场的管理井然有序,制定了完善的停车管理制度。停车场分为旅游巴士区、小车区和摩托车区,已按规定划停车位,分设出入口,场内设方向导引指示牌,并有专人值班管理。

景区大部分采用生态游步道,其依山就势,沿途移步换景,秀、奇、静各具特色,兼顾登山游客们观景、康体、科普等不同需求,人行其中,清新舒畅,妙趣横生。景区内的主要路段及交叉路口附近均设置有引导方向或方位的指引标识,标识系统完整,观景和休息设施足够。景区给排水设施齐全、完善,给水充足,排水达到排放标准。景区进出口设置合理,游线以环线游览为主,并设计有多条多功能游线供游人选择。

(六)服务设施

大德天景区住宿设施以中档和高档住宿设施为主,与周围环境相协调。景区内有可同时容纳百人用餐的餐厅和数家当地村民经营的特色菜馆。景区范围内的所有餐厅有着严格的餐饮管理制度,对餐饮环境和服务态度都有明确要求,要求做到服务热忱、价格合理、特色鲜明、环境舒适。餐厅内环境优雅,场所清洁卫生,所提供的餐具、杯具等符合质量认证,形成舒适、干净、卫生的就餐环境。

为了更好地服务于游客，在景区游客较集中的地方都布置有专门的旅游购物商店，主要有景区入口购物街、游客中心商店。商店主要出售各地民族特色的旅游商品、中越特产、日常用品、饮料等。购物场所不破坏景观环境，不妨碍游客游览，不与游客抢占道路和景观空间。购物场所面积适中，布局合理，建筑造型、色彩、材质的选用充分考虑到与景观的协调性和文化性，不影响景观及游客游览。

景区内各种游乐设施及项目布置合理、外形美观，与环境相得益彰。各项游乐设施设备符合国家关于环境保护的要求，不造成环境污染和其他公害，不破坏旅游资源和游览气氛。不影响或损害当地生态环境，同时严格禁止黄、赌、毒等活动。

（七）旅游安全

景区设有安全保护机构和应急救援体系，景区内的警务室有健全的安全保护制度，并安排有专职安全保护人员在游客集中和有安全隐患的区域值守，并进行巡视。景区内各种游乐设施及项目布置合理，各项游乐设施设备符合国家关于安全保护的要求，以保障游客的安全。旅游区在各主要节点的出入口和游乐设施周围设置齐全、醒目、规范的安全警告标志、标识。景区游客中心设有专门为游客设立的医务室，并在各游客服务区设置医疗救护点，配备了日常药物、担架、急救箱等医疗救护设备，配有专职医护人员，医疗及救护服务到位。

大德天景区设有安全保护机构，景区管理处一直十分重视安全保护，始终坚持"安全第一，预防为主"的原则，建立了安全体系制度，先后制定了《安全管理目标》《景区内部安全防范制度》《景区游览安全管理制度》《安全防火计划和预案措施》《事故防患整改跟踪制度》《安全保卫学习制度》《管理处负责人工作职责》等规章制度和应急方案，确保景区的游览安全如表3-4~表3-6所示。

表3-4 景区安全处置预案、节假日安全保障方案

序号	名称
1	安全生产工作制度
2	安全生产责任制度
3	森林防火工作制度

续表

序号	名称
4	游乐安全管理制度
5	森林防火工作方案
6	森林火灾扑救方案
7	新春系列活动安全保卫、道路交通、森林消防保障方案
8	"五·一"活动方案安全保卫、道路交通、森林消防保障方案

表3-5　景区各类应急措施

序号	名称
1	应对突发事件处置程序示意图
2	游客运输交通事故应急预案
3	安全生产事故应急预案
4	高处作业事故专项应急预案
5	踩踏事故专项应急预案
6	游客治安事故专项应急预案
7	游乐设施事故专项应急预案
8	户外运动安全生产事故应急预案
9	景区防火应急预案
10	景区公众聚集场所火灾事故应急处理预案
11	景区道路交通事故应急预案

表3-6　景区各类特殊时期安全处置预案

序号	名称
1	景区突发性地质灾害应急预案
2	景区道路交通事故应急预案

（八）卫生

景区制定了环境卫生管理制度和厕所保洁制度，景区内环境卫生良好，给游客提供一个干净卫生的游览环境。大德天景区管理得力，各项措施和制度健全，景区环境卫生状况良好，游览地面无污水、污物，无乱堆乱放、乱建现象，建筑物墙面整洁无剥落现象，景区整体形象美观，空气质量达标，气味清新。秩序井然、场地内无乱搭、乱建、乱堆、乱放和私拉、乱扯等不良现象，景区环境优美。旅游区对污水排放实行严格控制，污水采用地埋式污水处理设施进行处理，处理达标后排放，污水排放得当，不污染地面和水域。

景区是严禁烟火单位，到处设有"禁止吸烟""严禁吸烟"标识，但为方便吸烟游客，旅游区内开辟专门区域作为吸烟区。对在吸烟区以外区域出现的吸烟现象，管理人员以友善态度提示为主，强制阻止为辅，构建空气清新的旅游环境。

景区制定了针对食品卫生和厨具卫生的制度，要求各餐饮点严格按照国家食品卫生相关法规制度，严把食品卫生安全质量关，所有食品均符合国家卫生规定，进货渠道规范，定期接受旅游区和上级卫生部门监督检查。餐具、饮具、厨具分类存放，严格消毒。景区禁止使用不可降解材料的一次性餐具。景区厕所位置相对隐蔽，但标识清晰醒目，易于寻找，方便到达，步行 20 分钟范围内均有设置，厕所有着健全的卫生管理制度，采取定员定岗的形式对所有厕所进行严格管理，在出入口和中心区游客集中景点的厕所均有专人提供服务，其他景点厕所实行清洁工定点定时保洁，确保厕所卫生整洁干净，无异味，无污物。

（九）区域统筹

景区位于硕龙镇德天村。德天村为景区提供了特色的住宿服务和餐饮服务，很好地满足了不同游客的居住和饮食需求，村屯实现了道路硬化，安装了路灯，周围种植了绿化树。德天村以传统民居外观为主要特色，体现壮族特色建筑风格，与自然环境协调，所有的道路皆配置有相应园林绿化，村屯自然化有较高的水平。

（十）公共环境与社区参与

大德天景区积极响应"美丽乡村"活动的号召，迅速组织领导小组、研究活动方案，制定一系列工作措施。根据划定的责任区域，落实工作责任，大搞卫生清洁整治工作，全体动员、全面贯彻、人人参与。同时，通过悬挂宣传标语、横幅等形式，广泛发动村民、游客和群众，积极投身到"美丽乡村"活动中。

景区设置了安保部，硕龙镇派出所有驻大德天景区警务室，主要负责维护景区的治安秩序，景区及周边治安秩序良好。切实杜绝了本地居民的重大恶性案件的发生，减少外来人口流窜作案的机会。

景区游客中心广播系统和 LED 显示屏定期向村民、游客播放旅游区的建设发展情况，让村民、游客了解旅游区的建设发展需求。景区定期或不定期召开会议或代表会议，便于景区管理者、景区服务人员与景区周边居民进行沟通，达成景区建设的相关协议；通过不定期的举办互动活动、召开会议达到了景区创建生态旅游示范区的共识。

大德天景区作为生态科普基地，不断加强与教育部门的合作，将景区旅游业作为区域学校教育的组成部分。每年接待来自中小学及各大中专院校学生数万人次，充分利用景区人文资源开展民族文化教育活动，积极推进区域教育事业的发展。

景区每年接待大量游客，很好地带动了所处地段餐饮业、住宿业及地产业的发展，经济效益显著。景区为周边人员提供园林绿化、保洁、保安、建筑施工、经营服务等各类岗位上百个，旅游区内就业人员以本地为主，为当地群众提供了较好的就业和发展机会。

（十一）市场营销

大德天景区以其优质独特的资源和旅游产品，依托其独特的中越跨国文化招牌，以产品、渠道和促销以及整合传播的组合为竞争手段，以南宁国际民歌艺术节和东盟国际博览会为契机，全面构建包括城市营销、旅游营销、产品营销在内的全社会参与的立体营销体系。景区自成立以来，一直享有很好的声誉，景区一直秉承着优质服务，舒心旅游的宗旨，把游客的感受作为第一考量，全心全意为游客着想。长期坚持游客满意度调查，每项游客满意度都达到97%以上，并呈上升趋势，也始终保持零事故率和零投诉率，具有较高的美誉度。在宣传营销上，景区采用了多种方式，音像制品、精美画册、导游图、明信片、宣传折页、互联网宣传等，在宣传推广、订票服务等方面为游客提供了便利。

大德天景区独特的区位优势、便捷的交通、秀美的自然景观、丰富的文化旅游特色不仅在国内享有良好的美誉度，在世界上也具有一定的知名度。景区已经打开客源市场，吸引了许多从各地慕名而来的游客。近年来，为顺利完成国家5A旅游景区的创建工作，景区基础配套设施不断完善，环境品质不断提高，景点景观不断丰富和提升，对外加大宣传力度，以活动带动宣传，办好年度节庆、节会活动，并推出有地方文化特色和休闲娱乐的群众性参与活动，一年四季盛事不断，接待游客量实现了跨越式发展。

（十二）综合管理

景区管理机构健全，设置合理，各岗位职责明确，质量、营销、导游、卫生、生态、环保、统计等规章制度健全，贯彻得力，有详细、完整记录。

大德天景区管理机构健全，层层分级管理。公司机构设置健全，职责分工明确，贯彻执行有效。公司下设营销、质量、导游、安全、综合等部门，各个部门又分设各个班组，负责景区运营管理，并组建了应急预案小组以应对突发事件。企业鼓励创新，管理开放，注重培养年轻人才，为有理想、有能力、擅学习的精英型人才提供充分发挥才干的机会。

在旅游区实际工作中，各项规章制度贯彻得力，有完整的实施执行记录档案，保证制度执行到位、落实到位，确保旅游区工作有序开展。景区具有富有景区特色的图标、质量目标、方针、企业口号和宣传口号。景区员工着岗位服饰，挂牌上岗，微笑服务，热情大方，服务规范，服务效果良好。

游客中心为游客提供旅游咨询、售票、医疗、旅游信息、参观须知告示等服务。在游客中心设有游客休息设施；提供品种丰富、展示精美的景区导览宣传资料；提供景区游程线路图，明示景区活动节目预告；提供旅游咨询服务，提供导游讲解服务；提供饮料及纪念品服务。旅游区切实考虑到特殊人群的需要，为体现人性化关怀，旅游区各主要服务区域设置有盲道，厕所设残疾人坡道、残疾人和儿童专用的卫生间，在游客中心提供雨伞、拐杖、轮椅、童车等特殊人群服务用品。

(十三) 培训与教育

旅游区采用板报、横幅、广播、多媒体、提示牌等多种方式对旅游者进行生态环境保护的宣传教育，内容科学、准确、生动。旅游区宣传教育的内容具有科学性、准确性、生动性，旅游区利用科普教育，提高人们对保护生态环境、保护生物资源和建设大德天的认识，增强人们热爱自然、保护自然的自觉性。

景区制定了《景区园容环境卫生管理制度》，用以规范游客行为，使游人自觉保护环境，不乱扔垃圾，主动将垃圾分类投放到指定的垃圾桶中。同时还制定了《景区环境保护管理制度》，明确了对德天生态环境进行保护和管理的责任，明确了对破坏景区环境的行为进行惩罚，以全面保护生态环境。

为打造"环境更优美、秩序更优良、服务更优质、游客更满意"的旅游环境，提高景区导游人员的综合素质和业务技能，景区针对岗位特性，对员工进行导游业务培训，使景区全面掌握生态旅游知识及本示范区知识，讲解科学、准确、生动。为适应景区长期战略性发展，提高员工的综合素质和业务水平，景区将员工的培训工作视为一项重要年度计划来执行，制定有专门的培训制度、年度培训计划，并由办公室计划执行，对培训人员进行有计划、有目的的分类、分期培训，并且在财务上有专项培训资金投入，确保各项培训工作顺利进行。

第五节　广西生态旅游示范区管理规程解读

广西生态旅游示范区管理规程由自治区文化和旅游厅、生态环境厅联合发布，总共有七章二十五条，由总则、申报、受理、考核验收、公示公告命名、复核管理、附则构成。其出台目的是为规范广西生态旅游示范区申报、评估、验收、公告、批准和复核管理工作，推动广西生态旅游业发展，推进生态文明建设，促进全区经济、社会和环境的协调进步。

一、广西生态旅游示范区管理规程总则

规程所称广西生态旅游示范区（以下简称"示范区"）是以独特的自然生态、自然景观和与其共生的人文生态为依托，以促进旅游者对自然、生态的理解与学习为重要内容，提高对生态环境与社区发展的责任感，形成可持续发展的旅游区域。广西的生态旅游示范区类型目前有"山地型 Mountains""森林型 Forests""湿地型 Wetlands""海洋型 Seas""人文生态型 Humanities"五种。示范区创建工作评定依据为《国家生态旅游示范区建设与运营规范（GB/T26362—2010)》（以下简称"规范"）和《国家生态旅游示范区建设与运营规范评分实施细则》（以下简称"评分实施细则"）。广西生态旅游示范区的评定达标分为1600分（在国家级达标分1800分的基础上降低200分执行）。由自治区文化和旅游厅、生态环境厅负责示范区的申报、评估、验收、公告、批准和复核工作并对示范区相关工作进行指导和监督。

二、广西生态旅游示范区的申报条件

广西生态旅游示范区的申报，按照"单位自愿提出申请，市级旅游与环境保护主管部门联合组织申报，自治区文化和旅游厅、生态环境厅组织实施评估、考核、验收、批准和复核"的程序进行。申报"广西生态旅游示范区"的单位，应具备以下基本条件：

（一）以良好的自然生态系统为主以及与之协调的人文生态系统

（二）具有明确的生态功能和生态保护对象

（三）生态旅游发展理念与实践在全区具有较高的示范价值

（四）具有明确的地域界限、管理机构和法人

原则上面积不少于 5 平方公里、不超过 300 平方公里，所有权与经营权明晰，多家经营时要有协议。

（五）依据《规范》及《评分实施细则》，自我评估达到自治区级生态旅游示范区标准（总分达到 1600 分）

（六）开业运营满 1 年及以上，近年无生态破坏重大事件，近 3 年无环境污染或旅游安全等重大事故

以上 6 个条件为最基本的条件，除此之外，在评定过程中也要求示范区编制有生态保护专项规划，或者旅游总体规划中包含生态保护内容。生态旅游示范区应具有良好的生态环境，植被覆盖率高，乔、灌、草相结合，除建设用地及水面之外，示范区内植被覆盖达 70% 以上。另外，示范区近两年内未发生人员死亡或重残的旅游安全事故的、近三年内未发生重大质量投诉，查询有关行政管理部门和示范区自身记录。凡涉及对旅游者人身侵犯和健康损害的旅游投诉，均视为重大质量投诉、示范区严重违反规划以及有违反规划的大型建设项目或破坏环境项目、有小城镇、外来物种入侵造成严重的生态环境的系统性紊乱等均会扣分，甚至实行一票否定政策。

满足以上规定的基本条件的申报单位，向市级旅游与环境保护主管部门提出申请。申报材料应包括以下内容：广西生态旅游示范区申报表；广西生态旅游示范区工作报告与技术报告；申报单位保障生态旅游可持续发展的承诺书；其他必要的证明材料（主要是为确认评分项目而提供的证明材料，如 A 级景区、国家森林公园、国家湿地公园、世界自然遗产等方面获得的荣誉、称号、授牌等证书）。

三、受理及考核验收

受理申报的市级旅游、环境保护主管部门自收到申报材料之日起 30 个工作日内，依据《规范》及《评分实施细则》，联合进行初评、筛选工作，对符合条件的申报单位，通过市级旅游和环境保护主管部门共同向自治区文化和旅游厅、生态环境厅推荐。自治区文化和旅游厅、生态环境厅自接到申报材料（含初评意

见）之日起 30 个工作日内完成材料审核。对申报文件合格的单位，60 个工作日内完成现场考核；申报文件不合格的，待其补充完善，重新提交。申报材料合格的单位可通过市级旅游与环境保护主管部门向自治区文化和旅游厅、生态环境厅提出现场考核验收申请。自治区文化和旅游厅、生态环境厅收到考核验收申请后，在 60 个工作日内组织相关管理人员及专家开展考核验收。专家考核验收工作内容主要包括：听取示范区申报单位工作汇报；核查申报文件及相关资料的真实性与科学性；实地检查；对照标准填写《生态旅游示范区评分表》；形成验收意见。

四、公示公告、命名

对达到标准并通过考核验收的申报单位，在自治区文化和旅游厅、生态环境厅网站进行公示，公示期为 7 个工作日。对公示期间收到的投诉和举报问题，自治区文化和旅游厅、生态环境厅应当进行现场核查，也可委托市级旅游与环境保护主管部门进行核查，做出相应决定。对公示期间未收到投诉和举报，或投诉和举报问题经调查核实、整改完善的单位，由自治区文化和旅游厅、生态环境厅授予"广西生态旅游示范区"称号，并颁发证书及标牌。

五、复核管理

对示范区实行"动态管理、能进能退"的复核管理机制。已授予称号的示范区每年 11 月底前将本年度工作总结和下年度工作计划报自治区文化和旅游厅、生态环境厅、市旅游部门与环境保护部门备案。工作总结应着重分析示范区在生态旅游发展、规划建设、运营管理、环境保护等方面的具体实践。对已授予称号的示范区每 3 年组织一次复核。复核工作由自治区文化和旅游厅、生态环境厅统一组织实施，各区市旅游与环境保护主管部门配合。复核工作程序为：

（一）成立复核工作组

复核工作组应由相关领域专家和管理人员组成，人数不少于 3 人。

（二）材料审阅与现场考核

依据《规范》及《评分实施细则》，审阅书面材料与考查现场，评估示范区生态旅游实际情况。

（三）形成复核意见

复核工作组根据评估结果，填写《广西生态旅游示范区复核意见表》。

对复核结果达不到《规范》规定1500分的示范区,直接取消其称号;复核结果介于1500(含)~1599分的示范区,提出限期整改要求。另外,有下列情形之一的,可不经复核程序,直接撤销其"广西生态旅游示范区"称号:

1. 严重违背生态旅游发展理念

严重违背生态旅游发展理念,已基本丧失示范及推广价值。

2. 发生重特大事故

突发生态环境事件或安全、消防、食品卫生等重大责任事故,经查明示范区负有主要责任。

3. 造成重特大投诉

在经营过程中有造成重大负面影响的消费者投诉,经查实后未按期整改落实。

4. 有其他严重违规违法行为

有其他严重违规违法行为也会直接撤销其称号。

被取消称号的示范区,自取消之日起3年后方可重新申报。自治区文化和旅游厅、生态环境厅会对复核情况予以公开通报。

第四章 广西生态旅游资源概述

第一节 生态旅游资源的概念与特征

一、生态旅游资源的概念

生态旅游资源是一个根据生态旅游活动而引申出来的概念，同时也是生态旅游形成和开展的必要基础，作为客体吸引着生态旅游者参与生态体验，是生态旅游者实践活动的对象物，作为生态旅游的一部分不断向纵深层次发展。人们对生态旅游的定义逐渐改变，因此对生态旅游资源的理解也随之不断发展。

侯立军（1995）从生态学的角度研究，认为生态旅游资源是具有良好观赏价值的、符合人们审美的生态旅游区，通过优化配置资源，使系统内的物质能量可持续循环、经济和社会和谐发展，它既包括自然形成的，也包括人为建设的。

刘继生等（1997）认为生态旅游资源是指自然形成的或人为建设的让人们进行生态旅游活动的场所。

杨桂华（1999）以旅游资源的定义为依据，他认为在生态旅游中，资源同样是作为活动的对象，但其具有生态美的特征，在不破坏的前提下，能够持续不断用来发展旅游业，并产生良好的综合效益。它具有能够吸引生态旅游者、是生态旅游活动的"客体"、能够产生效益、需要保护四个基本特点。

赛江涛（2004）认为生态旅游资源是指所有吸引着人们进行生态旅游活动的自然形成的事物和客观存在的具有生态人文属性的事物。

尽管生态旅游及生态旅游资源的相关研究较多，但是二者的定义还尚未形成一个公认的说法。不同的学者根据研究领域的不同做出了不同的定义。

卢云亭、王建军（2001）从生态旅游资源的内容角度入手，他们认为生态旅游资源是在大自然或人文与自然和谐相融的场所中，能够为人们带来感官享受的资源，它拥有不同的生态功能与价值可供旅游者体验。

二、生态旅游资源的特征

生态旅游资源与传统旅游资源既有某些相同点，也有其独特性，正确认识两者异同，是促进生态旅游发展的关键一环，生态旅游资源的特点主要有：

（一）动态性和进化性

从宏观生态学的角度来看，生态因子包含于生态系统之中，生态旅游资源作为生态因子中的一部分，具有一个持续演变的过程，即具有动态性与进化性的特征。基于生态因子的变化性，生态旅游资源也在不断地发生着变化，四季更替、物种演化、文化发展都具有动态性，并在不断进化之中。如生态旅游资源中景致随季节而变化的特征，春季春回大地，万物复苏，人们在生态旅游活动中感受大自然的勃勃生机；夏季酷暑，游山玩水，感受大自然的清凉；秋季的西山红叶是生态旅游活动中的最佳景致；冬天白雪皑皑、银装素裹则是滑雪、冰雕的最好季节。季相变化使得生态旅游资源动态发展，不断进化。

（二）优质性和舒适性

生态旅游资源与一般旅游资源的不同主要体现在"生态"上，前者的总体环境更为优良，带来的旅游体验质量极佳。优质性主要体现在并非所有的生态系统和生物群落都适合开发生态旅游，有些植物资源会分泌对人体健康有害的物质，有些地区小气候恶劣，有些湖泊沼泽、洞穴等自然生态系统中存在有毒物质、致病生物和微生物，只有能为人们提供高质量的游玩与观光体验的自然资源能够作为生态旅游资源。另外，它常常与人的审美价值相契合，人们在参与生态旅游活动中，真切感受到自然生态资源极少被人为破坏和干扰的原生状态，真实体验到人文生态旅游资源中民族民俗、历史宗教极具特征的精神文明，使人在沉醉中得到精神上的满足，获得轻松愉悦的舒适感。

（三）原生性和和谐性

生态旅游资源的生态美感特征是生态旅游资源对生态旅游者的核心吸引力。原生性是指生态旅游系统中森林生态系统、草原生态系统、湖泊生态系统等的生态旅游资源是天然形成的，由大自然几十亿年的演化而成，极少受到外界人为干扰破坏，以其丰富的美学、科学和哲学内涵吸引着游客，给游客带来视觉上的冲击以及内心的震撼。和谐性是指人在尊重自然的基础上，融入自然，与自然和谐相处的生态系统，系统中各要素彼此协调。如农耕文明的田园风光，中国古典园林，体现民族民俗文化的古朴村落，等等。

（四）脆弱性和保护性

生态旅游资源的原生性特点决定了其具有脆弱性，作为生态系统的一个成分，它对开发利用和旅游活动等人为影响十分敏感，过度的开发利用会使得生态系统的平衡被打破，并最终导致生态旅游资源的消亡。为了生态旅游资源能够永续利用，必须时刻遵循不破坏生态系统的稳定性的基本原则，妥善解决利用与保护之间的矛盾问题，因此，生态旅游资源的开发与管理要充分认识到生态旅游资源的脆弱性，确保生态旅游资源的承载力在可控范围内，给予生态旅游资源最大的保护。

第二节 生态旅游资源分类

一、关于生态旅游资源分类的研究

（一）国外生态旅游资源分类的研究

国外关于生态旅游资源的研究中主要将生态旅游资源的分类限定为自然保护区和国家公园，国外关于生态旅游资源分类的研究始于 20 世纪 30 年代，还要先于"生态旅游"概念的产生，Marshall（1933）依据不同旅游方式对森林资源进行分类是世界上关于生态旅游资源分类研究的早期原型。随着生态旅游资源分类研究的不断深入，于 20 世纪 60 年代正式出现生态旅游资源的明确分类。

总结归纳相关的研究进展，世界上关于生态旅游资源的分类研究经历了三个主要时期。

第一时期是 20 世纪 60 年代至 70 年代的生态旅游资源分类研究的探索阶段，这一时期开始形成早期的生态旅游资源分类体系，主要以户外游憩资源作为研究的对象。

这一时期代表性的观点主要有：

Carhart（1961）提出的将大陆上的旅游景观作为一个整体划分为从野外到半

城市之间的部分。

户外游憩资源评估委员会（1962）提出了将公用土地资源划分等级这一新的意见，包括未经开发的区域到高度开发的区域等 6 个等级，这为后来生态旅游资源分类研究带来了一个大体思路。

第二时期是 20 世纪 70 年代至 90 年代早期，这一时期世界上关于生态旅游资源分类的研究得到了质的飞跃，综合上一时期的研究成果，出现了许多创新性强、影响较深的研究成果。

Brown 等（1978）从行为游憩科学这一角度做出了新的关于游憩资源的划分体系——游憩机会谱（ROS），这一体系受到了学术界和社会的广泛关注，影响最大且应用最多。它将游憩体验按层次递进分成 6 个游憩机会序列，类似于户外游憩资源评估委员会对公用土地资源的划分，即分为原始、半原始无机动车、半原始有机动车、通路的自然区域、乡村和城市。作为一种开发利用游憩资源的有效工具得到了包括美国森林服务局、美国土地管理局、美国填海局等美国政府管理机构高度关注与运用，同时也为生态旅游资源分类研究提供了重要的参考价值。

Clark 和 Stankey（1979）在 ROS 思想的指导下，展开生态旅游资源分类及游客行为管理的研究发现将"原始"区域作为旅游目的地的游客更喜欢受干扰水平较低、更接近原生态的偏远地区。

Kaltenborn 和 Emmelin（1993）在 ROS 思想的指导下得出生态旅游地的环境条件、远近、总体规模、使用者密度以及管理水平的高低和行为类型受不同机会类型的影响不同。

第三时期是从 20 世纪 90 年代以后到今天这一时期，这一时期国外关于生态旅游资源的划分有所细化更新，随着研究成果的广泛应用与实践，生态旅游资源分类的体系也日趋成熟。

Perez 等（2008）的研究成果表明，ROS 思想十分适合用于森林旅游资源的开发利用，他提出可尝试运用于其他森林旅游目的地。

Darcy 等（2010）以 ROS 思想为指导，他提出游憩主体在英国、哥伦比亚、加拿大海洋保护区的开发利用中占有十分重要的地位。

随着新兴事物与新技术手段不断出现，关于生态旅游资源的划分创新也得到了进一步推动，不断与新鲜事物的结合使生态旅游资源的研究进一步细化。生态旅游资源分类研究也更加具体。

Boyd 和 Butler（1996）以游憩机会谱为基础，研究得出了生态游憩机会谱（ECOS），对生态旅游的相关研究十分具有针对性，这一研究成果根据包含可及性在内的 8 个不同要素对旅游行为进行划分，分为专家型、中间型和大众型 3 个类型。

Haas 等（2004）以 ROS 思想为指导，深化研究得出了水游憩机会谱（WROS），这一成果对于水环境资源的相关研究十分具有针对性，这一成果与 ROS 的相似点在于它也由六个层次递进的类型组成，分别为原始、半原始、自然乡村、发达乡村、半城市和城市 6 个不同类型。

随后，理论与实践的结合不断深入，生态旅游资源的分类研究也加入了越来越多的新兴技术。通过对生态旅游资源进行分类来为生态旅游目的地的规划管理提供指导，GIS 信息系统与 ROS 相结合，提供了直接明了的信息，促进研究范围扩大、研究层次更深。

从 20 世纪 90 年代开始，世界上关于生态旅游资源的划分不再局限于单一的指导思想，相关研究在进行决策时开始综合考虑越来越多不同的准则，使得研究结果更趋向科学有效。

Boyd 等（1994）采用了七大标准去评估目的地的自然程度的方法对加拿大安大略北部生态旅游资源进行研究。

Bukenya（2013）对乌干达地区国家公园进行研究评估时所采用的准则包含了野生生物管理潜力、生态价值、侵蚀敏感程度和经济效益这四个因素。

但总结相关研究成果，我们可以发现 2010 年之前的研究对不同标准之间的相对重要性的研究较少，大部分研究成果还是局限于使用李克特量表对不同指标的重要性进行研究。

2010 年之后，关于生态旅游资源划分的研究越来越深入，同时期层次分析法的运用也不断成熟，因此在这之后层次分析法开始常用于生态旅游资源的划分研究当中：

Kumari、Behera 和 Tewari（2010）通过同时运用层次分析法与地理信息系统将印度锡金州潜在生态旅游目的地进行了不同类型的划分；

Bunruamkaew 和 Murayama（2011）依据权重的大小将泰国素叻他尼省未被开发利用的生态旅游资源进行了排名；

Ullah 和 Hafiz（2014）通过层次分析法研究划分了孟加拉国库克斯巴扎的生态旅游资源。

（二）国内生态旅游资源分类的研究

国内有关生态旅游资源的分类研究还是比较多的，但有关生态旅游资源的定义至今未有一个一致的认定，因此生态旅游资源的分类也不够明确，不同学者有不同的观点。1995 年召开的第一届"中国生态旅游研讨会"上，第一次提出应在国内大力发展生态旅游，从此关于生态旅游的相关研究百花齐放，其中作为生态旅游发展的基础，生态旅游资源的相关成果也大量涌现，同时它的分类问题也引起了业内的热烈关注。

总结归纳相关研究，我国关于生态旅游资源分类的研究经历了三个主要时期。

第一时期是 20 世纪 90 年代国内生态旅游萌芽的初始阶段，部分专家开始对生态旅游资源展开探讨研究，这一时期的研究依据还较为单一。

杨福泉（1995）以生态旅游资源的自身属性进行划分，将其划分为自然类和人文类两大类。

马乃喜（1996）根据生态旅游的活动、特征和功能差异将其分为民俗型、观赏型、保健型、探险型、狩猎型、科学型，且指出大多数生态旅游景区并非属于某种单一的类型，可具备多种类型。

郭来喜（1997）根据生态旅游资源成因不同将其分为内生型、外生型两种类型，内生型如原始森林、湿地、苔原等天然生态系统；外生型如人工森林、植物园、历史文化遗产等人工干预形成的生态系统。

第二时期是 20 世纪 90 年代末至 21 世纪初，随着研究的深入，这一时期国内关于生态旅游资源的分类研究成果大量涌现，分类依据、分类体系、研究对象都出现了明显变化。从分类依据来看，随着环境及生态要素对生态旅游的价值不断体现，这一时期不再局限于以旅游地理学为单一的指导理论，而是发展融入了环境学、生态学等多学科理论综合指导，生态旅游资源的开发与利用进入了一个新阶段。

杨桂华（1999）认为包括自然、人与自然共同营造或保护的都属于生态旅游资源的一部分，提出根据生态旅游资源成因分为自然类、人文类和保护类三种类型。

程道品（2004）以本体属性将生态旅游资源进行类型划分，以其功能的不同为划分基础，认为生态旅游资源是由自然类和人文类的生态景观组成的具有生态化物质的总称，不断吸引生态旅游者开展生态体验。

赛江涛（2004）以资源的本体属性进行类型划分，认为生态旅游资源包括自然形成的事物和其他生态人文属性的客观事物，它们的共同点是都能够对游客产生生态吸引力。

王建军（2006）将景观生态学引入生态旅游资源分类的研究，开创性地提出生态旅游资源两分法，将生态旅游资源分为景观类和环境类两大类。

王力峰（2006）将景观生态学引入生态旅游资源分类的研究，将生态旅游资源按三个层次逐级分类，并分为陆地景观类和水域景观类两大类。

这些观点虽有创新，但总体还是以补充前人已有观点为主，不过，随着2003年中华人民共和国国家质量监督检验检疫总局发布《旅游资源分类、调查与评价》（GB/T18972—2003），深入探讨了旅游资源的分类、调查方法以及评价方法，标志着旅游资源分类体系基本成型，因而生态旅游资源的分类也受到了很大程度的影响。随后关于生态旅游资源的分类创新大多在这一国家标准的基础上进行。

黄耀丽等（2006）在对我国北方沙漠旅游资源的研究中，创新性地将沙漠旅游资源分为地文类、生物类、天象类、建筑类与设施类五种景观类型。

王建军、王力峰（2006）关于将景观生态学引入的研究也参照了主类—亚类—基本类型的分类方式进行。

生态旅游资源的研究对象也细化出更多具体的资源类型，不再局限于笼统的生态旅游资源分类，出现了关于森林类、沙漠类等细化的生态旅游资源具体类型研究成果。

卢云亭等（2001）将森林生态旅游资源划分为生物物种多样性类、生物物种美学类、生物物种分泌性类和生态环境类四类资源。

侯可雷等（2007）将森林生态旅游资源划分为自然旅游类、人文旅游类和气候环境类三类资源。

此外，关于生态旅游资源划分的研究范围随之逐渐细化，关于省区、市级以及具体的生态旅游景区的研究也不断涌现。

傅岳瑛、刘琴（2002）对我国西部地区的生态旅游资源进行了探讨划分。

芦维忠（2003）针对甘肃省的森林旅游资源进行了分类研究。

张运来等（2002）对具体的生态旅游景区进行了研究，他对于乌龙国家森林公园的森林生态旅游资源的划分研究得十分详细。

吴瑞娟（2006）对抚州市的生态旅游资源进行了划分，并进行了开发利用的相关研究。

第三时期是 2010 年至今，这一时期国内关于生态旅游资源分类的研究成果较少，研究层次也相对不高，多数是以前人研究成果框架进行特定地区或特定类型的生态旅游资源研究，发展止步不前，进入瓶颈期。代表成果如：

吴琳萍（2012）展开了福建省的生态旅游资源划分和评价研究。

张潇（2014）对福州市生态旅游资源进行了划分。

总结归纳国内外关于生态旅游资源的研究成果可以看出，目前关于生态旅游资源的分类研究日趋成熟，研究内容不断拓展，研究方法也不断细化，具有良好的发展前景，但总体而言，生态旅游资源这一研究领域中依旧存在许多不足。首先，目前关于区域视角下游憩资源的规划和管理方法的研究相对不足，大部分研究成果以小空间尺度为主，即大多数关于生态旅游资源的分类研究都是以小范围研究为主。并且，在空间区位上对于各种类型的生态旅游资源总体认识不足，缺少 GIS 技术相结合等相关研究，多数以理论分类为主。其次，在专家评估生态旅游资源分类的基础上，分类研究更应着重对游客偏好的研究，游客偏好也是生态旅游资源开发管理体系中除了市场营销、游客潜在需求等之外的重要因素之一。最后，针对生态旅游资源划分的指标确定和体系研究除了以理论指导外，在融合 ROS 等相关理论思想的基础上，还应加强对生态旅游资源特性及研究样地特性的综合考虑。

二、生态旅游资源分类的依据

（一）概念的独特性

生态旅游资源的划分研究要以生态旅游的定义为依据，目前来看，对于生态旅游的研究众多，因而对于生态旅游的定义也层出不穷。主要的观点有：

卢云亭（1996）认为生态旅游是一种以生态学的原则为基础、生态和自然环境为对象而展开的旅游活动，同时这是一项能够带来社会效益、经济效益和生态效益的边缘性生态工程。

郭来喜（1997）的观点是生态旅游的特点主要在于它有 6 种不同的属性，包括自然性、持续性、独特性、高雅性、参与性、文化性。

吴楚材等（2007）的观点是生态旅游是城镇居民为了脱离城镇日益发展后遭到破坏的生态环境，以追求理想中健康的生活方式和优良的生存条件为目的，前往优良的生态区域进行康养娱乐、休息放松，在享受大自然的馈赠当中不断认识、了解和保护自然。

这些关于生态旅游概念的观点都是建立在不同的实践背景之上的，具有相关理论基础的同时，各自的侧重点有所差异。因此对于生态旅游资源的分类目前尚未有较统一的标准，可以从不同角度着手。

（二）生态旅游资源的独特性

从上述较有影响的定义中，可以总结得出，生态旅游目的地主要为相对原始的生态系统，首先以自然资源为基础，部分具有独特的人文价值。因此，我们可以大致得出，生态旅游资源是以自然资源为主，并伴有一定的人文资源，同时能够给游客带来一定的生态教育与环保意识，且推动了区域资源保护的旅游资源。

三、生态旅游资源的分类

（一）生态旅游资源两分法

王建军（2006）将景观生态学引入生态旅游资源分类的研究，开创性地提出生态旅游资源两分法，即将其分为景观类和环境类两个大类。生态旅游是一种以自然资源为基础对象的，并伴有部分人文资源的旅游活动方式。因此，在景观类和环境类两个大类的基础上又细分出自然类景观和人文类景观两个组成部分。

1. 生态旅游景观资源

旅游景观是一个包含了地理学、美学、生态学等内涵叙述的系统概念，不同学科内涵从不同角度对旅游景观进行定义。以地理学的角度进行界定，旅游景观侧重于定义为"自然地域综合休"，它由地质、地貌、水文、气象、生物等自然因素构成。从美学角度进行界定，旅游景观是景物在气候和阳光变化下给人带来的视觉或听觉的反应，包括自然及人文要素。以生态学的角度进行界定，旅游景观是由多个紧密联系的具有一定相似性的生态系统组合形成的，它同时也是一个自身具有生态特征的系统。

从上述不同切入点的不同定义说明了以单一理论对旅游景观的概念进行界定是缺乏系统性的，因此，融合不同的理解，关于生态旅游景观资源的概念我们可以认定为：生态旅游景观资源是根植于景观的视觉空间，符合多数游客的审美，能够用来开发利用于生态旅游业，为生态旅游业带来经济效益的由自然与人文因素构成的空间景物综合体。生态旅游景观资源包含于旅游景观之中，它有以下几个特征：第一，生态旅游景观资源系统包括自然景观和人文景观，其中以自然景观为主导因素，人文景观为辅助因素；第二，生态旅游景观资源符合游客大众的审美，因此能够不断吸引游客；第三，开发利用生态旅游景观资源于生态旅游业，能够带来良好的社会效益、创造收益、提高环保力度等，其中最主要的是提高环保意识，即要保障生态旅游的永续发展。以自然因素和人文因素的组合特点将生态旅游景观资源系统进行划分，可以分为自然类和人文类两类。其中，自然类生态旅游景观中包括有地貌、生物、水体、气象四个不同的小类。

2. 生态旅游环境资源

环境与景观不同，景观只由实体部分组成，而环境可以是实体或非实体的形式存在。不同学科内涵也从不同角度对环境进行定义。从地理学角度进行界定，包括空气资源、水资源、土地资源、生物资源等外在要素的组合都属于环境的范畴之内。从生态学角度进行界定，生物体的存活、演变受到的外在影响因素的总和即为环境，从美学的角度界定，环境是景观要素向旅游者反映的具有美的吸引力的实际事物，其中既包括物质系统，也包括非物质系统。综合不同的理解，旅游环境资源的概念可以总结界定为：在旅游活动中受到游客感知的包括自然因子和人文因子等不同因素在内的总体。

生态旅游环境资源包含于旅游环境资源之中，它有以下几个特征：第一，生态旅游环境资源虽然是间接的外在因素，但也有着良好的美的吸引力，带给游客良好的观赏价值；第二，生态环境旅游资源在生态旅游中占据着十分重要的地位，是其必需的要素之一，同样可以用于生态旅游地的开发与利用；第三，生态旅游环境资源十分脆弱，对其进行开发利用时必须确保其不被破坏。

按照生态旅游环境资源的内部属性可以将其划分为自然类和人文类两个亚类；而自然类和人文类又可以依据自身特点细分出四个子类，如表 4-1 所示。

（二）生态旅游资源景观生态学分类

1. 景观生态分类理论的引入

景观生态学是一门以景观为主要研究对象的新兴交叉学科，它主张人类与自然协调发展，不断运用于资源开发利用、土地利用规划和环境保护等领域中。景观生态分类强调格局，它认为非生物、生物、人为三种因素都是格局的主要成因，其中非生物因素和人为因素起着至关重要的作用，而生物因素的作用则不十分明显。

表 4 - 1 生态旅游资源两分法分类

大类	主类	亚类	基本类型
生态旅游景观资源	生态旅游自然景观	地质地貌景观	山体、谷地、洼地、平原、峡谷、峭壁、洞穴、矿石、化石、沙丘、小岛、珊瑚礁、地质遗迹、石（土）林、奇特山石、丹霞、雅丹、岸滩、峡湾
		地域水体景观	海域、河川、溪流、地下河、冰川、湖泊、池塘、水库、河口、潮（浪）、温（冷）泉、瀑布、沼泽与湿地
		地域生物景观	植物——特殊个体、优势物种、珍稀物种、林地、花卉地、草原与草地、苗木与花卉繁育地
			动物——水生动物栖息地、陆地动物栖息地、鸟类栖息地、蝶类栖息地
		气候气象景观	日出、日落、云雾、霞光、佛光、海市蜃楼、雾凇、树挂、极昼
	生态旅游人文景观	宗教活动场所景观	寺庙、法器、经文、坛塔、法会、庙会、图腾、壁画
		历史遗址遗迹景观	考古现址、文物、古建筑、古遗址遗迹、历史纪念地标
		经济文化场所景观	工厂、矿山、农场、文化馆、体育馆、展览馆、博物馆
		地方建筑与街区景观	乡土建筑、街景、故居、会馆、庭院、园林
生态旅游环境资源	生态旅游自然景观	地域非生物类环境	大气环境、噪声环境、土壤环境、水环境、环境容量
		生态系统物种环境	栖息环境、有益植物精气、空气负离子、生态容量
		生态旅游气候环境	康疗气候、小气候、避暑避寒气候、冰雪气候
		地域区位要素环境	地域区位、客源地距离、交通可及性、地域关系
	生态旅游人文景观	生态旅游聚落环境	社区人居环境、民族、信仰、传承、社会容量
		地域化要素环境	传统工艺、民间艺术、民间习俗、节庆集会
		社区经济综合环境	安全友善、文化教育、就业福利、投资环境、经济容量
		地域设施物质环境	生态设施、餐饮、住宿、交通、购物、娱乐等设施容量

景观格局的物理模板主要是由气候、地形、地貌等非生物因素构成，其自身在区域空间或格局也存在着差异。在此基础上，生物因素和人为因素相互作用产生空间格局，不同尺度上空间的分布主要取决于自然或人为因素。景观斑块镶嵌体就是结合了地形地貌、干扰的空间和物种分布三种不同格局的具体表现。

由不同来源的景观格局演绎草地资源，根据不同来源的形成特征使得它可以进行不同层次的分类与开发利用。生态旅游资源的划分融合景观格局的理论，能够有效拓展空间区位上的尺度，继而达到生态旅游资源的合理开发的目的，也能有效推广地理信息系统技术在生态领域资源调查和规划中的运用。所构建的划分系统应按照景观生态划分的特点和指标将功能和结构分开排列。将根据景观生态系统的整体特征来分类的单元类群归结为功能性分类，功能分类的基础是要考虑人的主要的应用方向的意义。将系统单元个体的确定、类型的区分、等级体系的构建归结为结构性的划分，其主要依据是景观生态系统的固有结构特点，它是景观生态分类的主体部分，其中的结构包括了空间上的形态特点和它的发生特点。在结构和功能上进行划分的差异在于结构划分更强调对系统内在属性特点的划分，是为了阐述系统内部的规律与特点。从体系构建的角度来看，功能划分是为了区别不同类型的景观生态系统基本功能，将不同的单元划分进不同类型的功能之中。分类体系是单层次的，景观生态系统发生过程的多层次性，形成了结构的多等级层次，要求结构性分类只能是次等级的（王力峰，2006）。王力峰将生态旅游资源划分为三个等级：生态景观系、生态景观区、生态景观型。如图 4 - 1 所示，由上到下依次细分。

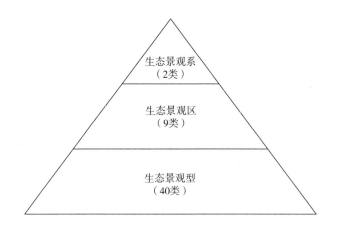

图 4 - 1　生态旅游资源分类结构

2. 生态旅游资源景观生态学分类

按照以上多层次性的划分依据，王力峰（2006）以逐级细分的原则，将生态旅游资源划分为三个等级，构建了生态旅游资源的划分系统。如表 4 - 2 所示，其中，第 1 大类包含 2 个生态景观系，第 2 大类包含 9 个生态景观区，第 3 大类包含 40 个生态景观型。

表4-2 生态旅游资源分类系统

生态景观系	生态景观区	生态景观型	
A 陆地生态旅游资源景观类	AA 森林景观区	AAA 阔叶林景观型	AAB 针叶林景观型
		AAC 针阔混交林景观型	AAD 山地矮林景观型
		AAE 灌丛景观型	AAF 竹林景观型
		AAG 经济林景观型	AAH 森林动物栖息地景观型
	AB 草原景观区	ABA 草灌景观型	ABB 山地草甸景观型
		ABC 丘陵草地景观型	ABD 平原草地景观型
		ABE 草原动物栖息地景观型	
	AC 荒漠景观区	ACA 沙地灌丛景观型	ACB 滩地乔灌景观型
		ACC 滩地草丛景观型	ACD 荒漠动物栖息地景观型
	AD 园林景观区	ADA 植物园景观型	ADB 野生动物公园景观型
	AE 农业景观区	AEA 乡村园地景观型	AEB 乡村农田景观型
		AEC 乡村聚落景观型	
B 水域生态旅游资源景观类	BA 滨海景观区	BAA 滨海草滩景观型	BAB 滨海红树林景观型
		BAC 滨海农地景观型	BAD 滨海林地景观型
		BAE 珊瑚礁滩景观型	BAF 海生动物景观型
	BB 湖泊景观区	BBA 人工湖景观型	BBB 自然湖泊景观型
		BBC 潭池景观型	
	BC 河流景观区	BCA 峡谷河段景观型	BCB 丘陵河段景观型
		BCC 平原河段景观型	BCD 暗河河段景观型
	BD 内陆湿地景观区	BDA 苔草沼泽景观型	BDB 低湿洼地草甸景观型
		BDC 河漫滩草地景观型	BDD 平原岛状林灌丛景观型
		BDE 湿地禽鸟栖息地景观型	

第三节 广西生态旅游资源分类

一、广西生态旅游资源概述

(一) 地理区位情况

广西位于我国大陆南部,地处东经104°28′~112°04′,北纬20°54′~26°24′,

夏至线从中部穿过。行政区域土地面积达 23.76 万平方公里,管辖北部湾海域面积约 4 万平方公里。内与广东、云南、贵州和湖南等省接壤,外与越南交界,与海南省隔海相望。

(二) 生态旅游资源情况

1. 地质条件

广西紧挨云贵高原东南部,西北高、东南低,地势呈斜坡状,地处我国地势第二阶梯周边,位于两广丘陵的西部。广西崇山峻岭绵延相连,山岭与沟谷交错,四面多被高山峻岭围绕,中部多为丘陵,素有"广西盆地"之称。广西隶属山地丘陵性盆地地貌类型,有山地、丘陵、台地、平原、石山、水面等各类地形。广西接近 40% 的土地面积是山地,海拔超过 800 米的中山较多,海拔 400～800 米的低山次之,山区面积广大是广西土地资源的一个突出特点,有"八山一水一分田"的称号。

两条弧状山脉从中部将广西划分为二,外部是桂中盆地,主要有柳州等地,内部为各中小盆地,主要有南宁、武鸣、右江、荔浦、玉林等地。广西主要的两个平原类型为河流冲积平原和溶蚀平原,以浔江平原、郁江平原、宾阳平原、南流江三角洲等为代表的河流冲积平原面积较大,最大的浔江平原超过 630 平方公里。全区境内多为种类繁杂、风景壮丽的岩溶地形,广泛遍布在桂西北、桂中和桂东北等地,接近广西土地总面积的 40%。

广西地处亚欧板块的突出部分受到太平洋板块和印度洋板块相互作用,导致广西多形成弧状山脉。根据山脉分布于盆地内外的特点,又将山脉主要分为外部山脉和内部山脉两种类型。外部山脉根据不同的地理方位主要有:北部地区的九万大山、大苗山、凤凰山、大南山和天平山等大山脉络;东部地区的猫儿山、越城岭、海洋山、都庞山和萌渚岭;南部以十万大山、六万大山、大容山等为主;西部地区主要为喀斯特山地。内部山脉有两个主要的走向,有东北至西南走向的驾桥岭、大瑶山和西北至东南走向的都阳山、大明山,两个走向的山脉交汇于会仙镇。其中,猫儿山主峰是盆地外部的最高山脉,海拔高达 2141 米,同时也是华南地区最高的山脉。

2. 气候

广西位于低纬度地区,由夏至线横穿其中,四周有海洋、高原、山地,受太阳辐射、大气环流和地理环境的影响,广西日照时间冬短夏长,气温较高,热量丰富,雨热同季,降水丰沛,夏季潮湿冬季干燥,干湿分明。受西南暖湿气流和北方变性冷气团的交替作用，灾害频发，旱涝突出，常有干旱、暴雨、大风、雷暴、冰雹、低温冻害等气象灾害。全区大部分地区年平均温度超过20℃，其中涸洲岛等沿海地区平均温度更是达到23℃，除此之外，左、右江河谷等地的年平均温度也较高。年平均温度较低的主要是桂林东北部地区以及一些高海拔地区，其中南丹、金秀等地的年平均温度低于18℃，而乐业、资源等地更是低至16.5℃；广西是全国降雨最为充沛的省区之一，主要集中在东部地区，其中以东兴至钦州一带、以昭平为中心的金秀和蒙山一带、以永福为中心的兴安、灵川、桂林、临桂、融安一带较为多雨。广西日照时数较黔、川、湘等邻省偏多，较云南偏少。各地年日照时数为1213.0～2135.2小时，呈现南部多、北部少的特点。其中北海、田阳和上思等地日照时数超过1800小时，北部地区、百色市南部山区及龙州、东兴和浦北不足1500小时，大部分地区主要集中在1500～1800小时，其中日照时数最少的那坡低至1213小时，而日照最长的合浦则高达2135.2小时。

3. 水文

广西河流众多，水文优势明显，区内河流总体长度达到3.4万千米，集雨面积达到50平方千米的就有986条，大部分河流沿地势斜坡由西北向东南流动。广西的地表河主要归属于珠江的西江水系、长江洞庭湖水系、沿海诸河流、百都河红河水系、地下河水系。广西最大的水系是珠江水系，最大的河流为西江，西江流域从西向东贯穿广西，然后进入广东，抵达珠江三角洲。较大的河流有南部诸河流注入北部湾，西南有属于红河水系的河流流入越南。

广西的大陆海岸线由东至西从广东的洗米河口到东兴的北仑河口，接近1600公里。海岸种类繁多，路线蜿蜒，有三角洲型、溺谷型、山地型、台地型等类型，三角洲型以南流江口、钦江口为代表，溺谷型以铁山港、大风江口、茅岭江口、防城河口为代表，山地型以钦州、防城港两市沿海为代表，台地型以北海、合浦为代表。广西沿海地区岛屿众多，高达651个，总面积超过66平方公里，岛屿岸线累计超过460公里。其中岛屿面积最大的涸洲岛接近25平方公里。0～20米的浅海面积接近6500平方公里。滩涂面积超过1000平方公里，主要为软质沙滩，约占滩涂面积的90%。北部湾近海海域海底地势缓，坡度较低，从东北至西南缓慢倾斜，海水深度多在20～50米。

4. 生物条件

目前广西境内统计有陆栖脊椎野生动物1149种（含亚种），接近国内总数的一半。其中：国家重点保护的珍稀物种有149种，接近全国总数的一半；国家一级保护动物24种，约占全国的1/4。野生植物统计有288科1717属8562种之多，数量排在国内各省前列，另外有国家一级重点保护植物37种，珍稀品种主要有银杉、桫椤、金花茶、擎天树等。

广西北部湾海域海岸线十分弯折，海面虽大但溺谷较多，天然港湾数量优势十分明显，可供开发的沿海大小港口超20个，滩涂面积约1000平方公里，且红树林植被丰富，面积超过5500平方公里，约占全国的40%。北部湾海洋生物物种资源十分丰富，在世界上有较高的科研价值，同时也是我国知名渔场之一，盛产各类海产品。目前生长有已知鱼类500多种、虾类200多种、头足类近50种、蟹类190多种、浮游植物近140种、浮游动物130种，闻名于世的合浦珍珠便是北部湾海域的特产。

二、广西生态旅游资源分类

（一）广西生态旅游资源两分法分类系统

广西的地理区位和自然条件十分优越，区内有着丰富的生态旅游资源，品种繁多且质量上佳。根据生态旅游资源两分法，将生态旅游资源中的代表资源进行分类，如表4-3所示。

表4-3 广西生态旅游资源两分法分类系统

大类	主类	亚类	代表资源举例
生态旅游景观资源	生态旅游自然景观	地质地貌景观	桂北融水—资源花岗岩碎屑岩区、桂东北桂林—钟山碳酸盐岩区、桂中罗城—柳州碳酸盐岩区、桂中金秀—桂平碎屑岩区、桂东南平南—陆川碎屑岩花岗岩区、沿海花岗岩火山岩区、桂西北乐业—巴马碳酸盐岩区、桂西那坡—崇左碳酸盐岩火山岩区、猫儿山花岗岩地貌、资江丹霞地貌、漓江岩溶峰林峡谷地貌、通灵大峡谷、莲花山、圣堂山砂岩峰林地貌等
		地域水体景观	漓江山水、马山红水河、左江支流明江、秦代古运河灵渠、北海银滩、涠洲岛、斜阳岛、山口红树林自然保护区、乐业县布柳河、德天瀑布

续表

大类	主类	亚类	代表资源举例
生态旅游景观资源	生态旅游自然景观	地域生物景观	扶绥弄陵、崇左罗白、大新弄梅、宁明陇瑞等以白头叶猴为主的珍稀动物保护区；防城上岳金花茶保护区；合浦沙田儒艮保护区；合浦山口红树林保护区；西岭岗、玉里沟、金钟山、黄连顶、涠洲岛等珍稀鸟类或过往候鸟自然保护区；花坪的银杉；弄岗的白头叶猴、蚬木、金丝李；金秀的鳄蜥、银杉；银锭山、西岭的黄腹角雉；布柳河的豹和蟒蛇；元宝山的元宝山冷杉；滑水冲的桫椤、香花木和黄腹角雉；猫儿山的南方铁杉
		气候气象景观	龙胜的四季龙脊、云海和雾、日出日落、雾凇、宝光；猫儿山佛光峰、雾凇；大明山雾凇
	生态旅游人文景观	宗教活动场所景观	桂平市西山洗石庵、南宁市观音禅寺、桂平市西山龙华寺、阳朔县鉴山寺、广西佛教协会天宁寺、桂林木龙洞唐代石塔、全州湘山妙明塔、贵港市天主堂、涠洲岛盛村天主堂、桂林市民族路清真寺、南宁清真寺等
		历史遗址遗迹景观	合浦古汉墓群、左江花山岩画、大成国王府遗址、硕龙边关地下长城、顶蛳山遗址、白龙珍珠城遗址、左江斜塔、桂林靖江王府、日月双塔、甑皮岩遗址、明清海防遗址（广西段）
		经济文化场所景观	合山矿山公园、全州雷公岭矿山园区、南宁美丽南方、南宁金穗生态园、广西民族博物馆、钦州古陶博物馆、南宁市体育休闲公园、园博园
		地方建筑与街区景观	胡志明故居、宜州刘三姐故居、南宁市武鸣县明秀园、玉林谢鲁山庄、桂林雁山园、玉林云天宫、忻城莫氏土司衙门、李济深故居、马晓军故居、韦云淞故居、刘炳宇故居、黄肇熙故居、郭松年庄园、李萼楼庄园、蔡氏古宅

续表

大类	主类	亚类	代表资源举例
生态旅游环境资源	生态旅游自然景观	地域非生物类环境	大气质量优良、土壤肥沃、水资源丰富、环境容量较大等
		生态系统物种环境	生存环境优越、负离子含量高、生态容量客观等
		生态旅游气候环境	康养气候、景观气候、小气候、避暑避寒气候等优越
		地域区位要素环境	区位优势明显、客源地距离近、交通可及性高、地域关系丰富等
	生态旅游人文景观	生态旅游聚落环境	社区人居环境稳定、民族风情浓厚、传承度高等
		地域化要素环境	传统工艺、民族风俗、节庆集会等种类繁多等
		社区经济综合环境	社会安全人民友善、文化教育完善、投资环境优越等
		地域设施物质环境	生态设施、餐饮、住宿、交通、购物、娱乐等基础设施完备

1. 生态旅游景观资源

（1）生态旅游自然景观。

1）地质地貌景观。桂北融水—资源花岗岩碎屑岩区：以花岗岩露出规模大、中元古界至下古生界地层分布集中的构造形迹、花岗岩地貌及丹霞地貌遗迹为特色。

桂东北桂林—钟山碳酸盐岩区：以泥盆系生物地层、成片峰林、奇峰秀水为特色。

桂中罗城—柳州碳酸盐岩区：以石炭系生物地层、岩溶地貌、风景河段为特色。

桂中金秀—桂平碎屑岩区：以砂岩峰林、峡谷地貌为特色。

桂东南平南—陆川碎屑岩花岗岩区：以丹霞地貌、变质岩地貌、矿冶历史为特点。

沿海花岗岩火山岩区：以花岗岩地貌、火山机构、海岸侵蚀地貌为特色。

桂西北乐业—巴马碳酸盐岩区：以石炭系—三叠系生物地层、高峰丛、大天坑为特色。

桂西那坡—崇左碳酸盐岩火山岩区：以枕状玄武岩、岩溶峡谷、瀑布等为特色。

猫儿山花岗岩地貌：猫儿山在寒武纪褶皱成山，经剥蚀夷平后，在加里东运动时再次隆起，燕山运动和喜马拉雅运动均有隆起，是广西古老的山地。地层以加里东晚期花岗岩及古生代变质岩为主，次为震旦系变质岩及燕山期花岗岩。猫儿山挺拔、沟谷深邃、岩石裸露、多球状岩块、多弧形岩壁、多崩块。

资江丹霞地貌：湖南与广西交汇处的越城岭腹地，有上亿年历史的中生代白垩纪早期的红色砾岩、砂岩构成的狭长盆地，呈南至北方向分布。丹霞峰林是主要的特色景观，山体分布密度较高，像成千上万的笋条直插云霄，又像成千上万匹奔驰的骏马；又有许多幽静的小径贯穿其中；而红层的岩石中石灰岩砾石含量较高，因而丹霞地貌具有明显的喀斯特化特征。

漓江岩溶峰林峡谷地貌：漓江是全国最美丽的河段之一，其边上的岩溶峰林地貌也是世界上独有的，具有十分典型的特征。

通灵大峡谷：是由地质运动带来的土体变化所形成的，原本是一个封闭的盲谷，后顶端开拓出谷口，现如今峡谷两侧的山体仍然具有弯弯的山形以及倒挂着许多特有的奇形怪状的钟乳石。

金秀大瑶山：景区由东北至西南一整片片状区域构成，有天堂岭、金秀老山、莲花山、罗汉山、圣堂山、五指山和龙军山等名山，大多属于典型的大瑶山丹霞式刚棱削面塔柱地貌，优越的地理位置所带来的丰富降雨以及它所保留较高的原始程度使得它具有十分协调的生态环境，山谷幽静、景色宜人、水波碧绿、山峰俊美、青山绿水等特点引人入胜。

2）地域水体景观。漓江山水：作为岩溶山水游览区，桂林漓江风景区风景优美、规模庞大的特征在世界上独一无二，自古以来就广为流传，具有十分高的中外知名度。漓江水联结兴安灵渠和阳朔，桂林市为漓江的中心。漓江风景区风景秀美壮丽，有许多游玩圣地，以一江两洞三山知名度最高，即漓江、芦笛岩、七星岩、独秀峰、伏波山、叠彩山，这也是桂林山水最杰出的代表。

马山红水河：红水河因流经红色砂贝岩层，水色红褐而得名，红水河景区沿岸"山不高而有形，地不抖而有貌，林不深而有色"，拥有雄奇险峻的峰丛峭壁，幽深曲折的峡谷，清澈蜿蜒的河流，自然的乡村田园风光、秀丽的山水画廊和浓郁的壮乡民族风情，是融入多种色彩、形象、状态、意境、音色等元素的美的空间综合体，是广西境内特有的生态旅游区。

左江支流明江：明江下游河道蜿蜒曲折，山环水绕，两岸高崖壁立，藏奇夹秀，形成极其旖旎的山水风光，水、山、岛、瀑、滩、林等自然景观组合特色鲜明，生态环境非常优美，甚至称得上无山不清、无水不秀。

秦代古运河灵渠：世界上最古老的运河之一，古老的运河、古老的街道，还有古色古香的建筑，古朴的美与自然之美浑然一体，是世界古代水利建筑的明珠。

北海银滩：北海银滩海岸秀美，岸边植被覆盖率高，空气清新，环境宜人，海水清澈，目前开发有沙滩和海上娱乐项目，规模较为庞大，是中国南方知名度较高的海滩和海上运动场所。

涠洲岛：涠洲岛是火山喷发堆凝而成的岛屿，有海蚀、海积及熔岩等景观，有"蓬莱岛"之称，是中国地质年龄最年轻的火山岛，也是广西最大的海岛。

斜阳岛：斜阳岛火山岩层壮观，景观独一无二，海蚀、岩溶美景引人入胜，岩层、熔岩、断层、拉沟、溶洞、悬崖、峭壁种类众多，形态各异。海域无污染，海水清晰可见底。

山口红树林自然保护区：这里集中分布有红树林、盐沼草和海草海洋生态系统，是中国沿海具有较高的海洋高等植物生态系统多样性和丰富的海洋动物多样性的区域。

乐业县布柳河：著名的漂流旅游胜地，好山好水好风光，环境清幽，气候宜人，美景叠出，桥如白玉腰带，又有千奇百怪的洞穴，具有"天堂之旅"的美称，是八方游客最为向往的生态旅游观光圣地。

德天瀑布：德天瀑布位于大新县归春河上游，归春河是左江的支流，也是中越边境的国界河，德天瀑布则是它流经浦汤岛时的杰作。浩浩荡荡的归春河水，从北面奔涌而来，高崖三叠的浦汤岛，巍然耸峙，横阻江流，江水从高达50余米的山崖上跌宕而下，撞在坚石上，水花四溅，水雾迷朦，透过阳光的折射，五彩缤纷，水声振荡河谷，气势十分雄壮。瀑布三级跌落，最大宽度200多米，纵深60多米，落差70余米，平均流量50立方米/秒，所在地地质为厚层状白云岩。是东南亚最大的天然瀑布，被国家定为特级景点。

3）地域生物景观。扶绥弄廪、崇左罗白、大新弄梅、宁明陇瑞等以白头叶猴为主的珍稀动物保护区：这里居住着的白头叶猴是全球25种最濒危的灵长类动物之一，被公认为世界最稀有的猴类。

防城上岳金花茶保护区：金花茶在国外称之为神奇的东方魔茶，被誉为"植物界大熊猫""茶族皇后"，是国家一级保护植物之一。它能够有效降低血脂、血糖，同时含有在对抗癌症方面有显著作用的特殊成分，具有极高的科研和开发利用价值。

合浦沙田儒艮保护区：自四千年前起，人类便开始对儒艮捕杀，食肉榨油，骨可雕物，皮可制革，迄今儒艮数量已极为稀少，是国家一级保护动物。

合浦山口红树林保护区：红树林生态系统的物种多样性十分丰富，其中的动植物资源种类繁多，合浦的山口红树林保护区内目前生存有上百种大型底栖动物，各种昆虫、鸟类更是琳琅满目，除此之外，包含在内还有 150 种以上藻类品种。红树林除了具有较高的科研价值外，还具有良好的生态效益，它能防风固沙、保护海滩、净化海水和空气。

弄岗、西岭岗、玉里沟、金钟山、黄连顶、涸洲岛等的自然保护区：地理区位独特，生态保护良好为珍稀鸟类或过往候鸟打造了一个鸟类的天堂，群鸟越冬、百鸟争鸣，具有较高的观赏价值。

花坪的银杉：花坪保护区是一片群山巍巍、林海浩瀚的原始林区，银杉为我国"国家一级保护植物"，有植物界大熊猫的美称，历史悠久，可追溯到 300 万年前的第四纪冰川，是植物界中当之无愧的珍宝品种。

弄岗的白头叶猴、蚬木、金丝李：弄岗国家级自然保护区是中国唯一的北热带喀斯特季雨林。

金秀的鳄蜥、银杉：金秀自然景观雄奇秀美，人文景观价值很高，民间文化非常丰富，已知有植物资源 2335 种、动物资源 1226 种，有世界植物活化石"银杉"和世界动物活化石"瑶山鳄蜥"。

银锭山、西岭的黄腹角雉：黄腹角雉被世界列为重要濒危物种，为我国一级特产保护珍禽。

布柳河的豹和蟒蛇：蟒蛇和豹数量日趋减少，处于濒危状态，被列为国家一级保护动物。

元宝山的元宝山冷杉：元宝山冷杉为国家一级重点保护野生植物，具有较高的科研价值，是维持我国物种多样性的重要品种，目前的我国留存的冷杉数量极少，处于高度濒危状态。

滑水冲的桫椤、香花木和黄腹角雉：桫椤树形美观，树冠犹如巨伞，虽历经沧桑却万劫余生，依然茎苍叶秀，高大挺拔，称得上是一件艺术品，园艺观赏价值极高。

猫儿山的南方铁杉：南方铁杉是地质年代第三纪以后残留的少数植物之一，属我国特有植物，列为国家三级保护植物。

4）气候气象景观。龙胜的四季龙脊、云海和雾、日出日落、雾凇、宝光：龙胜旅游资源丰富，境内气象景观丰富，可以观赏到不同四季的气象景观。

猫儿山佛光峰、雾淞：猫儿山的地形、气候、环境浑然天成，造就了许多如梦似幻的气候气象景观，山上气象瞬息万变，变幻莫测，岭谷间常常烟雾缭绕，风起云涌，气象万千。猫儿山的日出日落、晚霞、云海、雨雪等都具有很高的观赏价值。恰逢春夏，阳光从山间云雾映照而下，经过折射形成一道七彩"佛光"，变幻莫测，奇景难觅。冬季猫儿山每年都有大雪降落，并伴有雾淞奇观，山顶处处玉树临风，银装素裹，分外妖娆，是岭南最佳观雪胜地。

大明山雾淞：大明山位于南宁北部，大明山林海森林覆盖率达95%，秋冬季节强冷空气活动时容易出现雾淞、雨淞景观。

（2）生态旅游人文景观。

1）宗教活动场所景观。桂平市西山洗石庵、龙华寺：洗石庵是广西佛教基地，全国重点寺观之一，龙华寺位于洗石庵之上，故也称"上寺"。

南宁市观音禅寺：观音禅寺占地面积约15亩，寺院布局紧凑，仿唐建筑风格，寺院殿宇辉煌，金身新塑，宝相庄严，是广西乃至全国名刹。

阳朔县鉴山寺：位于阳朔县月亮山旅游风景区的云集山下，大榕树公园对面，距阳朔县城南7公里，是桂林市最早的古寺之一。鉴山寺历经宋元明清等朝代，其香火兴旺达1200余年，寺内建筑古朴典雅，雄伟壮观，仿唐代古建筑风格，融朝圣观光、敬香、礼佛等佛教活动为一体。

广西佛教协会天宁寺：天宁寺始建于唐朝开元十四年（公元726年）的龙兴寺，是南宁创建年代最早的佛教寺院之一，距今已有1280年的历史。

桂林木龙洞唐代石塔：木龙洞石塔，中国佛塔。位于广西桂林木龙洞外的漓江岸边。塔用巨石雕成，高4.3米，塔基为须弥座，刻仰覆莲花纹。塔身四面雕拱形浅龛，东西龛内雕佛，南北龛内雕菩萨。塔顶为十二层相轮，顶部为六角形伞盖和葫芦形宝顶。石塔小巧玲珑，质朴古雅，是唐代遗物。

全州湘山妙明塔：是湘山古寺至今唯一存在着的古建筑，是全州县最负盛名的古塔，也是广西最古老的塔，是自治区重点文物保护单位，在楚南一带享有盛名，是人们来湘山寺朝佛的重要对象。

贵港市天主堂：散落郁江两岸城乡的天主堂遗存，正是清末民初时，贵港作为天主教在广西的传播据点、桥头堡及大本营历史余波的体现，也是贵港多元文化荟萃融合中最为异质的元素，彰显贵港这座城池一直是多元文化交融和谐并存。

涠洲岛盛村天主堂：是广西北部湾地区最大的天主教教堂，也是全国文物保护单位。

桂林市民族路清真寺：该寺大殿建于康熙年间，两廊及邦克楼建于嘉庆年间。整体建筑为四合院式，邦克楼居中，左右为讲堂，大殿在后。后窑殿面阔两间。在后窑殿左右与大殿后部，又有左右后廊，作为礼拜后向外远眺用。此建筑手法，在清真寺建筑中较为罕见。

南宁清真寺：该寺创建于清顺治年间（1644~1661年），是广西壮族自治区首府唯一的一座清真寺。

2）历史遗址遗迹景观。合浦古汉墓群：与全国其他地方的汉墓不同，合浦汉墓众多舶来品反映了海洋与大陆经济、文化的结合，"海上丝绸之路"始发港大量对外交往的物证，对了解古代中国对外交往有特殊价值。合浦古汉墓群于1996年被国务院公布为全国重点文物保护单位，是国家文物局公布的"十一五""十二五"期间大遗址保护项目库重大遗址之一，是北海联合申报"海上丝绸之路"世界文化遗产的最重要的遗产点。

左江花山岩画：位于广西崇左的左江流域，少部分分布于明江，已存在超过两千年，整体景观包含了山、水、地，慷慨壮丽。它分布区域范围广阔、建造困难、视觉冲击强烈，是世界上独一无二的历史遗址遗迹景观，观赏价值和考古科研价值极高。

大成国王府遗址：位于现桂平市城区桂平镇中心校内，是清咸丰年间，金田起义北上以后，由陈开、陈文茂领导的大成军建立的农民政权机构所在地遗址。

硕龙边关地下长城：中国有两个长城，一个是北方举世闻名的建筑在地上的万里长城；一个是南疆神秘莫测的建筑在地下的硕龙"边关地下六里长城"，是一个极好的爱国主义、革命英雄主义教育基地。这两个长城的作用都是戍边御敌，保卫边疆。

顶蛳山遗址：典型的新石器时代贝丘遗址，在广西范围内十分具有代表性，面积之大、遗迹之丰富，具有十分重大的考古科研价值，是1997年全国十大考古新发现之一，同时也是国家大遗址展示中心之一。

白龙珍珠城遗址：历代盛产珍珠，质优色丽，以"南珠"之称闻名于世。珍珠城遗址已列为广西省级文物保护单位。

左江斜塔：坐落在广西崇左县城东北方向，别称归龙塔，是世界八大斜塔之一。斜塔依山而建，充分考虑了该地的风力、风向等条件，借山体为地基精心建造而成，历经超过300年的风雨飘摇而屹立不倒，充分说明了我国建筑技术的高超。

桂林靖江王府（现又称桂林王城）：靖江王府是全国重点文物保护单位，位于桂林市中心地带，墙高门深、气势森然，建于明洪武五年（1372 年），洪武二十六年（1393 年）筑城墙。至今已有 630 多年的历史，比北京故宫建成的时间还早。

日月双塔：由铜塔（日塔）和琉璃塔层（月塔）共同组成，两塔通过湖底隧道连接。塔体布满了五颜六色的图案壁画，以各式各样的花花草草和"瑶王印"为代表反映了桂北少数民族对美好生活向往的文化内涵。

甑皮岩遗址：甑皮岩遗址属于中国华南地区新石器时代的洞穴遗址。位于广西桂林市南郊的独山西南麓距今有 7500～9000 年。1973 年起发掘。是华南地区新石器时代早期有代表性的遗址。

明清海防遗址（广西段）：北部湾海防历史见证的古炮台，经历历史沉淀，成为今天的文物保护对象，是明清海防思想的具体体现，具有一定的历史研究意义和观赏价值。

3）经济文化场所景观。合山矿山公园：合山丰富的煤炭开采历史见证了广西工业发展的历史进程，造就了特色的工业民俗文化，具有重要的历史教育意义。矿业遗迹反映了人类社会文明的发展，融入了当地自然环境与区域文化，兼具人文历史景观和自然生态景观的独特属性，通过建立矿山公园推动区域矿业遗迹资源的保护利用。

全州雷公岭矿山园区：矿业遗迹中的尾矿废矿泥沙流失，造成河道淤积，淤积高出水面，形成相互连接的岛群或独立的孤岛，与已有的国家级矿山公园矿业遗迹相比，其稀有性和审美性极高。公园位于长江水系上游湘江段，对治理废弃的矿山环境、保护水资源、恢复长江上游的生态环境具有示范作用。

南宁美丽南方：以领略自然田园风光、体验农家乐与休闲运动为特色的"石埠·美丽南方"集生态观光农业、自然景观、文物古迹、休闲娱乐于一体，可谓吃、玩、住、赏、购的人间仙境。

南宁金穗生态园：金穗生态园位于隆安县那桐镇定典屯，总规划面积达 1.3 万亩，是广西现代特色农业（核心）示范区的定点屯，南宁市十二个重点打造的综合示范村之一，是广西地区娱乐、休闲、会议、拓展、培训及聚会的又一不二之选。

广西民族博物馆：广西民族博物馆是一座主要以收藏、研究和展示广西民俗民风、传统民族文化的博物馆，作为广西壮族自治区建设和投资规模都较大的文化场所，以服务广西人民、开展公益科普为主要目的，同时融合现代发展元素。此外，博物馆还收藏、研究和展示部分关于广西周边地区民族和东南亚民族的民俗文化。

钦州古陶博物馆：打造一个融城市景观、文化、旅游、工业为一体的坭兴陶文化创意产业园，将是全国首个坭兴陶产业园。

南宁市体育休闲公园：广西区内唯一以体育休闲运动为主题的专类公园。

园博园：南宁市园博园位于五象新区核心区域，毗邻广西重大公益性项目建设用地，地理位置得天独厚，自然环境优美。秉承创新、协调、绿色、开放、共享的发展理念，以"生态宜居、园林圆梦"的宗旨，建设生态、文化、共享三大理念的园博。

4）地方建筑与街区景观。胡志明故居：位于柳州市著名风景区鱼峰山对面，是一座两层楼砖木结构的老式建筑，过去称为"南洋客栈"，是省级文物保护单位。

宜州刘三姐故居：刘三姐是民间传说的壮族人物，古代民间传说歌手，聪慧机敏，歌如泉涌，优美动人，有"歌仙"之誉。2006 年，"刘三姐歌谣"入选第一批国家级非物质文化遗产名录。刘三姐故居在桂林阳朔县与平乐县之间，今天所见的刘三姐故居是经现代人构建的，房屋面积不大，约 100 平方米，土砖墙，青黑布瓦，中有小天庭；室内存放了锅碗瓢盆、碾耙锄刀、篮篓筐箕等用具。

南宁市武鸣县明秀园：清嘉庆年间举人梁生杞所建，园区文化沉淀十分浓厚，介绍有两广巡阅使陆荣的生平简介以及广西定都南宁的历史由来，又有广西第一条通车公路简介和壮族文字的演变等。如今，景区面积已扩至 180 亩，并开发了春霞园、西江河等众多景点，集钓鱼、烧烤、游船、休闲娱乐于一体。

玉林谢鲁山庄：谢鲁山庄是广西省级风景名胜区，位于陆川县城南部 26 公里处，占地 400 亩，庄内亭台楼阁，回廊曲径，依山构筑。所有房屋建筑均为砖墙瓦顶，保持着浓郁的乡风民俗。原清附贡生，国民党少将吕芋农的家宅，号称中国四大私人庄园之一。

桂林雁山园：雁山园始建于公元 1869 年，是清代广西桂林士绅唐岳的私人园林，名为"雁山园别墅"。它浓缩了桂林山水的最佳景观，也是桂林山水中的江南园林。雁山园是一个集"风水宝地""神奇景观""名流雅居"于一体的地方。雁山园的风水，符合中国风水最佳之原理，被称为"岭南第一园"。

玉林云天宫：位于玉林市区江滨路，是玉林市重点景区之一。云天文化城是一个仿古式建筑，展现我国历史文化，规模庞大，建筑宏伟，雕塑精美，气魄雄伟。可谓全国单体建筑第一，是世界级的旅游景点。

忻城莫氏土司衙门：忻城莫氏土司衙门位于广西忻城县城关镇翠屏山北麓，作为中国重点文物保护单位，保存的完整性在全国范围内独一无二，同时也是国内规模最大的土司建筑物，有"壮乡故宫"的美誉。

李济深故居：位于广西梧州市苍梧县料神村，建于 1925 年。是一处融中西方建筑艺术风格于一体的大宅院。围墙四隅有炮楼，内有四合院式厢房和三层青砖楼房，中西式风格。被命名为广西壮族自治区爱国主义教育基地，是全国重点文物保护单位。

马晓军故居：全国重点文物保护单位，位于广西壮族自治区容县松山镇慈堂村，马晓军故居位于村子中间前列。四进左右对称合围式建筑，中西合璧，规模宏大。

韦云淞故居：位于容县松山镇政府内，坐东向西，始建于 1930 年，是由前后楼及左右横廊组成的庭院式中西结合的建筑群体，前楼是由门楼、平房、炮楼三位一体的布局，主体建筑为高两层的四阿顶楼房，后楼亦是一座二层四阿顶楼房，两边次间前面的墙体砌成半边六角形的形状，前后楼之间有一个院子，内种植有龙眼、米兰、含笑、夜合等名贵花草树木，整组建筑环境幽雅。

刘炳宇故居：刘炳宇故居始建于清末民初年间，位于莲塘村，坐北向南，采用青砖混合的建筑结构。宅院整体布局左右严格对称，典型的中国传统院落式建筑，主房布局紧密，房与房之间以内廊连接。主房后设置神堂，前设前院，前院两侧均有厢房，院落四角设有岗楼，前两岗楼用走马楼相连。前院种植花草林木，与院前池塘相互映衬。由于清末年间法国教士的进入，带来了西方教堂的建筑形式，该宅建造也深受影响，立面造型荒诞奇异，给人以沉重、肃穆之感。主房地面为方砖面，墙体青砖砌筑，木楼板，青瓦顶屋面。厢房也系青砖建造，柱廊相连，青瓦顶屋面。

黄肇熙故居：黄肇熙庄园系广西最大的古典庄园，呈四方集群状，左右严格对称，布局完整，功能齐全，面积宏大，气势庄严肃穆，为中国传统的岭南院落式建筑。

郭松年庄园：被列为市级文物保护单位。庄园中的西式主楼分前、后两进，正立面进口排列着气派的砖拱券，显得相当威严。主楼墙面用细白石膏罩面，天井四侧以拱形券廊相连，柱顶、墙沿雕饰拱线花纹，稳重中带着轻快，活泼中透出典雅。大门墙檐和园中墙壁上刻绘的古松、花草、飞鸟、走兽等浮雕图案，至今仍鲜亮如初，栩栩如生。

李萼楼庄园：李萼楼庄园由德惠堂、光裕堂、敬修堂、花园、碉楼等几部分组成，其规模之大，保存之完整，在广西都不多见。李萼楼庄园在其建筑及其石雕、木雕、砖雕等雕塑工艺还有壁画等都保持完好并独具特色，对研究清末民国时期的社会、经济、建筑、文化艺术等都具有较高的价值。2005 年，李萼楼庄园被横县人民政府列为文物保护单位并向自治区人民政府申报省级文物保护单位。

蔡氏古宅：蔡氏古宅位于柳南高速公路边上的广西宾阳县古辣镇境内，是保存较为完好的古建筑群，堪称中国岭南古建筑的瑰宝。蔡家大院整座建筑富有艺术性，体现出深厚的文化底蕴，是明清时期岭南民居的典型代表，具有较高的旅游开发和文物保护价值。

2. 生态旅游环境资源

（1）生态旅游自然环境。

1）地域非生物类环境资源。广西的空气清新，质量上佳，地域非生物环境资源种类繁多，十分丰富。主要有：广西地区地质发育特点明显，形成了极具区域特色的"岩溶地貌"，在世界上有较高的知名度，与我国的岱崮地貌、丹霞地貌、张家界地貌、嶂石岩地貌并称为中国五大地貌类型，具有较好的美学价值和研究价值；广西雨量丰富，山泉溪水清澈见底，水质较好，全区广泛分布有溪流、河流、山泉、瀑布等多种水体，是生态旅游景区中必备的要素之一；广西生态旅游资源遍布全区，能够开发旅游的区域广阔，具有很高的环境承载力，为生态旅游进行合理的开发利用提供了良好的环境条件。

2）生态系统物种环境。广西地理位置独特，跨北热带、南亚热带与中亚热带三大气候带，自然条件良好，生态水平较高，孕育了丰富的野生动植物资源，组成了一个物种丰富、生物链复杂的生态系统。另外，丰富的森林资源类群孕育了东洋界、东南亚大陆热带、亚热带树栖特有动物灵长类、鸡形目种类、有蹄类哺乳动物、食肉类猛兽、两栖爬行类动物等，以及各种各样的珍稀植物，种类多且分布广。此外，北部也出现有不少古北界的种类动植物。因此，种质资源相当丰富。

3）生态旅游气候资源。广西属亚热带季风气候区。气候温暖，雨水丰沛，光照充足，全年四季分明。优越的气候环境资源，造就出四季龙脊、云海和雾、日出日落、雾凇、宝光等奇幻的气候气象景观，是广西生态旅游中重要的资源之一。

4）地域区位要素环境。广西位于中国大陆东部、中部、西部的交界，结合了华南、西南、东盟三个经济圈，下靠边境，上靠国内广阔腹地，面向东南亚市场，既沿海又沿江，与东盟的贸易往来可走陆路和水路，区位优势明显，建成出海出边出省大通道后，可进入性极好，加强了与东盟国家的沟通。

（2）生态旅游人文环境。广西不止有桂林的山清水秀，更拥有古老的历史文化积淀。诸如甑皮岩遗址、灵渠古运河、桂海碑林、靖江王府王陵、西南剧展、八路军桂林办事处旧址和红军长征突破湘江烈士纪念碑园、李宗仁官邸及故居、徐悲鸿故居等历史遗迹分别代表了广西原始人类文化、古代军事水利文化、摩崖石刻山水文化、明代藩王文化、抗战革命文化、名人故居文化等历史文化。总而言之，浓厚的人文环境为广西留下多姿多彩的人文景观，与生态自然资源相辅相成，协调共生。

（二）广西生态旅游资源景观生态学分类系统

王力峰（2006）针对广西生态旅游资源，制定了广西生态旅游资源分类系统，其中包括，2 个景观类，8 个景观区，涉及 26 个景观型。薛珊珊（2012）根据此分类标准，对广西生态旅游资源进行具体分类，如表 4 - 4 所示。

表 4 - 4　广西生态旅游资源分类系统

生态景观类	生态景观区	生态景观型	主要生态景观
A 陆地生态旅游资源景观类	AA 森林景观区	AAA 阔叶林景观型	兴安猫儿山国家森林公园、花坪国家级自然保护区、资源资江——八角寨国家森林公园、龙胜温泉国家森林公园、上思十万大山国家森林公园、金秀大瑶山国家森林公园、贺州大桂山国家森林公园、融水元宝山国家森林公园、金秀大瑶山、玉林大容山、九万大山、海洋山、大明山、岑王老山、姑婆山、冠头岭、龙潭、三门江、良凤江、老虎岭、三十六曲、澄碧湖、象山、洛清江、五叠山、石山、龙须河、五象岭、柳州君武、九龙、石门、龙岩、天鹅湖、玉华、红茶沟、南珠、黄猄洞天坑国家森林公园、天峨聚龙大峡谷国家森林公园（38 个）
		AAB 针叶林景观型	
		AAC 针阔混交林景观型	
		AAD 山地矮林景观型	
		AAE 灌丛景观型	
		AAF 竹林景观型	
		AAG 经济林景观型	
		AAH 森林动物栖息地景观型	

生态景观类	生态景观区	生态景观型	主要生态景观
A 陆地生态旅游资源景观类	AB 草原景观区	ABD 平原草地景观型	月亮湖草地（1个）
		ABE 草原动物栖息地景观型	
	AD 园林景观区	ADA 植物园景观型	宁明陇瑞自然保护区、龙胜花坪自然保护区、兴安猫儿山、金秀大瑶山、桂林彭祖坪自然保护区、南宁动物园、梧州动物园、广西药用植物园（8个）
		ADB 野生动物公园景观型	
	AE 农业景观区	AEA 乡村园地景观型	龙脊梯田、遇龙河—田家河田园风光、柳州农业观光旅游区、玉林北流罗政村、南宁扬美古镇、桂林大圩古镇、黄姚古镇、钦州灵山大芦村、龙胜金车寨、阳朔高田、南宁乡村大世界、桂林刘三姐茶园、广西八桂田园、北海田野科技种业园、龙胜平安乡平安壮寨、黄洛红瑶村寨、阳朔高田镇枥村、百色乐业火卖生态文化村、阳蔡氏书香古宅、融水县四荣乡田头村、贺州富川秀水状元村、梧州新世纪农业科技示范区（22个）
		AEB 乡村农田景观型	
B 水域生态旅游资源景观类	BA 滨海景观区	BAA 滨海草滩景观型	北海银滩、合浦山口红树林、防城港东兴京岛金滩、白龙湾、钦州港、三娘湾沙滩、天堂滩—蝴蝶岛沙滩、大平坡沙滩、涠洲岛南湾沙滩、涠洲岛石螺口沙滩、五彩滩沙滩、犀牛角月亮湾沙滩、麻蓝岛沙滩、玉石滩沙滩、营盘青头山沙滩、怪石滩海滩（16个）
		BAB 滨海红树林景观型	
		BAE 珊瑚礁滩景观型	
	BB 湖泊景观区	BBA 人工湖景观型	百色澄碧湖、星岛湖、凤凰湖、青狮潭、大化水库、岩滩水库（6个）
		BBB 自然湖泊景观型	
		BBC 潭池景观型	
	BC 河流景观区	BCA 峡谷河段景观型	桂林漓江、资源资江、融水贝江、西江、龙胜三江河、柳州黔江、宜州古龙河、榕江、浔江、苗江、恭城河、红水河、地苏河、金秀河、长滩河、盘王河、古麦河、六巷河、滴水河、长侗河（20个）
		BCB 丘陵河段景观型	
		BCC 平原河段景观型	
		BCD 暗河河段景观型	
	BD 内陆湿地景观区	BDA 苔草沼泽景观型	相思湖湿地公园、西津水库、会仙湿地、金沙湖湿地公园、沙井湿地公园、马巢河滨河湿地公园、峙村河湿地郊野公园、水塘江口湿地公园、青秀山湿地公园、那比江口湿地公园（10个）
		BDC 河漫滩草地景观型	
2 大类	8 个	26 个	121 个

从表4-4可以看出，广西生态旅游资源种类丰富，其中比较突出的作为广西生态旅游资源开发的主要载体的有山水田园风光、森林生态旅游资源和海滨生态旅游资源等类型。

第四节　广西生态旅游资源综合评价

一、广西生态旅游资源的评价原则

关于生态旅游资源评价的原则主要有：

（一）系统性原则

生态旅游资源包含了不同方面、不同层次以及不同形式的内容，关于生态旅游资源的评价也受制于多方面的利益主体，因此这是一项复杂的系统工程，在评价时要根据旅游资源本身的特色、质量、数量、密度和旅游资源开发经营的不同条件进行全面系统的评价。除此之外，在构建评价指标时，评价体系要兼顾到全面反映系统的总体特征、相互关系和指标概念明晰，在注意各指标内在关系是否紧密的同时，也要注意做到避免重复。

（二）规范化原则

生态旅游资源评价应当做到规范。要明确统一相关名词、概念，以及使用国际标准单位，参照《旅游资源分类、调查与评价》（GB/T18972—2017）、《中国国家森林公园风景资源质量等级评定》（GN/T18005—1999）等有关标准，同时参考前人关于生态旅游资源评价相关研究成果。

（三）突出效益性原则

通过均衡各利益相关者追求自身相关利益最大化来推动生态旅游项目的开发建设与经营，这是生态旅游资源评价需要考虑的因素，这也是生态旅游开发的初衷及意义。一方面，突出效益性原则要求生态旅游资源评价首先要体现对客源市场的充分关注，体现生态旅游来源于旅客需求的事实；另一方面，要充分考虑各利益相关方，确保综合效益的最大化。因此，关于生态旅游资源的相关评价要更多的来自于市场、来自于当地居民，少数专家的评价内容是不够全面的。

（四）动态发展原则

外部社会经济条件的不断发展变化带动人们对于生态旅游资源的审美需要的改变，生态旅游资源的开发方式也是一个动态发展的过程。通过深入理解生态旅游资源的变化特性，发掘其变化规律，为规划区空间格局的调节和控制提供依据。

二、广西生态旅游资源的评价

（一）广西生态旅游资源定性评价

广西生态旅游资源丰富，种类繁多，结构复杂。卢云亭（2001）认为，生态旅游资源调查内容应包括生物物种多样性、生态环境、生态风景等各类资源，关于广西生态旅游资源的定性评价采用卢云亭的三三六评价法，如表4-5所示，该评价方法从价值、效益和条件三个方面入手，评价结果较为客观全面。

表 4-5　三三六评价体系

生态旅游资源定性评价体系	价值评价	历史文化价值
		科学科考价值
		艺术欣赏价值
	效益评价	经济效益
		社会效益
		环境效益
	条件评价	地理位置与交通条件
		景物地域组合条件
		施工难易条件
		景区旅游容量条件
		投资能力条件
		旅游客源市场条件

（1）历史文化价值。广西壮族自治区悠久的历史留下了许多古老建筑工程遗址、墓穴、石头、石刻、文物等，春秋时期的左江岩画、汉代以前的大铜鼓和

· 131 ·

干栏建筑都是广西古代文化的产物；2016 年 7 月 15 日，中国广西左江花山岩画艺术文化景观被列入世界遗产名录，到 2016 年，广西受批准的重点文物保护单位超过 140 余处。柳州、桂林和北海申报国家历史文化名城成功，除此之外广西还有多个全国重点文物保护单位。广西具备深厚的文化底蕴，人文生态旅游资源开发和利用价值较高。

（2）科学考察价值。广西喀斯特地貌构造复杂，地质作用过程漫长，植被物种丰富。环江喀斯特地貌山峰林立，独一无二，各个峰丛在同一海拔高度平地拔起，山山有洞，洞中生物品种丰富，物种多样性位列亚洲第一，内有国家重点保护珍稀植物桫椤（树蕨），茶族皇后金花茶等珍贵植物品种，生物物种多样性为生物学工作者带来了较高的科考价值。

（3）艺术欣赏价值。广西地区的喀斯特地貌是热带多雨地区雨水冲刷石灰岩山体所形成的特殊地貌景观，众多象形石千姿百态、惟妙惟肖，具有极高的艺术欣赏价值。西北部的环江喀斯特处在我国地势第二阶梯和第三阶梯的交汇区域，独特的地理位置造就了从高原喀斯特到低山丘陵喀斯特而成的完整地势，观赏性较高。广西的园林特色鲜明，有极具南亚热带风光特色的南宁市内各植物园、公园，中亚热带特色风格为主体的桂林、柳州的公园。柳州市龙潭公园根据地方特色，利用古建筑与自然景观的融合构建特色鲜明的经典园林。明代的真武阁及三江侗族程阳风雨桥均具有很高的艺术欣赏价值。

（4）经济效益。广西旅游业的快速发展以及巨大的生态旅游客源市场得益于广西独特的地理位置和区位优势。近年来，广西旅游业持续增收，取得了良好的经济收益。2017 年全区旅游总人数达 5.23 亿人次，旅游总收入 580.36 亿元。2018 年入境的国内外旅客达到 6.83 亿人次，较上一年增长 30.6%，总体创收 7619.9 亿元，较上一年增长 36.6%。政府也对该生态旅游的开发建设非常重视，大力打造环首府、桂中、桂东南岭南风情三大生态旅游圈，通过不断开展和完善该区域生态旅游活动内容，进一步促进当地经济发展。生态旅游的发展必将带动其他产业发展，产生巨大经济效益。同时，在加快贫困地区脱贫、扩大就业、增加内需、盘活经济活力等方面发挥了至关重要的作用。

（5）社会效益。广西生态旅游业的不断发展，能够促进广西第三产业的迅速发展，带来极大的经济收益，为当地人创造更多的就业创业机会，从而促进周边地区产业结构调整，带动当地经济全面发展，促进社会和谐稳定，具有极大的社会效益。另外，生态旅游业能够促进人们转变观念，提升人们综合素质，旅游与宣传教育相结合不仅增强居民对家乡认同感、自豪感，还能增强周边居民环境保护意识，有利于生态旅游资源的保护，有助于走向良性循环的可持续发展道路。

（6）环境效益。生态旅游业的发展，不仅关注其经济效益，还要注意对环境带来的不利影响，经济效益与环境效益并重是生态旅游可持续发展的重要条件，为了保障生态旅游的可持续发展，避免过度开发利用造成的不利后果，必须遵循科学的发展模式，同时强化环保手段。为此，广西政府和居民意识到生态环境对广西旅游业和经济发展的重要性，开展一系列措施加强环境保护，包括加强对重大旅游项目开发建设的环境保护措施、推动与东盟环境保护合作、加强对珠江上游地区广西境内各水系的环境保护等，形成了生态文明建设与旅游产业发展的良性循环。

（7）地理位置与交通条件。广西地缘优势明显，背靠大西南，面对东南亚，北连湖南、贵州，东临粤港澳大湾区，与越南交界，沿海、江、边三位于一体，区位优势显著。是我国大陆与中亚和东南亚的交汇点，作为出海通道直达东南亚、亚太地区，北部湾是西南第一大港，是西南地区海上通道的必经之路，同时也是著名的沿海旅游胜地，良好的可进入性为广西旅游业的发展提供了充分的契机。

（8）景物地域与组合条件。景物和景类的地域组合是吸引游客进行生态旅游活动的主要因素之一，具备较高利用价值的生态旅游资源一般都呈现景观空间分布有秩、景物色彩丰富等特点。广西旅游资源丰富，民族风情浓厚，全区生态旅游风景区种类繁多，多数景区兼具山体、历史遗迹、水域、溶洞等各种景观的融合，为广西的生态旅游带来了优良的景区景观组合体验。

（9）施工难易条件。生态旅游活动的发展以自然类资源为基础，还要加入休憩设施、公共场所、垃圾桶、景区游憩小道等必要的旅游基础设施，这些设施的施工条件决定了生态旅游的建设质量。一直以来，广西都在致力于完善旅游交通的服务体系，以打造全广西范围的旅游交通网络为目的，通过强化交通基础设施建设的手段，将交通建设融入旅游发展，使得景区交通更为便利，有利于施工设备及材料的运输，加上广西丰富的生态旅游资源为景区改造提供了良好的基础，因此总体而言，施工条件较好。

（10）景区旅游容量条件。旅游容量可以为广西旅游业规划提供数据基础，能够评估一个合理的旅游规模，是生态旅游发展的基础。广西自生态旅游业发展以来，一直重视环境保护相关工作，关于区域旅游容量的评估工作许多业内专家学者也做了许多研究。2018 年广西入境游客规模接近 7 亿人次，预计到 2020 年旅游总人次可达到 8 亿人次，可以看出广西的景区旅游容量条件良好。

（11）投资能力条件。"十三五"期间，广西重大旅游建设项目 525 项，旅游投资总额 4349 亿元；重点旅游建设项目，旅游投资总额 1761 亿元。自 2013 年自治区政府提出创建广西特色旅游名县以来，已配套 12 亿元以上专项资金，有效带动社会总投资超过 450 亿元，推动阳朔等 27 个县、区成功创建建成"广西特色旅游名县"。环首府生态旅游圈规划范围内 2018 年实施的首批重大旅游项目共计 48 个，计划总投资达 832 亿元。这些数据有效地表明了广西良好的旅游投资环境吸引了社会各界资金，推动资金向旅游市场倾斜，拓展了投资渠道，提升广西旅游市场的投资能力条件。

（12）旅游客源市场条件。旅游客源市场条件的分析可以从两个角度入手。从客源市场的角度，广西巨大的生态旅游客源市场得益于广西良好的地理位置，每年广西入境旅客数量都在不断上升。从客源结构的角度，广西的游客主要有三种：区内旅客、内陆城市旅客、港澳台地区旅客及东盟等国家旅客。虽然大体上包含了我国旅游客源的基本种类，但总体上以区内旅客为主，也从侧面反映出广西的旅游客源市场还有很大的开发空间。

（二）广西生态旅游资源综合评价

广西生态旅游资源的综合评价采用了中华人民共和国国家标准《旅游资源分类、调查与评价》（GB/T18972—2003）中"旅游资源评价"的标准体系，如表 4-6 所示，它由资源要素价值和资源影响力两个评价项目指标构成，包括观赏、游憩，使用价值，历史、文化、科学、艺术价值，珍稀、奇特程度等共 7 个次级评价指标。根据评价体系的标准对本次调查广西之处主要生态旅游景观进行了评价和等级划分。该评价体系具体定级标准如下：

五级旅游资源，综合得分 90~100 分；

四级旅游资源，综合得分 75~89 分；

三级旅游资源，综合得分 60~74 分；

二级旅游资源，综合得分 45~59 分；

一级旅游资源，综合得分 30~44 分。

表4-6　旅游资源评价标准体系

评价项目	评价因子	评价依据	赋值
资源要素价值（85分）	观赏、游憩、使用价值（30分）	全部或其中一项具有极高的观赏价值、游憩价值、使用价值	22~30
		全部或其中一项具有很高的观赏价值、游憩价值、使用价值	13~21
		全部或其中一项具有较高的观赏价值、游憩价值、使用价值	6~12
		全部或其中一项具有一般的观赏价值、游憩价值、使用价值	1~5
	历史、文化、科学、艺术价值（25分）	同时或其中一项具有世界意义的历史价值、文化价值、科学价值、艺术价值	20~25
		同时或其中一项具有全国意义的历史价值、文化价值、科学价值、艺术价值	13~19
		同时或其中一项具有省级意义的历史价值、文化价值、科学价值、艺术价值	6~12
		同时或其中一项具有省级意义的历史价值、文化价值、科学价值、艺术价值	1~5
	珍稀、奇特程度（15分）	有大量珍稀物种，或景观异常奇特，或此类现象在其他地区罕见	13~15
		有较多珍稀物种，或景观奇特，此类现象在其他地区很少见	9~12
		有少量珍稀物种，或景观突出，或此类现象在其他地区少见	4~8
		有个别珍稀物种，或景观比较突出，此类现象在其他地区较多见	1~3
	规模、丰度与概率（10分）	独立型旅游资源单体规模、体量巨大；集合型旅游资源单体结构完美、疏密度优良级；自然景象和人文活动周期性发生或频率极高	8~10
		独立型旅游资源单体规模、体量较大；集合型旅游资源单体结构很和谐、疏密度良好；自然景象和人文活动周期性发生或频率很高	5~7
		独立型旅游资源单体规模、体量中等；集合型旅游资源单体结构很和谐、疏密度较好；自然景象和人文活动周期性发生或频率较高	3~4
		独立型旅游资源单体规模、体量较小；集合型旅游资源单体结构很和谐、疏密度一般；自然景象和人文活动周期性发生或频率较小	1~2

续表

评价项目	评价因子	评价依据	赋值
资源要素价值（85分）	完整性（5分）	形态与结构保持完整	4~5
		形态与结构有少量变化，但不明显	3
		形态与结构有明显变化	2
		形态与结构有重大变化	1
资源影响力（15分）	知名度和影响力（10分）	在世界范围内知名，或构成世界承认的名牌	8~10
		在全国范围内知名，或构成全国性的名牌	5~7
		在本省范围内知名，或构成省内的名牌	3~4
		在本地区范围内知名，或构成本地区的名牌	1~2
	适游期或使用范围（5分）	适宜游览的日期每年超过300天，或适宜于所有游客使用和参与	4~5
		适宜游览的日期每年超过250天，或适宜于80%左右的游客使用和参与	3
		适宜游览的日期超过150天，或适宜于60%左右的游客使用和参与	2
		适宜游览的日期每年超过100天，或适宜于40%左右的游客使用和参与	1
附加值	环境保护与环境安全	已受到严重污染，或存在严重安全隐患	-5
		已受到中度污染，或存在明显安全隐患	-4
		已受到轻度污染，或存在一定安全隐患	-3
		已有工程保护措施，环境安全得到保证	3

依据评价标准，薛珊珊（2012）所调查的30个主要森林生态旅游区、24个农业生态旅游区、16个主要滨海生态旅游区的生态旅游资源的具体得分如表4-7所示。

由表4-7对广西生态旅游资源进行综合评价后可以得出广西70个主要的生态旅游景观区资源的得分情况，根据等级评定标准可知其中：五级旅游资源1个，占总数的1.4%；四级旅游资源8个，占总数的11.3%；三级旅游资源43个，占总数的60.5%；二级人文旅游资源18个，占总数的26.8%，如表4-8所示，这些生态旅游资源具备较高的观赏游憩和历史文化价值，具备较高的知名度和影响力。

表4－7　广西主要生态旅游资源定量评价

生态旅游景观	观赏、游憩使用价值（30分）	历史、文化、科学、艺术价值（25分）	珍稀、奇特程度度（15分）	规模、丰度与概率（10分）	完整性（5分）	知名度和影响力（10分）	适游期或使用范围（5分）	环境保护与环境安全	总分
30个主要森林生态旅游区									
花坪	27	20	11	8	4	9	5	3	90
三江门	16	13	10	6	3	6	5	3	62
大容山	13	10	12	6	3	5	4	3	58
大瑶山	19	14	13	8	4	8	4	3	73
龙潭	11	10	7	6	3	6	4	3	50
冠头岭	17	15	8	7	6	7	4	3	65
洛清山	11	10	6	6	3	5	4	3	48
姑婆山	19	15	12	8	4	8	5	3	73
大桂山	14	11	10	6	4	6	4	3	58
十万大山	16	13	10	6	4	7	5	3	64
元宝山	10	10	6	6	3	5	4	3	47
八角寨	20	18	12	8	4	8	5	3	78
老虎岭	15	14	9	7	4	6	5	3	63
三十六曲	12	12	9	6	3	6	4	3	55
南珠	17	14	7	6	3	5	4	3	59
象山	19	15	10	8	4	9	5	3	73
良凤江	19	16	10	8	4	8	5	3	73
聚龙大峡谷	17	14	10	8	3	7	4	3	66
石山	12	12	7	6	3	5	4	3	52
龙须河	14	14	8	6	3	5	4	3	57
五象岭	11	10	7	6	3	5	4	3	49
柳州君武	16	16	8	7	3	5	5	3	65
九龙	12	11	7	6	3	5	4	3	51
石门	13	13	7	6	3	5	4	3	54

续表

生态旅游景观	观赏、游憩使用价值（30分）	历史、文化、科学、艺术价值(25分)	珍稀、奇特程度（15分）	规模、丰度与概率（10分）	完整性（5分）	知名度和影响力（10分）	适游期或使用范围（5分）	环境保护与环境安全	总分
30 个主要森林生态旅游区									
龙岩	16	13	8	6	3	5	4	3	58
天鹅湖	17	14	9	7	4	6	4	3	64
玉华	14	13	9	7	4	6	4	3	60
红茶沟	15	15	7	6	3	5	4	3	58
五叠山	15	13	7	6	4	6	4	3	58
澄碧湖	17	16	9	7	4	8	5	3	69
24 个农业生态旅游区									
桂林恭城红岩村	25	16	7	9	4	8	5	3	77
百色乐业生态文化村	22	14	7	8	4	8	5	3	71
贺州富川秀水状元村	20	19	8	8	4	7	5	3	74
梧州新世纪农业科技示范区	18	12	6	7	3	6	5	3	60
钦州大芦村民族风情旅游区	18	15	7	8	4	6	5	3	66
龙脊梯田	23	15	8	9	4	9	4	3	75
遇龙河—田家河田园风光	23	16	8	9	4	9	4	3	76
柳州农业观光旅游区	22	12	6	7	4	7	5	3	66
玉林北流罗政村	19	14	6	7	4	6	5	3	64
南宁扬美古镇	20	17	6	6	4	7	5	3	68

续表

生态旅游景观	观赏、游憩使用价值（30分）	历史、文化、科学、艺术价值（25分）	珍稀、奇特程度（15分）	规模、丰度与概率（10分）	完整性（5分）	知名度和影响力（10分）	适游期或使用范围（5分）	环境保护与环境安全	总分
24 个农业生态旅游区									
桂林大圩古镇	18	17	6	6	4	7	5	3	66
黄姚古镇	23	18	7	8	4	8	5	3	76
龙胜金车寨	22	16	7	8	4	7	5	3	72
阳朔高田	22	15	6	7	4	6	5	3	68
南宁乡村大世界	17	11	6	6	4	6	4	3	57
桂林刘三姐茶园	18	13	6	6	3	6	4	3	59
广西八桂田园	17	17	6	6	3	6	4	3	62
北海田野科技种业园	16	12	6	6	3	5	5	3	56
龙胜平安乡平安壮寨	17	16	7	8	3	7	5	3	66
黄洛红瑶村寨	17	16	7	7	3	6	5	3	64
阳朔高田镇栃村	19	14	7	6	3	6	4	3	62
宾阳蔡氏书香古宅	16	17	7	6	4	5	5	3	63
融水县四荣乡田头村	17	16	6	6	3	5	5	3	62
巴马长寿村	20	18	7	7	4	8	5	3	72
16 个主要滨海生态旅游区									
北海银滩	24	19	13	8	4	8	4	3	83
防城港金滩	24	17	13	7	3	7	4	3	78

续表

生态旅游景观	观赏、游憩使用价值(30分)	历史、文化、科学、艺术价值(25分)	珍稀、奇特程度(15分)	规模、丰度与概率(10分)	完整性(5分)	知名度和影响力(10分)	适游期或使用范围(5分)	环境保护与环境安全	总分
16个主要滨海生态旅游区									
白龙湾	23	16	12	7	3	8	4	3	76
三娘湾沙滩	20	16	11	6	3	6	4	3	69
钦州港	18	15	10	6	4	7	4	3	67
天堂滩	19	16	12	6	3	6	4	3	69
蝴蝶岛沙滩	19	15	13	6	3	6	5	3	70
大平坡沙滩	18	15	12	5	3	7	4	3	67
南湾沙滩	20	17	11	7	4	6	4	3	72
石螺口沙滩	18	17	12	7	3	6	4	3	70
五彩滩	18	16	12	6	3	6	5	3	67
犀牛脚月亮湾沙滩	19	16	10	6	4	5	4	3	67
麻蓝岛沙滩	17	16	10	5	3	5	4	3	63
玉石滩沙滩	17	15	10	6	3	6	4	3	64
营盘青山头沙滩	19	16	11	6	3	5	4	3	67
怪石滩海滩	19	15	11	6	3	6	4	3	67

表4-8 广西主要生态旅游资源分级情况

等级	主要生态旅游景观资源	数量	比例（%）
五级	花坪	1	1.4
四级	八角寨、桂林恭城红岩村、龙脊梯田、遇龙河—田家河田园风光、黄姚古镇、北海银滩、白龙湾、防城港金滩	8	11.3

续表

等级	主要生态旅游景观资源	数量	比例（%）
三级	三江门、大瑶山、冠头岭、姑婆山、十万大山、老虎岭、象山、良凤江、聚龙大峡谷、柳州君武、天鹅湖、玉华、澄碧湖、百色乐业生态文化村、贺州富川秀水状元村、梧州新世纪农业科技示范区、钦州大芦村民族风情旅游区、柳州农业观光旅游区、玉林北流罗政村、南宁扬美古镇、桂林大圩古镇、龙胜金车寨、阳朔高田、广西八桂田园、龙胜平安乡平安壮寨、黄洛红瑶村寨、阳朔高田镇枥村、宾阳蔡氏书香古宅、融水县四荣乡田头村、巴马长寿村、三娘湾沙滩、钦州港、天堂滩、蝴蝶岛沙滩、大平坡沙滩、南湾沙滩、石螺口沙滩、五彩滩、犀牛脚月亮湾沙滩、麻蓝岛沙滩、怪石滩沙滩、营盘青山头沙滩、玉石滩沙滩	43	60.5
二级	大容山、龙潭、洛清山、大桂山、元宝山、三十六曲、南珠、石山、龙须河、五象岭、九龙、石门、龙岩、红茶沟、五叠山、南宁乡村大世界、桂林刘三姐茶园、北海田野科技种业园	18	26.8
合计	70	70	100

可以看出，桂林、百色、来宾、南宁一带的森林生态旅游区开发程度较好。但总体而言，广西森林旅游资源的开发利用相关数据表明，广西高质量的森林生态旅游区地理布局不均衡，对于30个重要的森林生态旅游区的建设程度也呈现出区域性差异，尚未能形成区域森林生态旅游集聚效应。

广西农业旅游资源总体水平较高，生态环境条件优势十分明显，通过大力发展农业生态旅游，能够取得良好的经济效益、社会效益、生态效益，有利于解决当地经济基础薄弱、基础设施建设落后等问题，因此建设广西区域特色鲜明的生态文化村和农业示范区是有效提升农业生态旅游资源开发利用水平的主要途径。

滨海生态旅游资源中三级旅游资源占总数的81%，且观赏游憩使用价值、珍稀奇特程度的指标的得分都相对较高，说明广西滨海生态旅游资源具有较高的开发潜力，但受限于目前资源利用饱和度不高，种类还不是十分丰富。

第五章　广西生态旅游示范区发展分析

第一节　广西生态旅游示范区概况

一、生态旅游示范区发展现状

党的十八大、党的十九大连续提及生态文明建设，把生态文明建设提升到前所未有的新高度，将生态文明建设与社会经济、政治发展等方面协同发展，推动人与自然和谐发展的新时代格局。自改革开放以来，社会经济发展日益良好，旅游已然成为人们当下的生活常态。生态旅游作为一种新常规的旅游方式，游客一方面可以游览古今文化遗产，另一方面可以融入自然的环境之中，观赏野生动植物和尽享怡人风光。伴随着人类环保意识的觉醒，生态环境问题的加剧，生态旅游逐渐走到我国旅游发展的大舞台，我国生态文明建设取得了一定成效，生态旅游体现了人类迫切实现生态环境最大化利用，保护生态环境与生活环境和谐发展，促进人类与自然融合的新发展途径。

（一）区位条件现状

广西位于中国华南地区，地处东经 104°29′~112°04′，北纬 20°54′~26°24′，总面积达到 23.67 万平方公里。广西地处我国大陆东、中、西三个地带的交汇点，是华南经济圈、西南经济圈与东盟经济圈的结合部，是西南乃至西北地区最便捷的出海通道，也是联结粤港澳与西部地区的重要通道。区位优势显著，南临北部湾，紧邻东南亚，与广东、港澳台等经济发达地区相距较近；与云南、湖南、贵州资源丰富的旅游大省毗邻。广西对周边市场联结起着不可磨灭的作用。同时首府南宁作为东盟博览会永久举办地，更是中国与东盟国家市场开展旅游合作的重要通道。"一带一路"、北部湾经济区、珠江—西江经济带、左右江革命老区、桂林国际旅游胜地等国家战略进一步推动了广西旅游业的发展，广西已成为国家重要战略覆盖的中心位置。

（二）生态旅游资源现状

广西拥有丰富的生态旅游资源，对于发展生态旅游具有得天独厚的条件。广西地形以山区为主，依山傍水，自然环境优美，遍布奇山异石，山区静谧，处处是无污染的自然环境，在现代化的繁华都市，弥漫着一座座城市的历史文化底蕴。广西到处是青山绿水和恬静优美的田园风光。

以桂西地区为例，桂西地区范围包括百色市全境、崇左市大新县、河池市东兰、巴马及凤山三县。桂西集红色革命老区、边关地区、少数民族聚集地为一体，以优越的地质环境和怡人的气候环境为依托，拥有丰富的自然生态旅游资源。同时也建立了多个广西生态旅游示范区，包括：百色市乐业县大石围天坑群景区、龙云山故事小镇、凌云县浩坤湖山水生态体验区；河池市凤山县巴腊猴山生态旅游示范区等。除此之外，还有不少生态旅游资源，如，靖西通灵大峡谷、古龙山；犹如仙境般的大新明仕田园、景色震撼的德天跨国瀑布；隆林天生桥、冷水河大瀑布等生态旅游资源，为桂西地域开发生态旅游提供了坚实基础，随着近年来旅游开发对当地经济发展的促进作用日益壮大，经济发展水平不高的桂西地区也开始不断挖掘当地独有的生态旅游资源，逐渐完善旅游基础设施，通往生态旅游景区的交通系统实现全方位覆盖，注重旅游资源的科学性开发，合理利用当地资源优势，逐渐树立旅游品牌，桂西旅游形象进一步提升。

（三）少数民族文化旅游资源现状

广西是中国五个少数民族自治区之一，在广西这片土地上生活着多个少数民族，壮族人口数量最多，还有瑶、苗、侗、仫佬、回、京、毛南等11个少数民族。广西境内少数民族人口占总人口的40%，达到2100万人，而少数民族人口居住范围占广西人居面积的60%。广西具有丰富的少数民族文化资源，每个民族都有其独特的少数民族文化。广西的少数民族文化一直坚持留存原汁原味的原生态本土元素，这些少数民族文化产生于少数民族生产生活方式，并且世代传承，流传至今。因此，以少数民族文化为主题的旅游活动已成为广西发展地区旅游及生态旅游的重要手段。

——少数民族建筑文化。广西多山地丘陵，少数民族建筑多是根据当地自然生态环境而建造。如壮族传统民居为"干栏式"建筑，壮族人民依山傍水建造一栋栋的木楼，上层为人居住的区域，下层为圈养牲畜以及存放农具杂物的区域。这种建筑多源于广西炎热多雨的气候条件和地势不平的山坡；苗族以吊脚楼为传统民居，生态美观，苗族村寨多依山而建，层峦叠嶂，鳞次栉比，楼上住人，楼下架空；侗族信奉风雨桥和鼓楼能为侗族人民带来风调雨顺，只要有侗族的村寨就会建有风雨桥和鼓楼，三江程阳风雨桥则是侗族木结构建筑的典范，集桥、廊、亭于一体，不使用一钉一卯，独具风韵。

——少数民族节日文化。广西的各个少数民族都有自己灿烂的节日文化，据统计，有 35 个少数民族节日文化被保留至今。其中，闻名于世的少数民族节日文化包括了壮族的"三月三"歌圩节、瑶族的"盘王节"、侗族的"花炮节"、苗族的"芦笙节"、京族的"哈节"、毛南族的"分龙节"等，在广西少数民族群众的理念里，这些节日并不亚于汉人的春节，每到节日这天，少数民族人们都会盛装出行，以最古老、最热情的方式开展节庆活动，传承民俗文化，这些节日基本都保留了原生态的文化习俗，具有很高的生态旅游开发价值。

——少数民族工艺文化。广西少数民族众多，因此各民族的工艺品种类不尽相同，很多工艺品已经成为旅游开发必不可少的文化元素。如曾被列为明朝贡品的壮锦，色彩绚丽，图案生动，精致唯美。铜鼓是广西的民族文化符号，鼓面图案多变，以太阳纹、青蛙、飞鸟、雷纹等为主要图案元素，注释着少数民族积极向上的民族文化内涵，此外还有侗族的刺绣、苗族的银饰、壮族的绣球、毛南族的花竹帽等，工艺古老，十分具有特色。

——少数民族饮食文化。广西有多彩斑斓的少数民族饮食文化，在长期的劳动生活中，不同民族都积累孕育出了自己独到的饮食之法。随着生态旅游的发展，开发并生产了一系列具有民族食疗药用价值的民族文化饮食产品。如河池地区的火麻油、巴马香猪、东兰板栗等，其中更不乏金银花、两面针、板蓝根等名贵中草药。一些特有的饮食文化，如瑶族、苗族、侗族的油茶，壮族的五色糯米饭等。

二、生态旅游示范区的标准分析

（一）生态旅游示范区开发要点

可持续发展。生态旅游示范区建设的主导思想是生态旅游的可持续发展，生态旅游的开发要坚持生态效益和经济效益协调发展的道路，生态效益是建设生态旅游示范区的基础，防止可能发生对生态旅游示范区资源环境的破坏，秉持生态效益大于经济效益，维护旅游资源开发力度与地区生态稳定的统一。

特色发展优先。特色是生态旅游示范区的灵魂，也是支撑旅游行业蓬勃发展的生命力，生态旅游示范区的发展类型一致雷同，便失去了竞争力，要注重挖掘当地生态景观资源和人文资源，贯穿现代文明与传统文化，彰显独特的文化内涵，不同的地域建设要有不同的风格，示范区与示范区之间要互补，分工协作，承担着不同的旅游需求点，形成规模效应，凸显区域特色，力争建设有特色的生态旅游示范区。

近期与长期结合。生态旅游资源尤其是自然生态资源有其自身的不可逆性和脆弱性，因此，对示范区内生态系统的开发需要遵守科学合理的原则，遵循自然规律，避免长期过度开发，生态旅游规划应该先行，在合适的位置设置适合的自然景观结构，建立完整的景区景观监督管理机制，保护自然资源不被人为开发影响和破坏，避免发生过热开发行为，导致景观结构与自然环境格格不入的情况发生，根据示范区开发进程不断推出新的旅游点，否则盲目地开发、升级会造成难以预估的损失，也对自然资源的开发形成不可逆转的浪费。

多产业融合发展。生态旅游的开发、发展与其他产业是共生的关系，建立区域生态旅游示范区，发展区域生态旅游的同时，要想方设法地带动区域内各个产业共同发展，使得旅游开发空间结构优化，促进旅游资源与其他区域经济结构相互结合，产生区域联动效应。

依法开发。要做到对生态旅游示范区的有效保护，必须严格遵守法律法规，通过法律手段对生态旅游资源开展保护，实施保障措施，严格遵守国家保护性法律文件，加强生态环境管理，避免旅游活动与被保护的生态目标发生冲突，加强对旅游环境、旅游资源实施制度化管理，杜绝破坏生态旅游示范区的现象，加强对示范区开发部门、管理人员、旅游者、导游的法律法规教育，提高生态保护的法律意识。

（二）生态旅游示范区坚守准则

建立健全政策管理体制。建立生态旅游示范区是一项综合产业，需要对生态环境、社会效益、经济发展、教育开发等多方面统筹规划，需要政府引导和当地社会资本的投入参与，也需要旅游地、社区、游客等多方面因素的共同参与，通过完善的管理制度规范协调各方的利益、矛盾，也能做到有据可依、有理可依。

加强生态资源的科学管理。生态旅游是一项复杂的科学产业，合理规划生态资源，对生态环境做到有利开发，控制资金的有效投入，开展环境动态监管，确定资源开发的容量，开发适宜匹配的科普功能。不仅要加强环境教育，同时还要严格控制生态旅游示范区的游客规模及数量，因此就必须在示范区内设立正规的管理机构，加大力度对示范区商业经营行为的合理性和合法性进行监督。

容量控制，持续发展。旅游者的心理容量和生理容量对于生态旅游示范区具有重要的影响，示范区环境承受能力和游客心理接受能力均有一个极限值，一旦超过这个限度，不仅会影响到旅游者的体验过程，更会对生态旅游示范区的自然生态系统产生破坏。通过对环境容量进行科学性评估，降低对旅游区环境的负面影响，使旅游者处在环境变化可接受的程度范围内，使旅游者获得满足的旅游体验，又不破坏环境，促进示范区树立良好的游客反馈机制。

注重环境教育。生态旅游与传统大众旅游最大的差异就是对游客环保理念的教育功能。建设生态旅游示范区不仅要求有内容，还要符合环境质量标准体系。在开发生态旅游项目的同时，必须认清以怎样的方式和传导怎样的教育理念，启迪旅游者在旅游项目体验的过程中自发实践，从而达到一定的示范效应。

三、生态旅游示范区的基础条件分析

习近平总书记视察广西时强调"广西生态优势金不换"。"十二五"期间，广西接待游客总人数12.64亿人次，年均增长18.95%，旅游总消费10850.03亿元，年均增长27.84%，其中接待入境游客1915.85万人次，年均增长12.46%。广西近年来积极地开展生态旅游示范区建设工作，把生态资源优势与多产业融合，进一步转化为旅游效益、经济效益、社会发展效益，生态旅游接待游客数节节攀升，产业创收日益增长。

（一）资源优势

广西生态资源极其丰富，各式各样的生态旅游资源遍布八桂大地，以"桂林山水甲天下"闻名的喀斯特地貌风景，以海滨风光吸引游客的北海银滩，有世界最大的天坑群，有亚洲最大的德天跨国大瀑布，有世界文化遗产宁明花山岩壁画，更有以少数民族文化为璀璨瑰宝的民俗节日活动和民族村寨风光等，广西具有发展生态旅游的基础与先天性优势。

（二）区位交通优势

广西位于祖国南疆地域，具有沿海、沿边、沿江优势，独特的区位优势，使广西的通道作用日益显著。近年来，广西大力发展铁路、公路、航空、水运等多方面交通要道，基本已经形成能够适配区域经济发展所需的框架。在铁路条件方面，广西境内铁路建设总里程达到 3000 多公里，其中，湘桂、南昆、黔桂、焦柳四条铁路贯穿广西。在公路条件方面，广西境内拥有多条国家高速公路，包括重庆至湛江、内蒙古至北海等路线，以南宁、柳州、桂林为区内三大交通集合，区内高速公路交通系统四通八达，运营里程达到 1000 多公里，另外，我国有三条陆路经越南走向东南亚，广西就占了两条并且距离最近。在航空条件方面，广西拥有以南宁、桂林两大国际机场为首的空中交通系统，开通国内外多条直达航线 100 多条。在水运条件方面，广西拥有防城、钦州、北海三大港口，年吞吐能力超过 2000 万吨。以上多形式的交通连接系统，构成了水、陆、空交通的全面覆盖，良好的区位条件为广西构建生态旅游新格局提供了有利优势，充分利用现有资源开发建设生态旅游示范区。

（三）潜在市场优势

广西大力发展生态旅游，建设生态旅游示范区，不仅面向的是有着重大需求的国内旅游市场，也瞄准了广阔的国际旅游市场。随着中国—东盟自由贸易区建设的迅速推进，广西旅游业也正在成为振兴广西、宣传广西的重要支柱产业，通过旅游业的发展与延伸，对接双边产业，产生联动效应，也促使旅游业成为了广西多重产业中获益最大的产业之一。随着中国与东南亚国家的频繁互动和商业合作，前来广西旅游的东南亚客人也在逐年增加。广西正大力借助东盟博览会、"一带一路"的机会，扩大广西生态旅游市场的开发力度，加强生态旅游示范区的宣传，充分发挥广西作为中国面向东盟十国的窗口作用，加强旅游业的国际交流，促进双边合作，共同发展，联手周边市场资源，打造属于"新广西"生态旅游产业链，为促进生态旅游发展，传播地区特色文化创造坚实基础。

（四）政策优势

广西是我国五大少数民族自治区之一，地处西南边境，享受着少数民族地区自治政策、沿海地区开放政策、边境地区开放政策以及西部大开发政策等（李卫东，2009），是国家主体功能区划确定的重点开发地区，也是国内优惠政策最为富集的地区之一。近年来，政府出台的宏观力度支持，使得自治区级、市级各层主管部门都对发展生态旅游给予了高度的重视。通过政府职能管控促进生态旅游建设，改善旅游业投资环境，广西相继出台一系列优待政策，鼓励中外企业等社会资本参与投资、建设、经营旅游业，相关部门对有关的投资渠道、资金使用、项目开发、经济收益、游客反馈等方面进行备案，对建设生态旅游全过程实施严格的跟踪协调服务，并且还对税费、土地使用权等方面出台了针对性的优惠政策。随着中国与东南亚地区的贸易往来加深，旅游产业投资与合作也被纳入重要领域，在高层次的国际平台上深入融合，促进双方经济交往。

四、生态旅游示范区的开发条件分析——以贺州市为例

（一）生态环境基础条件夯实

贺州市位于广西的东部，地理坐标为北纬 23°39′~25°09′，东经 111°05′~112°03′。全市面积为 11855 平方公里，毗邻经济发达的广东省，又与湖南省临近，正好处在桂、粤、湘三省交界。光照充足、雨量充沛，四季分明，属于亚热带季风气候。境内各地气候差异明显，冬季时节，因西北部冷空气沿箫贺谷地入境而常常出现霜冻现象，而北部桂岭、里松盆地因受到萌渚岭的阻挡而稍显温暖且多雨，南部也因为冷空气被大桂山阻挡而四季呈现温暖多雨。总的来说，贺州冬无严寒，夏有酷暑，年平均气温为 20℃，年均降雨量在 1641~2000 毫米。年内气候变化多端，常有暴雨、高温干旱的极端天气出现。贺州市北部地势高，南部地势较低，五岭山脉的萌渚岭、都庞岭都位于东北部边缘，属于桂东南丘陵区，山地面积约占土地总面积的 79%，森林覆盖率约为41%，天然植被为亚热带常绿阔叶林。贺州市的重要自然资源包括名贵中药材、松脂、木材等。

贺州市生态环境优美，生态资源丰富，自然景观层次明显，对于发展生态旅游具有巨大的优势。冬季暖和，而且还会出现雾凇等自然景观现象，夏季虽然气温偏高，但山地众多，常会伴随着"绿岛"效应出现。植被丰厚，石山遍布，景色宜人。

（二）生态旅游资源丰富，景点群落集中

贺州位于南岭地域，山地、峡谷较为集中，且地势复杂，生物种类呈现多样化。生态旅游资源丰富，自然景观的类型多样。距离市区 20 公里就有好几个生态旅游资源，被誉为"华南第一氧吧"的"姑婆山森林公园"，还有著名的疗养胜地路华温泉，被称作"人间仙境"的紫云洞，景观奇石的玉石林；此外还有钟山十里画廊、大桂山国家森林公园、天下第一洞——碧水岩等，有的已经成为了贺州旅游业的口碑之作，众多的生态旅游资源能够满足旅游者的各种需求，姑婆山景区就已经成为了贺州必去的项目之一，美丽的自然景观为贺州发展生态旅游立下了汗马功劳。

贺州除了拥有纷繁多样的自然景观资源，还拥有悠远的人文历史文化。贺州是一座历史悠久的文化名城，两千多年的历史变迁造就了贺州拥有众多的文物古迹，有国家一级保护文物"战国神兽麒麟尊"，有全国重点文物单位临贺故城、宋明清民居博物馆——秀水状元村，还有如"小桥流水人家"的黄姚古镇，以及建筑风格迥异的方形客家围屋（周俊满，2005）。另外还有玉印浮山、富川古明城、回澜风雨桥、百柱庙、铺门石天险等文化景区都深深印塑着贺州千年文化的缩影，人文底蕴浓厚，民风自然淳朴，数不胜数的人文历史景观。

贺州的饮食文化更是源远流长，丰富多彩，因与广东相近，饮食文化也以粤菜为主，随着历史的发展，贺州也有着自身突出的饮食文化，其中以百菜酿是最具文化代表的饮食类型。贺州人逢菜必酿，有豆制品、果菜类、根茎菜类、猪大肠、猪血等五花八门，据不完全统计，贺州菜酿种类多达上百种。

贺州市目前已经建设部分生态旅游示范区，如最近被评为广西生态旅游示范区的富川福利国际慢城生态旅游示范区，它以富川国际慢城为中心部位，以瑶族文化为主要特色，以田园风光为依托，以康养度假为目的，最终呈现在我们面前的就是一所集民俗风情、农业休闲、健康生活为一体的旅游示范区，自行车慢道环绕横塘水库和神仙湖水库，游客可以一路欣赏到美丽的田园风光。不仅如此，这里还有着丰富的生物旅游资源，生态环境质量也是属于上乘。而该旅游区位于贺州境内，就相当于有了最大的依托。因为自古以来就有"桂林山水甲天下"的美闻流传在外，而贺州则是距离桂林最近的城市，其风景自然不言而喻。生态旅游是旅游界一大火热的项目，它是以有特色的生态环境为主要景观的旅游。在遵循我国的科学发展观的前提下，开展一系列与生态生活相关的旅游方式。人们早已厌倦城市的浮躁喧嚣，现在大多数人所追求的都是"宁静"与"生态"四个字，这也是该旅游区渐渐受到广大游客欢迎的原因。

贺州生态旅游资源丰富，种类齐全，且资源分布集中，对于生态旅游资源开发空间有很大的优势，不仅有绮丽的自然景观资源，还有多种多样的人文历史文化资源，能够满足旅行者欣赏、体验、康养等各方面需求，对于发展生态旅游规模化的开发具备充分的基础条件。

（三）距离客源市场近，交通优势好

贺州位于三省交界结合处，面向珠三角经济区，背靠大西南，粤、桂、湘区域交往必经要道，具有交通中转站的区位优势，也是西南地区向港澳地区最便捷的交通要道了。贺州距离广州 316 公里，距离深圳、香港、澳门三地 500 多公里左右，且与广东省的清远市、肇庆市接壤，又与湖南省永州市相连接，距离广西旅游业的"老大哥"桂林市仅仅 217 公里。

铁路、公路和水陆航运是贺州市的主要运输方式，在铁路运输方面，有 4 条城际铁路贯穿其中，分别是：贵广高铁、洛湛铁路、柳韶铁路和贺州—梧州—玉林—北海；在公路运输方面，贺州市境内有广贺高速、桂梧高速、信梧高速、永贺高速、贺巴高速和连贺高速 6 条高速公路干线贯穿而过；在航运运输方面，有贺江和桂江 2 条内河航道。

（四）具备发展文化生态旅游基础条件

综上所述，贺州十分具备发展文化生态旅游的条件，文化生态旅游也包括了观光农业和乡村旅游，传统的旅游开发模式和生态旅游开发模式的区别就在于生态旅游能够充分利用区域内资源的丰富性，结合鲜明的地方特色，具有易开发、投资少、见效快、客源广、潜力大等特点，这种旅游模式并不会对环境造成严重的破坏影响，并且具有很强的环境自我调节能力，合理地开发还能够帮助美化乡村环境，完善农村旅游基础条件。贺州不仅有天然瑰丽的生态风光、淳朴的民风民俗，以及深厚的历史文化淀积，这些都是贺州独有的优越文化旅游资源，同时又背靠粤港澳三地，广阔的客源地市场，具有十足的优势。

贺州是海陆丝绸之路的联结点，盛行中原文化、楚文化、百越文化与海洋文化，是多重文化的交汇处；贺州还是一个多族群聚居地，在这里居住的有原住民、客家人、都人、船家、铺门人、本地人、广东人、湖南人等族群，不仅有桂东地区唯一的壮族聚居镇南乡镇，还有仅存于贺州地区的土瑶，是瑶族的一个支系，贺州正成为各个少数民族和多族群间交流新地带。我们应充分利用这种独特的民族文化和民俗风情，大力开发文化生态旅游，打造以田园风光、森林景观、乡村自然生态环境和民族文化风俗为主要旅游宣传点，集几大旅游功能于一体。生态文化旅游是当今最为时尚的旅游方式之一，发展生态旅游是时代需求，也是必然之路。贺州具有发展生态文化旅游的众多有利条件，应该积极参与开发。生态旅游是一种负责任的高层次旅游活动，应该要时刻谨记不破坏自然生态环境，以实现社会效益、经济效益、生态效益为目的，顺应时代开发生态旅游是贺州的旅游发展大计。

五、生态旅游示范区的可持续发展

旅游产业作为我国国民产业结构之一，建设生态旅游示范区具有非凡的意义。谈论起生态旅游这样一个当下火热的旅游模式，不得不与自然环境联系在一起，我们虽然叹服大自然资源的千奇百怪、鬼斧神工，让人类的旅游体验有了更多的意义和价值，但随着人类旅游活动如火如荼地开展，旅游人流量的增加，随之而来的是对环境无法估量的破坏，使得生态环境遭受了不可逆转的损耗。面对这样的境地，生态环境的保护性被越来越多的人所重视，以科学的态度、方式对生态旅游资源进行开发，把可持续发展作为秉持的目标。

（一）可持续发展的概念

可持续发展指的是既满足当代人的需求，又不损害满足下一代人需求的能力。而旅游可持续发展的核心目的旨在既能为旅游者的旅游行为提供适宜的环境条件，同时改善旅游地的经济发展水平，提高区域内居民生活水平，通过正确的旅游开发激发居民参与旅游环境建设，提高旅游业在区域经济发展过程中所起到的促进作用（陈伍香，2018）。总的来说，旅游可持续发展是指不破坏当地自然环境，不损害现有及潜在的旅游资源，并且能够合理地利用现有的旅游资源，注重保护区域内存在和受开发保护的旅游资源的情况下，在环境、社会、经济三者结合的基础上开展旅游开发行为。

（二）可持续发展的目标

借助对旅游可持续发展这一概念的理解，生态旅游示范区建设应该来达到旅游业健康、可持续发展的目标，根据旅游可持续发展目标分为以下五个方面：

（1）增进人们对旅游所产生的环境效益与经济效益的理解，强化人们的生态意识。

（2）促进旅游的公平发展。

（3）改善接待地区居民的生活质量。

（4）向旅游者提供高质量的旅游经历。

（5）保护未来旅游开发赖以存在的环境质量。

（三）可持续发展的要求

第一，旅游开发的系统观。旅游行为是一个具有多重元素参与的一个完整系统，不管是直接参与或是间接参与的各个元素相互制约，也相互依托，促使旅游活动形成一个不可分割的整体。另外，旅游活动还是一项具有综合性的经济活动，它的开展联系着经济社会的方方面面，可谓牵一发而动全身。从更大一步来说，旅游活动会对参与这项活动的自然资源、人类等生物圈产生一定的影响，往往会造成积极或者消极两种极端反向的后果。人类在旅游活动发生的区域中，不恰当的行为对可持续发展产生一定的阻碍作用。

第二，发展旅游的平等观。人类是自然界中最高级的生物种群，但人类巨大的增长数量已经达到了现有资源的极限承受能力，对于生活生产日益高级的人类文明来说，生态资源已经产生了越来越大的压力。自然资源为生态旅游开发提供物质基础，人类旅游活动对生态环境的破坏，会加剧生态资源的环境压力，这就严重制约了生态旅游业的可持续发展。万物共生，体现的正是这个自然界的原始规律，揭示了发展旅游的平等观。人类不能把旅游活动驾驭在破坏自然资源生长规律之上，发展旅游的平等观，要求在旅游活动中，人类与环境形成一种和谐共生的关系，在两者之间实现付出与索取平衡，不发生过度开发利用自然资源现象，以达到万物和谐的整体性。

第三，可持续开发的资源观。自然界万物之间的关系都是相互制约的，人类旅游生产活动的加速，势必造成自然资源的急剧减少，自然资源是不能逆向再生的。人类的行为活动必须依附于自然界的可持续供给，为人类活动提供源源不断的物质基础。旅游资源也同样存在着这样一个生命循环周期，违反科学性地掠夺旅游资源带来的效益、资产，会加速资源的衰亡。因此，建设生态旅游示范区必须坚持旅游可持续发展原则，不能只知道一味地索取，还要对旅游资源开展有效的保护性措施，注意开发与保护并重。

（四）可持续发展的策略

第一，加强生态旅游示范区规划和风险评估。在开展建设生态旅游示范区工作之前一定要做好生态旅游规划，这不仅关系到当下旅游业的重要发展，还关系整个生态旅游系统环境的实质性措施。明确生态旅游开发过程中的目标与需求，尽量吸引多方利益团体的参与，全面考虑和权衡各方利弊，平衡好生态旅游经营活动中的利益关系。实行规划先行，势必要对某些底线行为提出一些强制性要求。对生态旅游示范区进行适当的区域划分，区分好哪些区域是可以重点开发的区域，哪些区域是需要采取重点保护措施的，对于破坏资源再生的开发行为要严令禁止，做到各项规划内容明确，意识清晰。同时，对在国家规定的内容中提出需要实施保护性战略的需要出台明确的保护性制度，这样会对旅游者的行为形成有效的约束，旅游资源保护的效率也会得到提高。区别于传统旅游业，生态旅游的开发前提是尽可能地降低对生态环境的破坏性，甚至是零破坏性，但是即使是严控严抓的生态旅游活动也还是会对生态环境造成一定的损害，这就不得不要求在开发生态旅游时做好前期保护性工作，对生态旅游示范区开展生态旅游风险评估,将旅游开发行为控制在环境资源可持续恢复范围内。

第二,加强生态意识、生态保护和生态道德教育的宣传。随着生活水平的进一步提高,人们生态文明意识也在逐步增强,但是仍然不乏甚者堂而皇之地破坏生态环境,部分旅游者的生态保护意识相对薄弱。伴随着互联网时代和5G时代的到来,多媒体信息传递方式也越来越便捷,越来越快速,人类日常生活习惯也与这些多媒体传播方式密不可分。因此,可以把生态环境保护的相关内容与多媒体传播相结合,融入多媒体信息技术领域当中。时刻能够为人类树立生态环保理念,在参与生态旅游过程中为保护生态环境如何做好力所能及的事情,怎样促进生态环境可持续利用等多方面的信息都可以在多媒体信息平台得以体现,这样能够更快更好地贴近生活,使旅游者在日常生活中潜意识地培养环保态度。除此之外,还可以在旅游活动开展过程中,当面对旅游者进行环保宣传教育,结合生态旅游示范区的景点景观、科普故事等穿插着生态环境保护的内容,并进行讲解、分析和互动,加深旅游者对可持续发展的理解,让大众能够清楚地意识到普及生态环境保护的重要性,也明白这是自身的职责所在,多一份爱护自然的责任心。

(五)加强政府引导和生态旅游的法制建设

仅以个人组织名义开展的生态环境保护力度十分有限,要想更好地对生态旅游示范区加强管理,对自然旅游资源加以保护,就必须依靠政府引导的力量,出台一套全方位的管理制度。当前,我国虽然已出台了《自然环境保护法》,也对自然环境及环境资源提出了明确的保护规定。但我国的生态资源种类多种多样,仍然缺少一些明确的实施条例,这就使生态环境保护的实施遇到阻碍,原生态的自然环境呈现出下滑的趋势。通过加强对生态旅游和资源保护的立法和法律条文解释工作,出台有针对性的规章制度,对有心破坏生态环境资源的行为实施制裁,对生态旅游管理者实施必要的法律教育,使他们在具体的生态旅游开发和管理工作中,能够做到有法可施、有理可依,正确履行自己的工作职责,亲自对破坏生态环境的旅游者开展及时的纠正和教育批评,提升全民的保护生态旅游示范区的法制意识,真正做到"依法兴旅""以法治旅",通过强制性的法律手段遏制破坏生态环境行为的发生。

第二节　广西生态旅游示范区空间结构研究

空间结构指的是在一定的区域范围内，由社会经济发展程序中的各部分参与要素以及组成这类空间的要素之间的相互作用和空间位置关系，是各个要素在一定区域范围内的对应区位关系和分布方式。在人类经济活动长期发展演变过程中，空间结构是在这一过程中积累下来的结果，也是人类经济活动的空间表现形式。主要反映的是人类经济活动中的区位特点及在空间范围中的相互关系。一般来说，在事物的不同发展阶段，会存在有不同特点的空间结构（王敏，2003）。

一、游客资源空间结构

旅游资源是在某一地理区域内被动分布的，其形成受特定区域地理环境各要素的制约，又反过来反映着区域环境的特色，因为不同的旅游资源或者是相似的旅游资源都会存在着一定的差异性，导致这一特定区域的旅游资源对处在另一特定区域的旅游者产生直接的吸引力，从而使旅游者产生空间移动的行为，这就是对于旅游地的市场需求产生重要影响的目标分布规律（黄嘉颖，2003）。在建设生态旅游示范区时，值得注意的是，任何一种独立形态的旅游资源都是不存在的，而是各种旅游资源之间相互联系、相互依存，共同形成一个和谐统一的有机整体。

某一地域上存在的某种特定旅游资源，通过开发挖掘自身资源的吸引力，形成一个利于宣传的旅游品牌和产业链衍生。一般说来，某个地区的旅游资源的种类越多，那么在这一区域内的各个旅游要素的关系则越紧密，整体散发的系统生命力就越强盛，整体景观效果就越凸显，资源综合开发利用的潜力也就相对越大。旅游资源是发展生态旅游的基础，界定一个生态旅游示范区的旅游品位、建设规模对其所面对的目标消费人群层次起着重要的影响作用，对生态环境的可持续发展也产生重要的意义，尤其是对于提高地域旅游的吸引力，往往对该区域的旅游发展起着决定性因素。旅游资源在旅行活动中产生的吸引力，会根据不同的地域空间而产生变化，甚至能够对旅游资源空间结构及空间布局产生影响。有规律可循，一定区域内的旅游资源的特色、数量、分布状况以及开发保护水平，对该区域的旅游市场的流量和流向、旅游业经营规模和效益及其发展前景会产生直接的作用（王爱钟，2007）。

旅游资源空间作为一种自然空间的空间特性，是旅游业发展的依赖之源，也承担着向外界传播区域内自然景观资源和人文历史文化的重要作用。在某种程度方面，其物理形态与旅游资源的布局息息相关，旅游资源的性质和历史文化内涵则极大地表现了这一空间结构所蕴含的人文底蕴。在生态旅游示范区建设的过程中不能急于求成，急功近利，而是要遵守规划先行的原则，确定生态资源开发顺序，采取正确的保护方式。研究旅游资源空间结构体系，最大化减轻任何决定性变化对生态旅游业的影响，只有对结构体系进行彻底的剖析，看清旅游业态的竞争趋势，增强自身资源优势，挖掘人文潜力，让旅游资源得到全面的保护，使各个区域之间形成优势互补，优胜劣汰。

二、旅游客源市场空间结构

旅游产品是旅游产业开发的必然衍生物，区别于一般产品的是，旅游产品产生的全过程必须依靠资源所在地的供给，其开发和销售也离不开资源所在地，以旅游者的主观意愿发生消费购买行为，但是导致这一购买行为发生的场景可以是在游览景观、参与活动、享受服务、文化宣传等旅游活动中，资源优势转换为经济优势才能得以实现。影响旅游业发展的几大因素中，不仅局限于旅游资源的层面，也需要依靠客源市场，生态旅游示范区的研究一定会由于旅游客源市场的大小而产生限制性条件，二者之间相互影响，相互作用。

众所周知，旅游市场包含了国内、国外旅游市场。对客源市场空间结构体系开展研究，首先就要从梳理客源市场内部的结构关系开始，还要能够表现出不同区域的景观结构群内部各个影响要素的空间关系（王爱忠，2007）。客源市场空间结构体系研究包括客源市场研究和旅游流向研究。客源市场的研究需要对现有市场状态的调查、分析和未来趋势预测，它是决定生态旅游示范区主导开发路线和建设规模的数据支撑。研究旅游者的旅游活动行为的发生、习惯、规律，根据研究结果设置热门景点和非热门景点，以此吸引旅游者到达能够满足其旅游心理的目的地景点，也能够带动周围并没有被旅游者规划在内的景点，从而促进区域可持续发展。研究客源市场空间结构体系的真正意义在于用科学的方法来合理开发生态旅游景区，并非是为了满足经济利益需求而超前开发。

不同旅游行为的规律性往往决定了一个生态旅游区域都必须依托于某个庞大

数量的客源市场才能够得以生存，因此，区域旅游空间的发展研究必须要深度挖掘旅游客源市场空间体系研究，旅游业在区域经济中的地位取决于同一区域旅游市场的发展潜力大小，统筹区域内部产业结构体系。需要针对不同人群、不同旅游行为、不同的消费观念和旅游市场的规律来调整最为适合的旅游客源市场空间结构。

三、旅游交通空间结构

现代交通条件完善，出行方便与否是所有旅游行为发生的先决条件，旅游交通不仅关系到旅游者实施旅游行为，同时也与旅游景区运营的火爆程度有着直接的关联。便捷发达的交通结构是旅游业开发的重要前提条件，能够使潜在资源向现实资源转化，便捷的交通资源是建设生态旅游示范区的先决条件，否则不管旅游资源如何优秀也只能沦为潜在资源保护起来留待日后开发。从某种程度来说，区域性旅游的开发与客源市场的分布密度与区域外部交通联系的便捷性和交通联系方式有着千丝万缕的联系。旅游发展的模式建设与游客数量、旅游目的地等多个元素之间息息相关，根据旅游市场的需求大小来确定旅游景点的开发顺序，各个区域形成的景区群落也与旅游交通系统的分布有着的联系。

旅游媒体空间结构不仅包括交通设施，还包括了给排水、供电、废物处置等基础设施建设，以及能够满足旅游行为发生的服务设施、娱乐设施等和购物设施。旅游设施是发展旅游业的重要因素之一，也是发展旅游产业的必备条件之一。生态旅游示范区的建设也离不开合理的旅游交通空间结构。区域经济发展水平与当地旅游业的投资规模，以及政府引导出台的政策有紧密的关系，正确地研究旅游交通空间结构，如何科学性地调整旅游空间结构对旅游业发展有重要影响。

四、优化旅游空间结构的发展意义

（一）有利于空间要素配置的最优化，增强生态旅游竞争力

发展旅游产业需要依托于区域经济方式，通过经济规模化来实现旅游产业规划和发展，资源的地域性和分散性，导致旅游空间在划分上存在一定的差别，会限制到经济的长远发展。研究问题的存在性及原因，可以有助于判断广西生态旅游示范区建设中剩余的潜在空间，调节生态旅游区空间结构的内外部作用方式，形成与结构布局的空间联系，揭示生态旅游示范区的旅游空间发展规律，促进生

态旅游区的景点布局调整，合理抉择旅游区景点的前后开发规则，使旅游区产品与外界区域规划实现最大化标准的融合，实施一体化发展，并最终得到优化。广西生态旅游示范区的旅游空间结构的研究不仅能够最大化地提升全区生态旅游示范区的竞争力，还能为未来旅游产业融合发展，多行业合作提供前瞻性规划，是实现全区生态旅游业整体协同发展，推动生态资源有效利用、健康可持续发展的重要力量。

（二）有利于实现全局利益观，促进生态旅游区的均衡发展

同一区域内的旅游资源空间分布、质量等级的差异会因为区域经济发展的迥异而产生不同，同时也会受到历史发展等遗留问题的影响，广西境内的旅游业发展以桂林为首，各个地级市都存在着地域上的空间差异性，突出表现为旅游资源的不均衡性，导致了区域之间旅游业发展及旅游收入的巨大差异，在旅游开发的过程中，造成这些差异化产生的矛盾源随时有可能爆发，所以调整和解决矛盾就显得尤为重要了。优化广西生态旅游业空间结构，调节高层级旅游资源向低层级旅游资源辐射扩散，形成有利于广西生态旅游业发展的格局，促进区域之间的联动发展，使得生态旅游开发区域的问题得到解决，发展机遇得到公平体现。生态旅游业的平衡发展有利于保证广西生态旅游示范区建设发展，全面提高广西旅游业的整体水平，充分发挥旅游发展带来的经济效益和社会效益作用。

（三）保持旅游资源生态化，促进区域和谐发展

人为地对旅游资源造成过度开发，导致生态环境遭遇不同程度的破坏，是目前生态旅游开发过程中普遍出现的问题，广西的旅游业发展也不例外。一方面，传统生态旅游景区随着近年来旅游宣传力度的扩大，生态旅游热度不断提升，人流量不断上升。另一方面，在广西生态旅游示范区建设的过程中，旅游资源开发不注重维护和保持区域内生态环境和旅游资源的特色，有的更是违法违规，触碰耕地红线，造成的结果就是景区最终建设效果与周围的环境、建筑风格、景观不协调，而多个生态旅游示范区景点开发项目雷同的现象时有发生。在旅游空间结构优化的过程中，通过确定旅游地先后开发顺序、合理规划布局景点结构，选择区域内旅游开发空间模式等方式来实行广西生态旅游空间结构优化，避免为生态环境造成不必要的负担，在保留旅游资源原始属性的基础上，形成具有文化内涵、科技含量的旅游产品，提高生态旅游示范区的综合竞争力，把原始环境和景点设计的统一性、协调性作为考评关键指标，对示范区景观的各形成元素进行合理配置，解决各要素之间的矛盾。

第三节　广西生态旅游示范区分类研究

发展生态旅游必须贯彻落实科学发展观，重抓绿色、健康、长效的可持续发展战略，通过社会经济的良性循环发展繁荣的生态产业。加强推动建设生态旅游示范区，把先进的环保理念融入生态城市、最美乡村的建设工作中，真正做到生态文明建设，合理地实施乡村振兴战略。中国的生态旅游不应该是独树一帜的局面，而应该是在发展区域生态旅游的过程中，与工业、服务业等多重产业相互融合，协同发展，把科学发展内涵向规模化、集约化转变，开创新时代的产业结构，实现自然、社会、经济的促进作用。学习新时代新思想，建设社会主义新农村，做好生态旅游，应该注重五"新"原则，包括新农民、新农业、新产业、新社区、新风貌。同时要避免旅游开发过程中的极端化现象发生，避免出现追求现代时尚设计而失去了生态资源的"本真"，因地制宜，全方位地考虑现代社会的各种旅游需求，以生态旅游理论为基础，升华现代理念，发挥与时俱进的创新精神。把生态旅游雕刻成为一项新作品。

一、生态旅游示范区的概述

（一）生态旅游示范区的概念

生态旅游示范区是为了展现自然生态环境和人文景观相互融合的可持续发展的旅游区域。旅游者通过对生态环境的切身感受，领悟自然界的规律，提升自我学习。以生态学和经济学为基本建设理论，把旅游开发、社会参与、经济发展、生态融合为最终目的。通过生态旅游示范区的建设，把区域建设提升到新的高度，生态旅游示范区应该发挥自身指导作用，为其他区域建设提供有力的理论实践经验和技术指导。

广西生态旅游示范区的建设应该达到三个方面条件：

第一，与此相关的生态旅游资源、产品和市场的空间聚集达到一定的规模效益，能够系统地转化为经济效益基础，具有和区域外竞争的综合能力；

第二，生态旅游示范区对区域生态产业的发展、生态文明的建设以及生态科技的应用等能起到显著的促进作用；

第三，先进的生态旅游开发与经营管理模式，具备典型性和推广价值。

（二）生态旅游示范区建设原则

生态旅游示范区建设是推动生态旅游发展的关键之举，依托国内外生态旅游发展的经验，开展生态旅游认证是大势所趋。对于广西建立政府引导、生态企业主导、生态科技指导以及区域典型示范的生态旅游示范区发展工作程序具有极其重要的意义。有利于促进广西生态旅游产业快速健康的发展，创建属于广西的生态旅游品牌，提升广西旅游业的竞争新常态。

基于中国生态旅游学的基本观点，我们认为，建设广西生态旅游示范区也必须切实符合中国国情和广西区情，遵循中国特色社会主义发展观，寻求和制定适用于自身发展的特色之路，我们提倡借鉴国外先进经验，但反对顽固的套用外国的标准。生态旅游标准的制定，必须注重绿色生态理念，为我们的下一代考虑，有利于区域的可持续发展。关于生态旅游示范区的建设应该坚持以下十条原则（张跃西，2007）：

（1）体现旅游系统生态化的生态旅游发展规划；

（2）提供旅游系统六大要素相配套的生态旅游综合服务；

（3）具备旅游生态管理切实有效的规章制度；

（4）具备体现生态文化科技知识的生态旅游解说系统；

（5）具备生态旅游相应的人才培训系统；

（6）负责任的生态旅游促销方案；

（7）实现当地居民参与旅游管理、参与旅游开发与参与旅游服务；

（8）旅游发展切实促进区域生态建设；

（9）促进生态科技普及、推广与交流，促进区域生态产业发展；

（10）促进当地生态文化的传承与发展。

二、生态旅游示范区的分类

（一）生态旅游示范区的特征

从生态旅游的内涵可以总结出生态旅游示范区应该具有以下特征：

一是原始性。生态旅游示范区的建立能够使区域内的自然资源生态系统和人文历史文化底蕴受到完整性的保护，极大地隔绝了外界文化的影响。保留的原始自然景观风貌既满足了旅游者亲近自然、回归自然的心理需求，也满足了旅游者能够从旅游体验中寻求的文化归属感的意愿。

二是保护性。生态旅游示范区的建设提倡的是一种"绿色""可持续发展"的旅游观念。生态旅游示范区的开发要顺从自然发展规律，景点开发必须以环境承受能力为第一考量要素，在区域生态环境可允许的范围内，既保证旅游者的游览质量，又能保护旅游环境不被破坏，使生态环境、景区景点、旅游体验融为一体，人与自然的和谐发展，实现生态旅游的健康稳步发展。

三是参与性。生态旅游示范区的开发建设关系到方方面面，涉及政府行政管理部门、旅游者、旅游管理人员、景区开发地社区居民等多方参与者，既要保证旅游经营活动的合理合规，也要实现各个旅游参与主体利益的平衡。

四是责任性。生态旅游示范区建设是生态旅游发展的重要方式，而生态旅游是一种负责任的旅游，这些责任遍布各个层面，包括对示范区自然资源的保护、对旅行者安全的保护、对旅行者旅行体验的保护等。

五是综合性。生态旅游示范区建设是一项综合性很强的工作。需要考虑吃、住、行、游、购、娱各个方面的旅游需求和综合体验，不仅需要提高自身的发展，还要求能够树立生态旅游典范，成为行业标杆，带动区域经济发展，推动旅游业的快速前进。发展生态旅游必须要统一协调好在旅游活动中参与的管理者、旅游者以及旅游目的地居民三者的综合利益，才能够为生态旅游示范区建设提供保障，为推动生态旅游建设有序发展。

（二）生态旅游示范区的类型

依据生态旅游资源与景观的不同类型，国家生态旅游示范区可分为自然型和人文型两大类。

自然型生态旅游示范区又可以细分为：地质地貌型生态旅游示范区，包括一些以典型地质构造、冰川活动遗迹、火山地震遗迹、山岳、岩溶、峡谷、海岸、风蚀地貌等为主要景观的生态旅游区；水文生态旅游示范区，包括以河流、湖泊、温泉、瀑布、海滨等为主要景观的生态旅游示范区；气候天象型生态旅游示范区，包括以宜人的气候、天象奇观为主要景观的生态旅游示范区；生物型生态旅游示范区，包括以森林、草原、珍稀名木与奇花异草、珍稀动物为主要景观的生态旅游区。

人文型生态旅游示范区又可以细分为：人工自然型生态旅游示范区，包括以园林、农业旅游、森林公园、植物园和动物园、自然保护区、风景名胜区、野营地为主要景观的生态旅游区；人造文化型生态旅游示范区，包括以历史文化遗产、民族风情、纪念馆和纪念地为主要景观的生态旅游区。

此外，依据《国家生态旅游示范区建设与运营规范》，生态旅游示范区还可以根据资源类型分为七种类型：山地型生态旅游示范区、森林型生态旅游示范区、草原型生态旅游示范区、湿地型生态旅游示范区、海洋型生态旅游示范区、沙漠戈壁型生态旅游示范区、人文生态型生态旅游示范区。广西地处我国南疆，以山林坡地为主，受资源环境限制，广西建设有山地型、森林型、湿地型、人文生态型、海洋型五种类型生态旅游示范区。

第四节　广西生态旅游示范区评价研究

一、评价研究的目的与内容

（一）评价目的

生态旅游示范区的指标体系评价主要是为了能够从科学性的角度，公平、客观地分析生态旅游示范区的生态环境质量、景点质量、游客期待值、经济效益、社会文化、区域影响等方面的指标大小，运用指标体系分析当前生态旅游区所存在的问题和未来可能会面临的发展困境，确保生态旅游示范区在区域生态旅游发展中处于可预见性的领先水平，发挥其占据的优势，扩大示范作用。

（二）评价内容

生态旅游示范区是一个结构纷繁复杂的综合系统，其中又兼容着生态系统和旅游系统，元素的种类涉及广泛，根据主要的评价元素，示范区指标体系评价主要涵盖以下几个方面：

1. 环境系统方面

生态旅游示范区作为生态旅游发展的典范工程，对其的建设要求具有严格的要求，生态旅游示范区的环境条件和景观质量是建设过程中必须要考量的因素。具体考察因素包括大气环境质量、水环境质量都应该达到相应的规定标准，旅游示范区的噪声能够得到有效控制，区域内绿化率高，环境卫生干净，空气清新，气候宜人等。生态旅游示范区是以原始自然资源为设计基调，在此基础上开发能够满足旅游者游览、科普、康养等旅游需求，一般具有优越的生态环境和高层次的旅游资源是维持生态旅游示范区的开发基础。要确保生态旅游示范区的景观资源保持原真性，这样才能对旅游者产生吸引力。

2. 社会系统方面

生态旅游示范区对于促进区域经济发展，提高社区居民生活水平方面具有很大的影响。生态旅游的发展对于促进人文环境的建设也是一个主要渠道。鼓励社区居民参与生态旅游示范区的建设，提高居民积极性，使他们具有较强的生态环境意识和人文意识，自觉地遵守公共道德标准，约束自身不和谐的旅游行为。为旅游者在生态旅游体验上，能够获得良好的服务，旅游区也能获得较高的游客满意度。

3. 经济建设系统方面

随着社会的发展，旅游业已经成为广西经济中发展势头最强劲和规模最大的产业之一。生态旅游作为旅游发展的新兴方式，在区域经济发展中的产业地位、经济作用显著增强。建立生态旅游示范区对区域经济的拉动性、社会就业的带动力，以及对文化和环境的促进作用日趋明显。一方面通过建设生态旅游示范区可以获取外部资金的投入参与，另一方面充分利用社会资源，鼓励集体和个人投资建设生态旅游项目。这种开放式的投资方式极大地推动了广西旅游投资市场的活跃和旅游接待能力的提高，尽管当前广西生态旅游业依旧存在着诸多问题和障碍，但总体上看，广西旅游业的经济建设环境呈不断优化的趋势。

4. 旅游支持系统方面

生态旅游示范区的管理机制的高效运行，从微观方面能够有效地解决示范区运营与管理方面的细节问题，从宏观方面来看，能够为整个示范区的生态旅游环境形成一个全局观，把生态旅游规划纳入地方规划或单独编制规划，通过政府主导，制定政策法规进行有力的保障。

四个方面之间，看似独立，又相互联结。环境因素是基础，社会发展是目的，经济提高是手段，旅游支持是保障。相互之间形成一个良性循环机制，促进良好的生态旅游环境的建立，这四个方面都提高上去了，才能够对旅游者产生吸引力，在旅游市场占据一席之位。做好经济建设基础，才会有越来越多的资金和先进技术涌入，从源头为广西生态旅游示范区的建设提供基础。

二、指标体系构建的必要性与可行性分析

(一) 必要性分析

广西地域宽广，群山围绕，居住着多个少数民族，具有显著的地域特色和民

族特色，对于发展生态旅游，建设生态旅游示范区有得天独厚的条件。同时发展生态旅游对于区域产业结构的调整、提高农民收入、改善农村环境、提高社区居民休闲水平、舒解传统旅游景区游客压力、实施城乡一体化发展等方面都具有巨大的意义，随着城市物价水平的上涨，生活成本的提高，生态旅游成为了都市人群短途休闲放松的好方式，于是生态旅游近几年在国内得以蓬勃发展。

　　生态旅游示范区的建设也面临着可持续发展问题的瓶颈。在广西，其至于在我国，生态旅游开发设计范围广泛，内容较多，结构、类型和性质也不尽相同，于是建立一套生态旅游示范区评价标准体系，发展具有先进示范指导功能的精品项目，对于合理开发生态旅游资源、保护生态环境，实现生态旅游资源的可持续利用、维护生态环境稳定具有重要的现实意义。当前缺乏一套合理、统一、具有可操作性的生态旅游示范区评价指标体系，对于定性定量地分析生态旅游发展具有很大的不方便性，没有统一的标准来对生态旅游示范区的旅游景点资源进行有效的评定，这会直接影响到生态旅游的健康发展。因此，广西生态旅游的发展需要走上标准化、规范化、科学化、有序化的发展轨道，迫切需要建立一套标准的评价指标体系。以便于相关行政管理部门对其进行统一的考核与验收，在旅游区的日常经营性工作中开展监督和检查。选择一系列能够客观反映生态旅游示范区经济发展、社会效益、景点质量、生态环境状况及管理组织协调状况的综合指标来评价其是否健康发展。

　　（二）可行性分析

　　对于生态旅游的评价研究，国际上已经取得了一些成就，不同领域研究的专家学者从各自的发展角度建立了一些定性和定量的理论标准，包括对旅游生态环境的影响研究、生态旅游认证研究、可持续旅游标准与旅游社区标准、绿色环球21国际生态旅游标准等，这些研究案例都能够为制定针对广西生态旅游示范区的评价指标体系提供一定的参考价值。区别在于，这些标准大多是以发达国家的生态旅游为研究背景，多数标准体系也只适用于发达国家的生态旅游情况分析。如果我们一味地套用、照搬这些标准模式，会显得有些高不可攀，一些主要的矛盾问题得不到有效的评价分析。借鉴这些国内外的相关评价指标体系标准研究成果的基础，针对生态旅游示范区的特点、类型及发展状况，构建一套适用于广西自身的生态旅游示范区评价指标体系与标准。

　　国内的部分专家学者在生态旅游评价指标、可持续旅游评价指标等方面的标准指标体系和如何选择界定指标方面已经有了一些研究成果，也渐渐完善了一整套规则，这对于广西生态旅游示范区的评价研究体系是很有参考意义的。因此，制定符合本土化的评价体系，还要注重如何有针对性地解决存在的问题，注重与国际标准相连接，是一个急需深入探讨和研究的课题。

三、评价指标体系构建原则

（一）科学性原则

指标体系能够充分反映生态旅游示范区的最底层本质特征和独有的内在机制，要求必须建立在科学的基础上进行分析，能够准确地反映出生态旅游示范区的环境质量水平。考虑到数据的有效性，指标体系的建立必须概念清晰、科学性质明确、易操作、易理解，指标设置需要避免重复性的发生，各个指标之间既要相互独立，又要相互联系。

（二）规范性原则

指标的选择应遵循简易原则，使用国际市场上公认的指标和计算方式，符合相关行业标准，操作简便、科学，也便于从多个层面进行垂直比较。

（三）层次性原则

生态旅游示范区是一个复杂的旅游系统区域，其生态环境更是一个复杂的系统，为了便于开展科学的评价，指标体系可以分解为若干层次，使体系更合理和清晰，符合常规。

（四）整体性原则

生态旅游示范区是一个由社会、经济、环境、自然几大方面元素组成的一个综合体系。指标体系能够对生态旅游示范区的总体性情况有一个整体性的评价。具体地反映了区域内社会系统、经济系统、自然系统的重要属性和其内部存在的关系。既能够分割开来反映某一指标的情况，也能够综合起来反映整体的情况。

（五）精准性原则

指标体系的建立是以能够利用指标评价来说明问题，而不是指标越多就越好。对于指标的选取需要根据评价需求而选择具有针对性的指标，衡量生态旅游示范区的指标数量丰富且广泛，在选择指标的时候，需要的是要突出重点，能够对问题反映起到主要作用，使指标体系形成一个有效的准确性体系。

四、生态旅游示范区评价方法

生态旅游示范区种类繁多，生态旅游资源系统变化多样，涉及面广泛，评价指标众多，内容复杂。因此，评价方法也必然有所不同。而主要的评价方法有以下几种：

（一）直接评判法

通过采取随机抽样方式，随机的对生态旅游示范区的各种景观类型抽取一定数量的景观样片，形式可以是幻灯片或者彩色照片样式，按照所属景观类型进行分类，以此作为参考元素进行分类。之后由行业专家组成专家组，通过专业知识，应用百分制法对样片进行评分，接着统计样片的平均得分和各个景观的平均得分，根据分值大小界定示范区的景观质量标准。

（二）支付购买意愿评价法

采用社会调查方式发放调查问卷，统计调查旅游者对各类旅游景观能够接受的最大支付意愿范围，设计问卷时需要注意的是支付意愿需要以货币形式来表示，通过旅游资源分类的方式来分别统计各个类型旅游景观的平均支付意愿，按其平均支付意愿大小结合区域内经济发展状况，区域内旅游业整体平均支付意愿大小来综合分析，确定其景观质量。

（三）层次分析法

层次分析法是通过定性分析和定量分析相结合的方法，将与抉择总是有关的元素分解成目标、准则、方案等层次。这一方法是由运筹学家萨蒂教授在 20 世纪 70 年代为美国国防部研究名为"根据各个工业部门对国家福利的贡献大小而进行电力分配"的课题时提出的。这种方法适用于分析具有分层交错评价指标的决策性问题。具体方法是先依据评价内容来选择评价指标进行景观质量评价，由专家组确定各评价指标所占比重，把一个抽象的目标细化为多个具象的小目标，采用定性和定量的分析方法对指标系统中的各指标进行评分、统计分析、筛选排序，并根据结果对其景点综合质量进行判定。

（四）系统分析法

生态旅游是一个多学科交叉的系统，生态旅游示范区涉及区域环境、社会效益、经济收入等方面的综合产业。因此，运用系统分析的方法，对生态旅游示范的指标体系进行研究，把整个区域旅游者的旅游活动和旅游开发活动及相关产业发展活动等社会经济活动，与周围的地理环境结合成为一个具有内在联系的系统，着重研究各指标之间的相互作用的规律，协调两者之间的关系，使生态旅游示范区转变为可持续发展系统。

五、国家生态旅游示范区评价指标体系构成

国家生态旅游示范区评价指标体系由目标层、准则层、指标层、要素层共四个层次组成如表5-1所示。目标层代表的是建立评价指标体系的终极目标，通过分析这一目标用于衡量生态旅游示范区的综合水平；准则层是以生态旅游示范区的环境质量、效益水平、协调程度作为评价基准，能够全面反映出生态旅游示范区的状况；指标层则是对自然、经济、社会效益评价的各方面指标进行考量，反映了评价的具体内容；要素层是指对生态旅游示范区进行评价的具体测算值，要素指标的设定不仅需要能够静态地反映生态旅游示范区的现状，还要能够反映动态的变化过程。

依托于国家生态旅游示范区指标体系的构成内容，指标体系又对应细分为环境质量、效益水平、协调度三个子体系。这三者之间的关系密不可分，相互依赖而存在，环境质量是基础，综合效益是目标，协调发展是方向。在指标要素体系的设计中，参考了《旅游资源分类、调查与评价》（GBT18972—2003）以及《中国国家森林公园风景资源质量等级评定》（GB/T18005—1999）、《森林景观质量评价理论、内容与方法》《模糊理论在旅游资源评价中的应用》《自然保护生态评价指标和评价标准》《森林旅游资源分级》等应用研究著作（程道品，2004）。

表5-1　国家生态旅游示范区评价指标体系

目标层	准则层	指标层	要素层
生态旅游示范区综合评价系统	环境子系统	生态环境质量	大气、水体、噪声、绿化指数、生物多样性、废物处理率、地面清洁度、旅游气候舒适期、负离子浓度
		生态资源质量	景观多样性、生态价值、科学文化价值、珍稀程度、规模与丰度、美誉度、美学价值
		示范区建设	可进入性、游览设施建设、生态环境建设与保护、旅游安全、综合管理

续表

目标层	准则层	指标层	要素层
生态旅游示范区综合评价系统	环境子系统	社会环境质量	居民素质、基础设施建设、社会整体风貌
		经济环境质量	GDP 年均增长率、旅游区建设投资指数、人均收入水平、第三产业在 GDP 中的比重
	效益子系统	生态环境效益	环保投入与产出比、生态环境质量改善状况、生物多样性保护、生态旅游示范效应
		社会效益	示范区的形象、融资能力、游客和居民的环保意识
		经济效益	旅游收入占 GDP 的比重、旅游业平均利润率、旅游投入与产出比例、旅游业带动系数
	协调度子系统	旅游与生态协调度	游客规模与自然环境承载力的比值、旅游资源利用强度
		旅游与社会协调度	游客满意度、当地居民满意度、与地方民族文化的协调性、游客规模与社会环境承载力的比值
		旅游与经济协调度	游客规模与经济环境承载力的比值

六、评价指标权重的确定

开展生态旅游示范区综合评价需要根据设定的各项评价指标的内容确定最终的评价标准值，评价标准类型的多样性取决于作为指标的要素多样性。指标体系常用的评价标准类型有三种：①类比标准，是以参考相似类型的生态旅游示范区评价指标进行类比评价，确定景区综合实力评价。②基础值标准，以生态旅游示范区所在区域或旅游开发前的区域为基础，以该区域的基础指标为标准。③以国家正式颁布、行业制定、地方规定的标准为指标评价基准。

采用德尔菲专家评判法，评价指标体系各指标的权重。调查对象由各学科的专家组成，学科覆盖主要为旅游学、经济学、管理学、社会学、民族学、地理学、环境学、生态学、旅游规划、林学等，共计发出 100 份调查问卷，其中外地专家和本地专家均为 40 人，其余 20 人为政府官员和地方相关职能管理部门工作人员。最终收回有效问卷 87 份，无效问卷 13 份。将调查问卷数据结果进行分析处理后，共构建 15 个评判矩阵，准则层指标权重计算结果如表 5-2 所示。

表 5 – 2   准则层各指标的权重

指标	C1	C2	C3	权重
C1	1	1.5	1.5	0.375
C2	1.0 ~ 1.5	1	1.5	0.312
C3	1.0 ~ 1.5	1.0 ~ 1.5	1	0.313

由表 5 – 2 可知,C1 为环境质量准则指标,C2 为效益准则指标,C3 为协调度准则指标;CR = 0 < 0.1,可认为判断矩阵具有一致性,表明在构造比较判断矩阵时的思维是一致的,由此求得的权重有效。同理可求其他各指标层的权重。

第六章　广西山地森林生态旅游示范区实践研究

第一节　山地型生态旅游示范区实践研究
——阳朔十里画廊景区

"桂林山水甲天下，阳朔山水甲桂林"，阳朔十里画廊遇龙河景区风景秀丽、如诗如画，是阳朔重要的旅游景区，集阳朔世界级的旅游资源、良好的生态环境、优美的山水风光、厚重的文化民俗于一体，阳朔是最具代表性的旅游景区。景区内自然资源类型丰富，拥有世界上最典型、发育最完美的喀斯特峰林峰丛景观资源，是全球喀斯特峰林峰丛地貌的最典型代表地。景区世代聚居的原住民族，蕴藏着古朴浓郁、多姿多彩的乡村民俗文化，特别以"刘三姐"文化为代表，是世界知名的乡村民俗文化体验地。景区国际游客众多，建有许多国际友人开办的具有异域风情的洋家乐、旅舍等，是中国最具代表的中西文化交融地。遇龙河蜿蜒曲折、清幽恬静，沿岸山峰连绵起伏、秀丽迷人。河岸田畴开阔，稻浪翻滚、油菜花香，田园风光堪称一绝。山水、渔翁、鸬鹚、竹筏、渔火、稻田、竹林，构成了中国最具有诗意画境的原生态山水田园风光。景区属亚热带季风性气候，四季分明，夏长冬短。日照充足，温和湿润，雨量充沛，森林覆盖率高，负氧离子含量高，气候舒适宜人。

桂林市阳朔县十里画廊遇龙河景区于 2018 年被列入广西生态旅游示范区景区名单。目前景区内产业以旅游业、农业为主，有较多的旅游景点、酒店、饭店及旅游接待服务设施、文化教育与培训场所，已形成了旅游、购物、娱乐、消费一条龙服务。阳朔十里画廊遇龙河景区现为自治区级旅游度假区，范围内拥有国家 AAAA 级旅游景区 2 个，国家 AAA 级旅游景区 1 个；有 3 星级以上农家乐 7 家，汽车营地 1 个，低空飞行项目 1 个；拥有名胜古迹 3 处，特色村落 6 个；有一批特色旅馆、酒吧、餐饮店、购物店等。景区内共有骑行步道 16 公里；遇龙河漂流约 30 公里，生态漂流码头 11 个，竹筏 1500 余张；攀岩线路 10 条等。景区内的矮山门村是中国乡村旅游创客示范基地，旧县村是中国传统村落名录、全国历史文化名村。景区还先后荣获桂林市文化产业示范基地、桂林市文明风景旅游区示范点等荣誉称号。目前景区范围内还有"漓江千古情"宋城文化景区、威尼斯水城、阳朔瑞盛景区等一批在建的大型旅游项目。2016 年景区共接待游客人数 141.7 万人次，营业总收入 1.06 亿元。

一、景区基本情况

（一）区域环境

阳朔十里画廊遇龙河景区位于广西壮族自治区桂林市南部，属桂林市阳朔县，地处北纬 24°28′~25°4′、东经 110°13′~110°40′，面积 32.4 平方公里。景区距离阳朔县城 5 公里，距离桂林市 78 公里，公路 G321 从景区经过，毗邻高速公路 G65，景区与阳朔县及桂林市均通有二级公路。阳朔十里画廊遇龙河景区属于桂林站、阳朔高铁站及桂林两江国际机场的辐射范围，并设置有专线旅游大巴，景区距离桂林站约 1 个半小时车程，距离阳朔高铁站约 1 个小时车程，距离桂林两江国际机场约 1 个小时车程。景区遇龙河连接漓江最终汇入西江，可通航广州、香港。景区还开通了县域旅游交通专线，从县城往景区方向均有交通客运专线，形成了便捷畅通的"旅游景区 1 小时交通网"。交通便利，游客进入景区十分方便。

景区地处中亚热带季风气候区，热量丰富，雨量充沛，日照充足，温和湿润，四季分明。年平均温度 19.3℃，1 月最冷，月平均温度 8.6℃，日极端最低温度 -4.2℃；7 月最热，月平均气温 28.2℃，日极端最高温度 39.9℃。全年日照时数 1460.6 小时，无霜期 312 天。年均降雨量 1538.9 毫米，年最大降水量为 2038.8 毫米（2002 年），最少降水量为 889.4 毫米（2011 年），降水主要集中在 4~8 月，占全年降水量的 68%；24 小时最大降水量为 251.4 毫米，出现在 2006 年。阳朔县季风明显，盛行风向为西北风和东南风，且风向季节变化明显，每年 10 月至次年 3 月盛行西北风，6~8 月盛行东南风，年平均风速 1.2 米/秒；年日照总时数 1432.1 小时；年平均相对湿度为 78%；年平均蒸发量 1328.4 毫米；年平均雷暴日数 63 天。且景区内空气质量良好，充足的阳光、清新的空气、无污染的遇龙河、优美的田园风光，这是上天赐给阳朔的财富，是发展生态旅游及养生度假的最佳场所。

景区内整体地形呈现西北高东南部低之势，遇龙河自西北而流向东南。景区内地貌以石山、丘陵为主，海拔 200～500 米，相对高差 50～300 米。石山间溶蚀洼地、峰林谷地、河流冲积平地交错分布，地势较平坦。主要山峰有月亮山、观音山、火焰山、拇指峰等。景区大部分地区属于山区，人烟较少，人为活动强度低，周围无工业，大气、水体、土壤均未受到污染。景区内水源丰富无污染，水体碧蓝清澈，水质洁净甘甜；森林覆盖率高，宁静幽雅，环境宜人，为动植物的生长繁衍提供了得天独厚的环境。广阔的森林环境已成为遇龙河流域重要的生态屏障，形成了独特的森林小气候环境，夏季气候凉爽，实为避暑度假的最佳地。

（二）资源情况

阳朔十里画廊遇龙河景区旅游资源类型丰富，有蜿蜒幽深的遇龙河，有峰峦挺秀的喀斯特石林山峰，有奇幻无穷的岩溶洞穴奇观，有茂密繁盛的亚热带常绿森林景观，有多姿多彩的天象与气候景观，有纯朴热情的乡村民俗文化，有历史悠久的名人古迹，有缤纷丰富的旅游商品等，涵盖了地文景观、水域风光、生物景观、天象与气候景观、遗址与遗迹、建筑与设施、旅游商品、人文活动 8 个主类，共有 18 个亚类，51 个基本类型的旅游资源，确定旅游单体 140 多种，形成了度假区内纷繁多样的旅游资源体系。景区内旅游资源类型丰富，规模庞大，而且景观长期以来得到较好的保护，石山、河流及植被保护良好，一直处于自然或近自然状态，景区自然风貌和资源实体完整，保持了原有的形体及结构，景观在视觉上具有连续性和整体性。各类资源自然组合配置良好，在不同区域形成不同的特色，山、水、石、林、洞以及各种各样的动植物景观，形成一道优美亮丽的风景线，让人流连忘返。

1. 山地土壤

阳朔十里画廊遇龙河景区位于阳朔县境内，是全球喀斯特峰林峰丛地貌的最典型代表地，遇龙河两岸不仅有珠头山、凤冠山等岩溶奇峰，更有月亮山、金龟探头、五指峰、拇指山、情侣山、乌龟赛跑、青蛙跳江、姜太公钓鱼、骆驼过江等象形山峰，还有聚龙潭、金水岩等奇异的景观岩溶洞穴。景区内山水景观保持了原生态性，独特秀美，充满诗情画意。

景区属喀斯特地貌区，土壤水分运动、生物活动强烈，因此土壤类型多而复杂。其土壤以红壤为主，pH值4.5～6.5。河流冲积母质沙壤土和水稻土，土层深厚，耕作性良好，是水稻和蔬菜高产区。棕色石灰土和黑色石灰土，宜旱地作物和林业生产。依其成土的母质可分为红壤土、石灰土、冲积土、水稻土等。遇龙河流域土壤分别由砂页岩和石灰岩发育成的红壤、石灰性土和河流冲击土构成。

2. 水资源

景区内水资源丰富，主要河流是遇龙河、金宝河、田家河等，还有大量地下暗河、池塘。遇龙河发源于临桂县的白粘岭，在工农桥与金宝河汇合，是漓江的重要支流。景区内水质优良，清澈见底，河岸峰峦叠翠，山水相映，在河中筑拦河坝，可通过竹筏通行，水环境舒适宜人。阳朔十里画廊遇龙河景区位于广西壮族自治区阳朔县境内，县境内地处中亚热带季风区，境内山峦叠绕，受季风影响明显，四季分明。其主要特征是：春季阴雨连绵，雨日较多；夏季高温湿热及台风入侵，暴雨集中；秋后雨量较少；冬季寒潮入侵间或出现霜冻。境内雨量充沛，但降雨时空分布不均，年降雨量为1000～2000毫米。其中遇龙河的地表水径流量1.61亿立方米，金宝河的地表水径流量1.82亿立方米，景区内河流沿岸采用生态驳岸，通过植被涵养，加强对降水的蓄积与利用。

3. 天然湖泊

阳朔遇龙河旅游度假区内主要河流是遇龙河，遇龙河发源于临桂县的白粘岭，流经阳朔县的新村、利学、大利、观桥、遇龙、旧县、穿岩等村，在工农桥与金宝河汇合，全长35.6公里，集雨面积158.4265平方公里，其中阳朔县内124.62平方公里。水深0.5～0.9米，流速0.6米/秒，正常流量约5立方米/秒，同时，流经景区的河流还有金宝河、田家河等，河中筑有拦河坝，可通过竹筏同行，河水主要用于灌溉。景区内还有大量的池塘，通过池塘岸边的生态种植，防止土壤裸露，并通过水岸植物改善水质，形成水生生物的立体养殖。景区内的水量丰富，通过禁止河道养殖、农田合理施肥等方法，有效防止了景区内的河水富营养化。

4. 岩石与岩洞

阳朔十里画廊遇龙河景区位于阳朔县境内，是典型的喀斯特峰林峰丛地貌，山峰秀丽，崖壁陡峻，遇龙河两岸有珠头山、凤冠山、月亮山、金龟探头、五指峰、拇指山、情侣山、乌龟赛跑、青蛙跳江、姜太公钓鱼、骆驼过江等奇特象形山峰，群体规模大，具有很高的观赏价值，并结合这些岩石、崖壁、山体，开展攀岩活动，具有世界知名度。（溶洞）景区内主要有金水岩、青龙潭等岩溶洞穴，这些洞穴层次分明，体量巨大，洞穴幽深，旱洞水洞共生，洞内石笋丰富奇特，开发了洞穴探奇、洞穴科普、洞穴养生的旅游活动，如在金水岩中开展岩洞温泉泥浴等康疗活动等。

5. 动植物资源

阳朔十里画廊遇龙河景区位于阳朔县境内地貌以石山、丘陵为主，石山、丘陵和谷地相互交错，整体地形呈现西北高东南部低之势，遇龙河自西北而流向东南。区内石山林立，石山间溶蚀洼地、峰林谷地、河流冲积平地交错分布，地势较平坦。区内生物具有多样性，植被丰富、葱郁茂盛，森林植被分属亚热带常绿阔叶林区，具有典型的喀斯特地貌区动植物分布群落，生态环境多样，植物物种丰富，为多类昆虫、鸟类、兽类的繁殖与栖息提供了良好的条件。

阳朔县十里画廊遇龙河景区主要植被类型为石灰岩常绿落叶阔叶林。植物主要有地衣类、蕨类、裸子植物和被子植物。其中，蕨类植物：8 科，25 属，45 种；裸子植物：3 科，4 属，4 种；双子叶植物：51 科，161 属，523 种；单子叶植物：9 科，35 属，62 种。其中乔木层有苦椎、黄连木、南酸枣、山乌桕、板栗、桂花、灰毛浆果楝、樟树等占 30%；灌木层有红背山麻杆、荆柴、华南云实、粗糠柴、老虎刺等占 56%；草本层有扛板归、芒草、茅叶苔草、牛筋草、蕨类等占 4%；藤本层如五爪金龙、九龙藤等占 10%。较珍稀的植物有灵香草、青天葵、月月桂、古巨榕、黄兰花、观光木、鸡屎杨梅、竹柏、长枝油杉等。

景区良好的自然环境为野生动物提供了栖息繁衍极有利的自然条件，动物类型多、种群量大，食性与习性稳定。阳朔十里画廊遇龙河景区内动物资源有 170多种，其中鱼类 110 种，两栖类 7 种，爬行类 17 种，鸟类 21 种，哺乳类 18 种；畜禽资源主要有猪、牛、羊、马、兔、犬、鸡、鸭、鹅、鹌鹑、鸽、蜜蜂、竹鼠等；常见的野生动物有果子狸、野兔、野鸡、斑鸠、画眉、杜鹃、竹鸡、竹鼠及吹风蛇等；野生鱼类有鲤鱼、鲫鱼、草鱼、青鱼、漓江甲鱼、泥鳅等。其中，列为国家级保护的动物有黄腹角雉、黑颈长尾雉、白鹇、灰胸竹鸡、花面狸等。

（三）资源与环境开发保护情况

阳朔十里画廊遇龙河景区高度重视旅游资源的保护与开发管理，坚持"生态优先、市场导向"的总体原则，采用"1 + X"开发模式，多要素、多产业紧密融合发展。按照《风景名胜区管理条例》和《旅游规划通则》（国家标准 GB/

T18971—2003），编制了《阳朔十里画廊遇龙河旅游区总体规划》，基本建立起"科学规划、统一管理、严格保护、永续利用"的健康体系。

规划遵循整体优化原则，对区域内的生态、经济和社会进行全面规划，追求整体优化。综合考虑"四态融合"，"四态融合"是指导生态旅游规划和开发建设的核心理念和原则。"形态"表明了游客的审美需求——看；"业态"使得具有形态的东西染上了生命的色彩（有活力），形成了旅游发展的核心动力——形成消费、产生利润；"文态"充实了旅游产品的内涵，构筑了乡村旅游的灵魂——内涵特色；"生态"营造了游客欣赏形态、享受业态、感受文态的桃源画卷——环境。景区遵循生态优先原则以自然生态环境为依托，建立以保护为先决条件的开发思路，从环境保护需求出发，明确重点保护区域，以及适宜建设区，并通过合理测算景区最大承载量和游客规模，以确定科学合理的设施规模，做到适度开发，实现生态环境和旅游开发可持续发展。景区遵循生境范围原则，为保障相应的植物群落与动物种群持续繁育所需要的生境范围，以保持生态系统的再生与恢复能力，划定明确重点保护区域，建设缓冲区域，严格控制区内的旅游活动和项目建设。景区遵循市场导向原则，在充分调查项目地旅游资源和基础现状的基础上，以资源为基础，市场为导向，深入研究旅游市场，策划市场欢迎的旅游项目，充分利用特色和优势资源打造特色旅游产品，使旅游资源开发和市场需求紧密结合。景区遵循容量控制原则，根据《广西壮族自治区漓江流域生态环境保护条例》中的相关规定，漓江流域发展旅游业应当以生态环境承载力为前提。综合考虑阳朔十里画廊遇龙河景区的景点分布、游览方式、旅游服务设施布局等方面的因素，结合《旅游规划通则》（GB/T18971—2003）、《风景名胜区规划规范》（GB50298—1999）、《景区最大承载量核定导则》（LB/T034—2014）等相关法规、政策及标准，采用定量与定性、理论与经验相结合的方法核定景区最大承载量，并在旅游开发中严格按照容量控制，接待容量不超过生态承载力，实现可持续发展。

目前，景区按照规划中的各项项目、制度、措施逐步全面推进落实。通过控制和降低人为活动对自然环境的消极作用，保持和维护原有生物种群、结构及其功能特征，提高自然环境自我复苏的能力，完善各景区内的生态结构，建立生态系统自我恢复、发展的良性循环机制。

在景区内建筑选址不破坏景观原则下，阳朔十里画廊遇龙河景区自设立以来，修复多处历史文化遗迹，并结合景区的自然山水特色及桂北乡村民俗特色在景区内修建供游客休息、赏景的亭台楼阁，打造特色村落，这些景点建筑选址恰当，精心施工，合理搭配植物景观，景区内的建筑在外观、色调、材料等方面与周围环境较为协调，突出本土特色，体现了生态景区的特点。景区的重要山水资源、乡村田园、旅游设施等与周边环境利用绿化带、水体、山体、围栏、围墙等设有缓冲区和隔离带，形成景区优美的天际轮廓线。景区出入口主体大门建筑以及服务设施建筑通过材质、造型、色彩运用，突出桂北建筑特色，与周边环境相协调。建筑因山水而精彩，山水因建筑而灵动，相映成趣，展现了十里如诗如画的山水田园画卷。示范区与周边环境设有缓冲区或隔离带，示范区周边为山林、竹林、水体等，环境优美，形成良好的缓冲区。在材料方面，阳朔十里画廊遇龙河景区注重生态环境保护，在景区建设、维护等方面，均采用环保型材料，如石材、木材、竹子、稻草等，美观又环保，保持原生态景观和乡土特色的旅游氛围。度假区内植被覆盖率高达72.8%，空气质量达到一类标准，水质可达到国家Ⅱ类标准，是中国最宜人的山水休闲度假环境。

1. 空气质量

阳朔十里画廊遇龙河景区河流环绕、群山环抱，植被葱郁茂盛，空气质量良好，根据区内及其周边环境质量检测点的检测数据，景区内空气质量达到GB3095一级标准。范围内森林覆盖率高，空气质量优，区域平均负氧离子含量为5625个/立方厘米，具有清新的空气，如表6-1和表6-2所示。

表6-1 2017年遇龙河旅游度假区空气质量检测结果

监测指标 监测值 监测点位	SO_2 年均值 （毫克/立方米）	NO_2 年均值 （毫克/立方米）	备注
遇龙堡村	0.008	0.012	遇龙河景区
瑞盛丽水酒店	0.010	0.016	遇龙河景区
印象刘三姐	0.012	0.016	漓江景区
一级标准	0.02	0.04	

资料来源：阳朔县十里画廊遇龙河景区管理委员会。

表 6 - 2   2017 年遇龙河旅游度假区负氧离子含量

监测点	负氧离子含量（月平均值）
大榕树	5600
河畔酒店	5000
遇龙桥	6100
犀牛潭	5800

资料来源：阳朔县环境保护监测站。

2. 噪声质量

阳朔十里画廊遇龙河景区环境整体幽静舒适，噪声检测符合《GB3096 城市区域环境噪声标准》中的 0 类标准，成为游客休闲度假的首选，如表 6 - 3 所示。

表 6 - 3   2017 年遇龙河旅游度假区环境噪声监测结果

监测定位　监测值　监测指标	环境噪声 dB（A）		备注
	昼间	夜间	
水上威尼斯酒店	45.6	34.2	遇龙河景区
瑞盛丽水酒店	47.2	38.3	遇龙河景区
胜地酒店	48.9	35.4	遇龙河景区
悦榕庄度假酒店	42.3	36.9	漓江景区
0 类标准	50	40	

资料来源：阳朔县环境保护监测站。

3. 地表水质量

景区内的遇龙河、金宝河等河流，碧绿清澈，水质优良，无明显的沉淀物、浮渣、油类等漂浮物，无对人类或动植物有毒、有害物；无破坏水生生态的生物；地表水水质达到《地表水环境质量标准》（GB3838—2002）Ⅱ类标准，如表 6 - 4 所示。

对于景观保护，景区采取了一些保护措施，如制定了一系列如防火、防盗、防捕杀、古建筑修缮、古树名木保护等相关的制度、操作要求、保护措施，在一些重要景点建筑均配备灭火器，景区内配有 ABC 干粉灭火器、消火栓泵、室外消火栓、室内消火栓。在建设过程中不断完善各项规章制度，实行一岗双责制度，签订责任状，将责任落实到个人，保证设施设备完备，人员职责明确清晰。

表6-4 2017年遇龙河旅游度假区地表水达标情况

控制断面名称	控制类型	达到类型	是否达标	达标率（%）
漓江龙头断面	Ⅱ	Ⅱ	是	100
遇龙河金龙桥断面	Ⅱ	Ⅱ	是	100

资料来源：阳朔县十里画廊遇龙河景区管理委员会。

在物种保护方面，景区内各水域及其周边形成的山林地、田园为多种动物提供了各式生存环境。除此之外，山地、密林、水域、溶洞也为野生动物提供了多形式的生境类型，生态系统再生与恢复能力强。尤其是珍稀物种或濒危物种，区内列为国家级保护的动物有黄腹角雉、黑颈长尾雉、白鹇、灰胸竹鸡、花面狸等，并对景区内的动物资源有专项保护措施，划定生态保护范围，对景区动物资源进行多样性保护，促进景区生态平衡，并配套专门的执法人员进行巡逻监管，严厉打击猎杀野生动物的违法行为。景区制定了《阳朔十里画廊遇龙河景区动物资源保护措施》，景区内设有环境监控站、渔政管理站和阳朔县水产畜牧技术推广站，并配套有生态监测和动植物救助专人及措施，对景区的生态环境进行全面保护，在景区内严禁乱砍滥伐、禁止捕杀野生动物，打击电、炸、毒鱼、地笼捕鱼等破坏生态环境的违法行为。同时加强环保的宣传教育。

在景观、生态、文物、古建筑保护方面，保护费用投入景区每年投入大量经费用于地质地貌景观、文物、古建筑、生态系统、珍稀名贵动植物的保护，保护费用占全年门票收入的比例达到7%，主要用于乡村环境综合整治、遇龙河流域环境综合整治、生物多样性保护研究、生态文明保护宣传等工作，如表6-5所示。

表6-5 景区保护经费投入情况 单位：万元

年份	保护费用投入分类		保护费用投入总额
	景观、文物、古建筑类	生态系统、植物类	
2015	262	409	671
2016	435	294	709
2017	520	232	752

资料来源：阳朔县十里画廊遇龙河景区管理委员会。

（四）宣传教育情况

通过创建生态旅游示范区，景区的生态化建设成效显著，生态环境得到了有效保护和提升。世界级的优美山水、优良的生态环境、良好的旅游环境相容并济、相得益彰，大幅提升了景区的品质，强化了景区生态型旅游目的地的吸引力，"生态会客厅"的旅游形象深入人心，得到了游客的普遍认可和赞许。在创建生态旅游示范区的过程中，景区一方面加强对景区人员的生态文明教育，切实做到从自身做起、以自身为榜样，做好对生态环境的保护工作；另一方面通过制作宣传手册、电视、多媒体等多种方式，加强对游客的生态环境保护的宣传教育，并组织志愿者，引导和鼓励游客爱护生态环境、共建生态家园。

阳朔十里画廊景区建设过程中不断加大市场宣传营销，知名度和美誉度双提升，为进一步提升阳朔十里画廊遇龙河景区的品牌，景区不断加大宣传力度，通过电视、网站、杂志、宣教资料等多种方式扩大知名度。景区从自身条件出发，加强与国内主要门户网站、旅游专业网站以及地方网站开展网络宣传，如依托携程、去哪儿网、马蜂窝、百度等知名网站，开展景区的宣传促销，网站介绍内容丰富，有50页以上网页。以及景区内的蝴蝶泉、图腾古道等景区网站宣传内容丰富。阳朔十里画廊遇龙河景区宣教资料十分丰富，公开正式出版的导游图、宣传手册、纪念邮票、明信片、画册、音像制品、科普读物等类型多样。

景区采用多种方式对旅游者进行生态环境保护的宣传教育，主要有发放宣传册、悬挂横幅、竖立提示牌、多媒体等。制作景区自然风光传说展示牌，引导青少年爱护景区、爱护环境，开展文明寄语活动，倡导广大游客朋友文明观光。景区成立旅游者志愿服务组织，举行清洁景区、生态环保等活动，以举办文化活动为契机，积极引导旅游者爱护景区、爱护环境。

全面加强培训工作，大力倡导生态教育。景区加强对导游的培训，组织导游通过外出交流、内训等形式进行培训，全面学习掌握生态旅游知识及本示范区知识，力争为游客提供优质的导游讲解服务，景区内所有导游或讲解员熟悉景区内主要景观、景点及其相关的生态知识，讲解内容科学、生动、准确，具有浓厚的知识性、趣味性，能够回答游客提出的一般性生态问题，举止大方、态度诚恳，服务积极主动。同时景区不断加大对景区管理人员、服务人员的培训力度，每年均制定相应的培训制度《阳朔十里画廊景区员工培训管理制度》，完善景区安全培训流程图。制定培训计划，成立培训机构，由景区办公室专门负责培训工作，安排落实培训经费并按计划开展培训工作。不定期开展员工素质暨安全生产工作培训大会、旅游质监执法业务培训、乡村旅游管理骨干培训、乡村旅游导览员培训，消防安全培训等活动。

（五）管理情况

阳朔十里画廊遇龙河景区的管理机构为阳朔县遇龙河景区旅游发展有限公司，公司根据管理的需要建立了适宜的组织机构，规定了不同职能部门、人员的职责、权限和沟通的渠道，各职能部门和单独行使职能的人员应各司其职，各尽其责、相互配合地实现组织的管理职能。景区设有综合执法秩序维护、办公室、后勤物资管理、人力资源、票务统计、科技信息、纪检组、综合督查组、财务室、交通运输、安全生产、环境卫生、宣传促销、旅游投诉筏工管理等部门，大队长负责综合执法大队全面工作，景区主任负责旅游投诉处理中心全面工作，以及各码头实行组长负责制，负责码头日常事务。同时景区重视制度建设，质量、营销、导游、卫生、生态、环保、统计等规章制度健全，如《阳朔十里画廊遇龙河景区服务质量管理制度》《阳朔十里画廊遇龙河景区营销管理制度》《阳朔十里画廊遇龙河景区游客接待管理制度》《阳朔十里画廊遇龙河景区环境卫生管理制度》《阳朔十里画廊遇龙河景区统计管理制度》《阳朔十里画廊遇龙河景区商品质量管理制度》等，景区各项规章制度由各业务科室严格执行，存有一年以上完整的执行记录，并受景区督办人员督办，以确保各项工作按时按质按量有序开展。

在管委会的管理和要求下，景区内制定了严格完善的安全保护机构和制度，安全人员现有20人，配置充足。景区针对旅游旺季和旅游黄金周期间游客人数剧增，景区接待压力增大，确保游客生命财产安全，确保紧急情况下能够有序处理，景区制定有多套安全预案，如《阳朔十里画廊遇龙河景区常态化交通管制安全保障工作方案及突发事件应急处理预案》《十里画廊遇龙河景区内部紧急事故、案件处置措施》等，内容全面，责任明确，程序清晰，操作性和指导性强。制定有安全巡检条例，在景区内定期、定时地进行安全巡视及检查，能有效地维护景区治安秩序。景区由于范围较大，在游客聚集处均散布着医务室，有专职医务人员，主要面向景区游客及员工，医务室还配备有急救箱、急救担架、日常药品等。景区还与阳朔县人民医院等医疗机构建立起紧急医疗救护机制，签订了专门的救护协议，如《医疗救治与转运转诊服务协议》。

阳朔十里画廊遇龙河景区内提倡污水生态处理，并设置有专门的排污管线，污水排放不污染地面、河流、湖泊等。阳朔十里画廊遇龙河景区内设置有分类垃坂箱,对垃圾进行分类集中收集,不存在乱堆放、就地焚烧或掩埋的情况。阳朔县千漓缘旅游文化有限公司与阳朔县城环境卫生管理站签有《垃圾清运协议书》,景区配备专门保洁员,对每天产生的垃圾做到日产日清,不留陈垃圾,保证景区干净整洁,舒适宜人。有专职人员对景区进行实时流动清扫、跟踪清扫。景区内各子景区均设置有吸烟管理规定,并依据子景区自身实际情况进行了吸烟分区或禁烟区的管理。景区对非吸烟区吸烟行为,管理措施明确,管理行为到人、到位。景区内对餐饮卫生安全有着严格的规定,均按照《中华人民共和国食品安全法》中的要求来执行,并在此基础上拟定了景区食品安全管理条例及进行了绿色食品认证。

二、景区特点、亮点

(一)景观价值独特性

1. 美学价值

遇龙河蜿蜒曲折、清幽恬静,沿岸山峰连绵起伏、气势如虹,时而成簇如莲、清雅高洁,时而独蓇水畔、亭亭玉立,一弯一景,山水、渔翁、鸬鹚、竹筏、红帆、渔火,构成了中国最具有诗意画境的山水田园风光。

2. 科学价值

景区内拥有世界上最典型、发育最完美的喀斯特山水田园资源,是全球喀斯特峰林峰丛地貌的最典型代表地,极为珍贵,对于喀斯特地质地貌的科学研究,具有世界意义的自然资源。

3. 历史文化价值

景区内聚居着大量少数民族,蕴藏着古朴浓郁、多姿多彩的乡村民俗文化,其中又以刘三姐文化为代表,有清扬悦耳的壮乡民歌,有传奇生动的乡村戏剧,有激烈异常的龙舟大赛,还有以啤酒鱼、十八酿、桂北腊味、板栗粽、艾叶糍粑等为代表的民俗美食,度假区是刘三姐文化走向世界的展示窗口。

4. 游憩价值

阳朔十里画廊遇龙河景区一年中四季分明,春季烟雨蒙蒙,夏季清凉舒爽,秋季天高气爽,冬季阳光明媚,气候舒适宜人。区内山林植被茂密,森林覆盖率高达72.8%,生态环境保护完善,空气清新,鸟语花香,空气质量达到国标一级标准,负氧离子含量高达5625个/立方厘米,噪声检测达国标0类标准。遇龙河水清澈透亮,水质可达到国家Ⅱ类标准。综合各项指标,景区内生态环境优越,为休闲度假提供了舒适的自然氛围。同时景区喀斯特山水风光旖旎，碧水萦回，奇峰倒影，山水、田园、村落构成一幅绚丽多彩的画卷，还有渔歌唱晚、三月三对歌、抢花炮等丰富多彩的乡村民俗活动，围绕山水田园聚落为主题，开展了休闲游玩、自然体验、科普学习、水上游览等一系列丰富多彩的游憩活动，具有极高的游览、度假价值。

5. 独特价值

阳朔十里画廊遇龙河景区以喀斯特自然山水景观为主，突出桂北乡土民俗风情，集山谷、森林、峰丛、溶洞、田园、乡村、古建及桂北多彩的民俗于一体。景区自然山水优美，植物特色突出，历史积淀深厚，民族风情浓郁，文化内涵丰富，是集观赏价值、自然保护价值、科研教育价值、旅游经济价值为一体的国家风景名胜区，资源禀赋极高，在全国乃至世界都罕见少有。

（二）旅游资源丰富性

阳朔十里画廊遇龙河景区旅游资源类型丰富，规模庞大，涵括了地文景观、水域风光、生物景观、天象与气候景观、遗址与遗迹、建筑与设施、旅游商品、人文活动等8个主类，共有18个亚类，51个基本类型的旅游资源，确定旅游单体140多种，形成了度假区内纷繁多样的旅游资源体系，如表6-6所示。景区景观较为完整，由于保护措施全面，景观几乎处于自然状态。

表6-6　十里画廊遇龙河景区旅游资源分类

主类	亚类	基本类型	单体名称
A 地文景观	AA 综合自然旅游地	AAA 山丘型旅游地	月亮山、栖凤山、蜡烛山、西郎山
		AAB 谷地型旅游地	十里画廊
		AAD 滩地型旅游地	世外桃源
		AAE 奇异自然现象	从不同角度观察月亮山、月洞呈现阴晴圆缺的现象
	AC 地质地貌过程形迹	ACB 独峰	拇指山、碧莲峰
		ACC 峰丛	大珠头山、小珠头山、五指峰
		ACE 奇特与象形山石	金龟探头、五指峰、情侣山、乌龟赛跑、青蛙跳江、美女怀抱、月亮山
		ACL 岩石洞与岩穴	聚龙潭、月亮山
		ACN 岸滩	遇龙河岸

续表

主类	亚类	基本类型	单体名称
B 水域风光	BA 河段	BAA 观光游憩河段	遇龙河、金宝河
		BAB 暗河河段	聚龙潭
	BB 天然湖泊与池沼	BBC 谭池	聚龙潭
	BD 泉	BDA 冷泉	蝴蝶泉
C 生物景观	CA 树木	CAA 林地	兴隆寨枫树林、遇龙河竹林
		CAB 丛树	柚子林、金橘林、相橙林、香格、油茶树、柿树、杨梅、毛竹、凤尾竹、古巨格、香樟、枫树、板栗树、月月桂、桂花树、竹柏、观光木、酸枣王灌木丛等
		CAC 独树	穿岩古格树、矮山门古香樟
	CD 野生动物栖息地	CDA 水生动物栖息地	鳜鱼、青鱼、鲢鱼、泥鳅、黄鳝、娃娃鱼、虎纹蛙等水生动物栖息地
		CDB 陆地动物栖息地	穿山甲、果子狸、麝、野牛、野狗等陆地动物栖息地
		CDC 鸟类栖息地	鹧鸪、杜鹃、画眉、斑鸠、八哥、黄莺、麻雀、啄木鸟、野鸭、老鹰等鸟类栖息地
D 天象与气候景观	DB 天气与气候现象	DBA 云雾多发区	遇龙河谷峰丛
		DBB 避暑气候地	遇龙河、月亮山等地
E 遗址遗迹	EA 史前人类活动场所	EAA 人类活动遗址	岩塘村古化石遗址、图腾古道
		EAD 原始聚落	图腾古道
	EB 社会经济文化活动遗址遗连	EBA 历史事件发生地	遇龙桥石碑记载的抗战事件
		EBF 废城与聚落遗连	归义古城遗址
F 建筑与设施	FA 综合人文旅游点	FAB 康体游乐休闲度假地	古榕公园、遇龙村、聚龙潭、阳朔河群度假酒店
		FAC 宗教与祭祀活动场所	鉴山寺
		FAE 文化活动场所	旧县、遇龙村、遇龙堡、龙潭村
		FAH 动物与植物展示	古榕公园
		FAK 景物观赏点	遇龙桥、富里桥、工农桥

续表

主类	亚类	基本类型	单体名称
F 建设与设施	FB 单体活动场馆	FBC 展示演示场馆	图腾古道演艺场
	FD 居住地与社区	FDA 传统与乡土建筑	遇龙堡明清风格古建筑群、禁氏家祠、龙潭村进士院和古建筑群
		FDB 特色街巷	旧县古村、遇龙堡古村
		FDC 特色社区	遇龙堡、旧县村、龙潭村
		FDD 名人故居与历史纪念建筑	徐悲鸿故居、孙中山纪念堂
	FF 交通建筑	FFA 桥	遇龙桥、富里桥、仙桂桥、金龙桥、工农桥
		FFC 港口渡口与码头	金龙桥码头、遇龙村码头、朝阳码头、夏堂码头、水厄底码头、万景码头等
	FG 水工建筑	FGB 水井	归义古城的"守旧"古井、旧县每家都有古井
		FGF 提水建筑	水井、水车
G 旅游商品	GA 地方旅游商品	GAA 菜品饮食	阳秀美食啤酒鱼、阳期十八酿、干锅鱼、三花游、辣椒酱、腐乳、罗汉果、桂林米粉、螺蛳粉等
		GAB 农林畜产品与制品	河鱼、干锅鱼、啤酒鱼等
		GAE 传统手工产品与工艺品	图章、刺绣、玉石（竹木）雕刻、画扇、烙花、壮族绣球、壮锦、工艺纸伞、手绘式屏风、梳篦、镇纸、文化衫、面具、民战蜡染布、竹凉席等
		GAG 其他物品	壮族等少数民族服饰
H 人文活动	HA 人事记录	HAA 人物	进士黎建良、抗日将军黎行恕等
		HAB 事件	抗日事件
	HB 艺术	HBA 文艺团体	图腾古道演艺团队
		HBB 文学艺术作品	《漓江春晓》《墨竹》《印象·刘三姐》

续表

主类	亚类	基本类型	单体名称
H 人文活动	HC 民间习俗	HCA 地方习俗与民间礼仪	民间对歌、壮族山歌会
		HCB 民间节庆	六月二十三节、阳朔社日、上新坟节、中元节、常新节
		HCC 民间演艺	图腾古道甄皮岩舞、漓水·古越
		HCD 民间健身活动	抢花炮、打篮球等
		HCB 民间集会	壮族三月三节、阳朔渔火节

（三）保护措施全面性

景区制定了一系列的保护措施，如《广西壮族自治区漓江流域生态环境保护条例》《古村落保护措施》《阳朔县遇龙河景区动物资源保护措施》《景区古树名木保护措施》《景区生态、景观、历史建筑保护条例》《阳朔十里画廊遇龙河景区管理处防盗制度》《景区消防安全管理规定》《防火防盗安全管理制度》等，同时在建设过程中落实各项措施，并且不断完善各项规章制度。景区内设有环境监控站、渔政管理站和阳朔县水产畜牧技术推广站，并配套有生态监测和动植物救助专人及措施，景区内严禁乱砍滥伐、禁止捕杀野生动物，打击电、炸、毒鱼，地笼捕鱼等破坏生态环境的违法行为，同时加强环保的宣传教育对景区的生态环境以及物种进行全面保护。

（四）环境氛围和谐性

阳朔十里画廊遇龙河景区内建筑选址不破坏景观，建筑外观（造型、色调、材料等）与主观相协调，景点建筑选址恰当，合理搭配植物景观，结合景区的自然山水特色及桂北乡村民俗特色在景区内修建供游客休息、赏景的亭台楼阁，打造特色村落。

景区的重要山水资源、乡村田园、旅游设施等与周边环境利用绿化带、水体、山体、围栏、围墙等设有缓冲区和隔离带，形成景区优美的天际轮廓线。景区出入口主体大门建筑以及服务设施建筑通过材质、造型、色彩运用，突出桂北建筑特色，与周边环境相协调。建筑因山水而精彩，山水因建筑而灵动，相映成趣，展现了十里如诗如画的山水田园画卷。

（五）服务设施功能性

1. 住宿功能

景区内住宿设施种类丰富，有主题度假酒店、山水度假酒店、自驾车房车营地、精品民宿、家庭酒店等，能满足各类游客需求。区内拥有高、中档不同价位的住宿设施，且每种价位档次均能提供三种以上不同类型的住宿设施，能满足不同的客群市场需求，是区内旅游服务质量品质的保证。景区还有独立建设的度假酒店、利用古民居改造而来的精品民宿等。这些酒店、民宿建筑的体量大小与其周边环境相协调，景观视觉上与绿水青山相融。

2. 餐饮功能

景区内的餐饮设施主要集中分布于散布在区内的各酒店、精品民宿、景点、休闲农业及乡村旅游点等。这些住宿设施能提供多种国内外主要菜系，满足庞大的客源需求。餐饮具有浓郁地方性，特色菜品多样，主要由多种消费档次、多地区菜系组成，但大部分属桂北及阳朔地方饮食为主，备受游客及当地居民青睐。

3. 购物与娱乐功能

景区内旅游购物场所建筑外观与周围景观环境协调融洽，旅游商品以本地产品为主，旅游产品种类丰富，主要有阳朔金橘、沙田柚、九龙藤蜜等。景区管委会及阳朔工商部门是对经营服务项目、场所的管理机构，负责对景区内购物场所进行监控管理，对购物场所实行规范、标准化的管理和服务，建立服务质量保证体系，确保购物场所环境整洁，秩序良好，无围追兜售，强卖强买现象。依据《阳朔十里画廊遇龙河景区商品经营制度》《职工承包合同书》和《阳朔十里画廊遇龙河景区承包诚信公约》，结合工商、税务、物价和技术监督部门对商户进行质量、价格、计量、位置、售后服务统一管理。

区内定期开展各类民俗表演、游客体验性活动，如敬酒歌、行歌坐月、百家宴、侗族大歌、反排木鼓舞、民族多耶舞等节目，节目形式大多以歌舞、观众互动为主，在区内除游赏秀美的生态风光之外，还可以体验当地民风民俗。

三、景区建设经验

自开展创建广西生态旅游示范区以来，阳朔十里画廊遇龙河景区坚持绿色发展理念，强化组织管理，开发生态旅游产品，加强旅游市场监管，扩大市场宣传营销，创建工作取得了良好的成效。

（一）景区创建历程

1. 健全组织机构，有力保障生态旅游示范区创建工作

景区涉及阳朔县 3 个乡镇及 8 个行政村，范围大，涉及村屯、居民众多。在县政府的指导下，2007 年 6 月成立了阳朔县遇龙河景区旅游发展有限公司，为县政府直管企业，推进景区的开发建设，切实保障景区的运营管理，遇龙河景区开始开业接待游客。同时为加强组织领导，有效协调和处理多方关系，阳朔县成立了"遇龙河景区管理委员会"。为适应新时期的发展需求，推进十里画廊、遇龙河两大片区的统一管理，切实保护好两大片区的生态环境，阳朔县又推进成立了"阳朔十里画廊遇龙河景区管理委员会"，将十里画廊片区、遇龙河片区进行整合，形成一个旅游景区，进行统一管理，确保创建生态旅游示范区、景区开发建设、综合管理运营等多方面得到有力保障和有效实施。为创建广西生态旅游示范区，县委、县政府决定从县各部门中抽调精兵强将，对管委会进行进一步的充实，建立了一支敢打硬仗、善打难仗、能打胜仗的工作队伍，专门负责组织、实施、落实创建示范区的各项具体工作，为创建成功提供坚强有力的组织保障。

2. 提升规划水平，强化规划的引领和控制作用

高水平编制景区的总体规划。委托广西区内最高水平的规划设计单位，按照桂林市、阳朔县对景区发展的要求，紧跟旅游业发展趋势，编制了科学的总体规划。

强化绿色发展理念。规划始终强调绿色发展理念，强化生态优先原则，在妥善保护好地形地貌、自然水域、森林植被、历史文化和传统民俗的基础上，景区的空间布局、产品开发、项目建设等方面均充分体现自然生态的特点。

强化规划的控制。景区在项目引进、开发建设、日常管理中，严格遵循规划的相关要求。对不符合规划内容、不符合生态要求的投资意向和建设内容坚决否决，确保了景区的开发建设始终围绕"生态"主线。

通过高水平编制景区的总体规划、强化绿色发展理念、强化规划的控制，确保了景区的开发建设始终围绕"生态"主线。

3. 制定创建方案，全面细致落实各项创建工作

景区制定了创建工作方案并细化了创建工作任务分解表，明确职责单位和个人，落实各项工作任务，确保创建工作层层落实。县委、县政府，以及县旅游局、环保局、管委会等主要单位将创建工作列入重要议事日程，多次集中开会认真研究解决创建实施中的重大问题。

景区根据广西生态旅游示范区创建工作、规程、标准等要求，制定了创建工作方案并细化了创建工作任务分解表，明确职责单位和个人，落实各项工作任务，确保创建工作层层落实。县委、县政府，以及县旅游局、环保局、管委会等主要单位将创建工作列入重要议事日程，多次集中开会认真研究解决创建实施中的重大问题。

各责任单位明确领导的分工与职责，把握方向、明确责任、各司其职、密切配合、凝聚力量、形成合力，使创建工作方案确定的目标、任务和重点项目切实得到贯彻落实。同时，在创建过程中，实施过程跟踪、动态调节、执行监督和中期、末期考核评估机制，确保规划目标和任务的落实。

4. 加强项目建设，打造高品质的生态旅游产品体系

优良的生态环境是示范区的基础，高品质的生态旅游项目是示范区的体现。景区正加快引进一批高品质的生态旅游项目，全面提升景区的生态旅游内涵和品质。大力推进实施遇龙河生态示范区工程，推出了十里画廊等休闲农业与乡村旅游相融合的精品乡村旅游线路，形成了一批颇具个性的乡村旅游品牌，使田园变公园，农家变店家，呈现出一村一品、一村一景、一村一韵的生态乡村旅游大格局。

景区加快引进一批高品质的生态旅游项目，全面提升景区的生态旅游内涵和品质；推进实施遇龙河生态示范区等示范工程，推出精品乡村旅游线路，形成了一批颇具个性的乡村旅游品牌，呈现出生态乡村旅游大格局。

5. 加大建设投入，完善生态旅游基础设施和服务设施

2014 年以来共投入了 3400 万元，不断完善景区内的旅游码头、生态公园、生态骑行道、生态休闲步道、旅游厕所、生态村屯、旅游公共服务体系等生态旅游基础设施和服务设施。

（1）加快遇龙河万景码头等 11 个高标准的旅游码头的建设，加快建设遇龙河生态公园，推进十里画廊沿线、遇龙河沿河的生态骑行道和生态休闲步道等基础设施建设。

（2）巩固扩大"厕所革命"战果，按照 A 级旅游厕所标准，新建万景等 5 个 AAA 级旅游厕所，2 个 AA 级旅游厕所，所建旅游公厕达到"干净无味、使用免费、管理有效"的标准。

（3）深化村屯生态建设，加快遇龙河沿河、主要游览线路沿线的村屯绿化美化，推进村屯污水处理工程，降低居民生活、旅游活动对环境的影响。

（4）提升旅游公共服务体系建设。完善了景区景点、旅行社、星级酒店等主要旅游服务场所交通引导牌、公共信息图形符号、旅游导览系统。

6. 实行交通管制，有效保护景区生态环境

从2017年9月15日起，阳朔县十里画廊遇龙河景区每天7：00~19：00正式实施交通管制，自驾车和旅游大巴需将车辆停在景区外的停车场，游客可换乘旅游专线车进入景区，也可步行或租自行车骑行进入景区。通过交通分级管理和分级接驳，有效地引导了穿行景区的机动车辆进入接驳点停车场，原来车流拥挤的景区交通变得井然有序，景区内的景观与环境得到了较好的恢复和保护。

7. 强化市场管理，营造安全舒适的旅游环境

通过加大执法力度、加重违法惩处，充分发挥阳朔县的"旅游巡回法庭"的作用，有效维护景区的旅游秩序，有效维护好旅游者的合法权益。为维护景区的旅游秩序，阳朔县旅游局多次出动执法人员，检查旅游团队导游，查处了一批违规导游人员，并进行了批评教育、罚款等处罚；对景区内的旅行社、旅游服务网点进行仔细检查，对部分旅行社负责人及导游进行约谈。同时，多个部门联合对十里画廊景区内导游、野导、村民无序揽客进行整治，配合区、市检查组开展旅游市场联合整治，配合市旅监所、市旅游综合执法大队开展旅游市场整治，充分发挥阳朔县的"旅游巡回法庭"的作用，有效开展法律服务，积极维护好旅游者的合法权益。

自开展创建广西生态旅游示范区以来，阳朔十里画廊遇龙河景区结合自身优势，有针对性地采取多种有效措施不断保护和提升生态环境质量，取得了良好的成效，也总结了有益的经验和办法。目前景区内的遇龙河等水体达到国家Ⅰ级水质标准，大气环境现状良好，各项质量指标都达到国家环境质量一级标准。围绕生态建设，景区进一步完善了生态停车场、生态步道、游客中心等基础设施和服务设施，进一步开发了竹筏漂流、滨水骑行、田园休闲、山水度假等生态旅游产品；景区内的乡村旅游有序快速发展，社区和谐，乡村优美，区域统筹协调发展。

（二）景区创建成效

1. 绿色发展理念有效坚持，生态环保意识得到强化

景区从一开始就确定了打造成为阳朔县的"生态会客厅"，把绿色发展理念、可持续发展作为景区的发展纲领。阳朔县各级党委、政府，有关部门、单位以及景区均把生态建设、环境与资源保护作为景区发展的前提和要旨，对绿色发

展、生态建设的认识不断深化，重视程度不断提高，发展思路不断完善。景区在开发建设的过程中，注重做好对社区居民的生态环保的宣传和教育，鼓励和引导当地居民发展生态型的观光、休闲旅游，在日常生产生活中注重减少对自然环境的不利影响，通过生态乡村活动，有力地推进了景区内各乡村的生态化建设。

2. 生态旅游产品不断完善，生态旅游品牌越发鲜明

通过多种方式开发和完善生态旅游产品，如推进以景区为核心山水观光旅游产品开发、依托生态环境，推进高品质的休闲度假旅游产品，大力推进矮山门村，旧县等生态乡村旅游产品，推进景区节庆表演等文化旅游产品，推进以骑行，竹筏漂游等为代表的户外生态旅游产品，推进以夏令营、摄影培训等为代表的修学旅游产品等。阳朔十里画廊遇龙河景区以生态为特色的观光旅游、休闲度假、乡村旅游、休闲农业等生态旅游产品不断完善，景区的生态旅游品牌越发鲜明。

3. 生态景区建设全面推进，旅游服务设施不断完善

阳朔十里画廊遇龙河景区一直以来均严格坚持生态建设，严格控制人为因素对自然生态和文化自然遗产原真性、完整性的干扰，严禁不符合主体功能定位的开发活动，对禁止开发区域实施强制性保护，引导人口逐步有序转移，推进污染物"零排放"，提高景区的生态环境质量。坚决拆除景区内不符合生态环保要求，对环境、景观的破坏和影响较为严重的建筑和设施。对于新引进的项目，阳朔十里画廊遇龙河景区管理委员会进行了严格的甄别，对项目类型、建设选址不符合景区规划、生态环保等要求的，坚决执行一票否决。对于已经准许入驻的项目，管委会严格审查项目的建设方案，从材质、色彩、体量等多方面进行把控；要求项目做好环评等环节，严格要求建设项目中防治污染的设施与主体工程同时设计、同时施工、同时投产使用。

4. 组织领导机构有力强化，综合管理水平不断提升

为加强对创建工作的组织领导，阳朔县成立了"阳朔县十里画廊遇龙河景区管理委员会"，全面指导、协调景区的各项规划、建设、管理和运营工作。不仅如此，从县一级开始，制定了严格的目标管理制度和经费保障制度，坚持将生态创建工作经费纳入县财政预算，确保生态建设各项工作顺利进行。通过各种形式不定期地对全体工作人员开展质量、营销、安全、导游、接待礼仪等业务知识培训，服务人员素质明显提高，景区管理水平、服务水平有效提升。

5. 生态旅游环境不断优化，知名度和美誉度双提高

景区内的各类生态基础设施、服务设施不断完善；范围内的村庄在污水处理、垃圾收集、村屯风貌等方面的生态建设效果明显，显山露水、和谐优美的生态乡村风貌全面展现；景区的生态化建设成效显著，生态环境得到了有效保护和提升。世界级的优美山水、优良的生态环境、良好的旅游环境相容并济、相得益彰，大幅提升了景区的品质，强化了景区生态型旅游目的地的吸引力，"生态会客厅"的旅游形象深入人心。这一形象十分契合目前旅游业发展的趋势，从而受到了国内外旅游市场的热捧，得到了游客的普遍认可和赞许，景区的知名度和美誉度得到了双提高。

6. 经济产业结构加快优化，区域统筹得到协调发展

一是通过发展壮大生态循环型农业，促进农业产业化、生态化、规模化、集约化、效益化、品牌化发展，实现农业产业提质增效，促进农业发展方式转变。

二是着力发展生态旅游业，树立绿色经营理念，以资源节约和循环利用为发展方向，建设生态餐饮住宿业，打造生态文化品牌。

三是着力培育品牌企业，拉长产业链条，促进产业集聚，提高产业竞争力，加快产业建设与生态文明建设相适应的产业体系。

四、访谈景区工作人员、游客、当地旅游部门

为确保打造"阳朔生态会客厅"的目标有效实现，阳朔十里画廊遇龙河景区充分认识到规划对引领景区发展、指导创建生态旅游示范区的重要意义，始终坚持强化规划的引领和控制作用。2018 年编制了《阳朔十里画廊遇龙河景区生态旅游示范区总体规划》（以下简称《规划》）并顺利通过专家评审。《规划》坚持"低碳"发展理念，坚持"生态优先"的发展原则，强调景区在旅游开发时应强化低碳旅游和生态环保的理念，树立保护优先的思想，积极倡导和发展低碳旅游活动、项目和产品，引导旅游开发主体、当地居民、游客参与建设景区的生态文明，建设成为中国国际山水田园旅游目的地，促进阳朔县旅游业和社会经济的健康、可持续发展。

《桂林市旅游总体规划修编（2015～2020 年)》中提出，重点推进遇龙河创 5A 工程，着力打造全景化休闲度假空间、精品化休闲度假设施、示范性生态休闲步道，成为国际化原生态观光度假旅游景区。《阳朔县国民经济和社会发展第十三个五年规划纲要》中提出，遇龙河片区拟完善遇龙河核心游览区基础建设，

依托特色旅游资源，加快培育"浪漫山水、养生养老、低空飞行"三大特色主题旅游产品，优化提升山水观光、休闲度假、乡村休闲三大传统品牌旅游产品，大力开发创意文化、佛教文化等文化体验旅游产品。因此，景区的《规划》高度契合桂林市的旅游总体规划、阳朔县国民经济发展规划等区域经济发展规划的目标与要求。

阳朔县委、县政委从一开始就提出：创建广西生态旅游示范区是阳朔十里画廊遇龙河景区的近期工作重点，创建国家生态旅游示范区将是下一步的工作目标。在创建过程中，阳朔十里画廊遇龙河景区充分认识到：创建广西生态旅游示范区乃至国家生态旅游示范区，是景区的重要工作目标，但绝不是全部的目的。更为重要的目的和意义，是通过创建工作，进一步贯彻和落实绿色发展理念，加快各项生态建设工作，不断完善景区的管理和运营机制，不断完善景区的各项规章制度，不断提升景区的旅游品质，不断增强景区的吸引力，有效提升游客的满意度，打造具有示范性的生态型旅游景区。

景区建设总体目标大致分为近期目标和中远期目标。近期目标是2017～2020年，至少新建成2个高端的休闲度假旅游项目和2个四星级以上的度假酒店，建设一批高品质乡村精品酒店，完成遇龙河沿岸的景观提升，完成主要道路的建设和改造。中远期目标是2021～2025年，景区生态环境质量得到进一步优化，进一步增加旅游产品的类型，提升度假旅游产品的质量，强化主体度假产品内容，使景区的整体档次和品位得到进一步的提升，度假区内旅游项目逐步完善建成，智慧化的旅游服务体系成型，多种产业协调发展，城乡统筹一体化逐步完成，景区成为桂林国际旅游胜地的世界级精品旅游项目，最终成为具有国际影响力的世界顶级的山水休闲旅游度假区。具体目标从经济、生态、社会和文化方面阐述。经济目标是：2020年，景区接待游客总量达714.43万人次，旅游总消费128.60亿元；2025年，接待游客总量达877.34万人次，旅游总消费达219.34亿元。生态目标是通过生态保育和绿化建设，景区森林植被、野生动植物等自然生态系统得到保护，整体生态环境质量得到改善和提高，森林覆盖率稳中有升，达到80%；整体环境空气质量达到一级标准，固体废弃物实现100%无害化处理，构建人与自然和谐共处的可持续发展局面。文化方面以山水文化、乡村民俗文化、渔家文化、刘三姐文化、佛教文化、农耕文化、生态养生文化等为依托，以旅游为载体，重点打造世界知名的1个文化旅游品牌——遇龙河山水文化品牌，培育1个世界级高品质旅游演艺产品——"漓江千古情"3D水秀歌舞剧，1个世界级的乡村文化创意聚集区——遇龙河七大主题乡村聚落。通过旅游开发创造经济收益的同时，构建丰富的地方特色文化体系，为文化的保护、传承和弘扬提供平台和保障，实现文化与旅游结合又好又快发展。社会方面全面拉动城镇、村庄的餐饮、住宿、购物交通等第三产业的发展；提高阳朔县和桂林市的知名度，促进招商引资和阳朔县经济社会各项事业的发展；安置农村的闲散劳动力，促进周边居民就业，提高景区周边居民的收入和生活水平，提高村民的文明意识和对旅游的支持度，创造和谐友好的旅游人文环境。

今后，阳朔十里画廊遇龙河景区将按照《中华人民共和国环境保护法》《中华人民共和国节约能源法》《中华人民共和国风景名胜区管理条例》《国家生态旅游示范区建设与运营规范（GB/T25362—2010）》等相关法律法规的要求，继续坚持"保护第一、持续发展、分类指导、稳步推进、统筹协调、多方参与"的原则；严格遵守国家或地方相关法律、法规和政策；以尊重自然为基础，以生态保护及生态教育为特征，从深度和广度上加大培育生态旅游产品，规范生态旅游服务，积极塑造生态友好型旅游产业形象。景区将继续把绿色发展理念融入各项建设与管理中，坚持环境生态保护与旅游服务并存发展，进一步加强生态环境保护力度，按照生态化要求不断完善提升基础设施和服务设施，进一步扩大生态旅游宣传面和扩大景区生态科普教育覆盖面。景区将不断提升管理和服务水平，着力营造生态、文明、和谐、舒适的旅游景区环境，打造规范、优质、标杆的生态旅游景区形象，使景区成为在全国乃至世界上有积极影响力的生态旅游示范区。同时，景区将把创建工作中的有益尝试和成功做法向全县示范推广，成为阳朔县创建国家生态文明建设示范县的有力推手，促进阳朔县生态文明建设取得成效。

第二节　森林型生态旅游示范区实践研究
——融水县双龙沟原始森林旅游度假区

双龙沟原始森林旅游度假区又名"双龙沟"，位于广西壮族自治区融水县北郊，距离融水县城 2 公里。景区面积 5.49 平方公里（549 公顷），以喀斯特自然地貌为山水骨架，是云贵高原苗岭山地向东延伸部分。景区内沟壑纵横，终年溪水飞瀑，分别有 2 处自然天成的山泉汩汩涌出，汇聚成青龙沟、白龙沟，景区也因此而得名，称"双龙沟"。景区生态系统保存完好，有着鲜明的喀斯特岩溶植物特色，森林覆盖率高达 98.20%，有野生植物 165 科、1012 种；有药用植物 600 余种，有"仙草博物馆"之称。景区内还保存着本地区面积最大的原生型天然荷木林，广泛分布着喀斯特地区特有的秋海棠属植物，具有极高的科普、研究和保护价值。茂盛的原始森林，为野生动物提供了自由栖息的环境，景区可见野生动物种类百余种。景区地处亚热带季风气候带，气候温和，雨量充沛，鸟兽虫鱼与古树、老藤、奇花、异草、怪石、溪流、瀑布、幽潭组成一幅幅自然天成的原始森林景观。

景区按照"严格保护、科学建设、适度利用、持续发展"的原则，在建设过程中极力维护原有生态系统，充分论证后施工建设。项目计划总投资 4.4 亿元，分森林游览区和度假区开展建设。一期完成投资 1.2 亿元，按星级酒店标准建设酒店、餐厅、玻璃桥、铁索桥、高空栈道、溜索等休闲度假设施；建成游客中心、游步道及观光车道等交通道路系统、停车场、旅游厕所、监控及广播系统等旅游配套基础设施。二期将投资 3.2 亿元，打造全国最大的苗族文化体验博物园、广西第一条原始森林生态步道、原始森林民俗综合体、大型实景演出等项目。双龙沟原始森林旅游度假区因自然景观优美、民族风情浓郁、基础设施齐全、旅游服务周到、景区管理完善而成为桂西北最大的休闲养生度假旅游胜地。

一、景区基本情况

（一）区域环境

双龙沟景区位于融水县城北郊，距县城 2 公里，景区距离三北高速公路进出口约 8 公里，距融水火车站 5.5 公里，距融水汽车站 5 公里，交通便利，有旅游专线车通达，游客进入景区十分方便。景区内道路选线与山形水系相呼应，各条游览路线各有特色并形成环线。景区内道路沿线山体绿化好，道路绿树成荫，景区滑索全长 528 米，游客乘坐高空滑索滑下，穿梭在翠绿森林间，呼吸清新的高山空气，完全亲近大自然。景区还拥有高空栈道，全长 128 米，悬空离地 6 米，架设在树梢上。

双龙沟景区地处低纬度范围，属中亚热带季风气候，由于海拔较高，山地较多，故山区气候特征比较明显。阳光充足，气候温和，雨量充沛，多年平均气温为 19℃，年平均日照时数为 1699 小时，多年平均降水为 1480.1 毫米，且由于山高林密，形成自有的优良小气候环境。

（二）资源情况

双龙沟景区属中亚热带季风气候，阳光充足，气候温和，雨量充沛，景区动植物资源丰富，自然生态环境完好。得天独厚的亚热带原始森林、喀斯特岩溶地貌为景区奠定了山水骨架形成自然天成的自然山水格局。景区面积5.49平方公里（549公顷），有着典型的喀斯特山水风光，山峰连绵，峰峦叠翠。溪水因地势高低而富有变化，积水成潭，潭溢而瀑，并依山之开合顺流而下，形成两条峡谷瀑布群，延绵4.7公里。景区内潭瀑连串，自然之趣蔚为壮观。由于峡谷地貌沟壑纵横，地势高低可见绝壁奇石，稍有落差便形成跌水，雨量充沛的丰水期，大大小小的瀑布多达上百个。勰员瀑布就是景区内落差最大的瀑布，高20余米，宽约5米，远听如雷、近听如鼓，一挂飞瀑，凌虚而下，气势恢宏。而那深山溪流，幽兰相伴，一路叮咚让人解读着这片原始森林的生机和希望。

双龙沟景区生态系统保存完好，景区内生物多样，植被丰富、葱郁茂盛，森林植被分属亚热带常绿阔叶林区，植物区系接近于元宝山植物区系，生态环境多样，植物物种丰富，为多类昆虫、鸟类、兽类的繁殖与栖息提供了良好的条件。有着鲜明的喀斯特岩溶植物特色，森林覆盖率高达98.20%，有野生植物165科、1012种，生长着金毛狗脊、闽楠、华南五针松、樟等国家二级保护植物；有药用植物600余种，如紫萁、乌蕨、藤石松、华南马尾杉等，有"仙草博物馆"之称。景区内还保存着本地区面积最大的原生型天然荷木林，广泛分布有喀斯特地区特有的秋海棠属植物，具有极高的科普、研究和保护价值。茂盛的原始森林，为野生动物提供了自由栖息的环境，景区可见野生动物种类百余种，有国家一级保护动物蟒蛇，常见国家二级保护动物虎纹蛙、大鲵、猫头鹰等出没。

双龙沟景区以水为魂、以桥成趣，景区内有石桥、独木桥、铁索桥、风雨桥、玻璃桥。溪谷间怪石遍布，横木不朽，自然天成成为石桥和木桥；跃然深沟之上的吊索桥长80米，让人游趣盎然；重檐3亭游廊的风雨桥极富地域特色，有着浓重的融水地方建筑风情；横跨在两山之间、凌驾在郁郁葱葱森林之上的玻璃桥，宽2米，长199.9米，垂直距离地面52米，是广西首座玻璃悬索桥。

少数民族风情是双龙沟景区的又一特色。景区以融水苗族风情为主，将苗族风情特色与秀美的自然景色融为一体，在青山秀水中建造了极具特色的民族风貌建筑——风雨桥、梦呜餐厅、梦呜酒店、梦呜苗寨等。梦呜餐厅通过挖掘当地少数民族传统饮食文化中的精髓，开发出梦呜簸箕宴，原汁原味地打造出双龙沟独树一帜的民族菜肴品牌。别具一格的民族菜肴、地方特色的歌舞表演等民族元素充分展示少数民族文化的魅力，让游客在原始森林旅游度假中充分领略到当地苗族文化的异彩，形成"双龙沟"特有的民族文化特色氛围，使景区成为对外展示"秀美融水·风情苗乡"的窗口。

（三）（资源与环境）开发保护情况

为加强对原始森林的科学规划和合理利用，双龙沟原始森林度假区于2010年开展总体规划，2014年5月，《双龙沟原始森林旅游度假区总体规划》获融水苗族自治县人民政府审批通过，这为景区在严格保护自然生态环境的前提下发展生态旅游，开展分步建设和有序管理提供了科学依据。为有效保护原始森林的自然资源和生态环境，景区按照"严格保护、科学建设、适度利用、持续发展"的原则建设发展景区，正确处理好资源保护与合理开发利用的关系。坚持以严格保护原始森林为主要建设方向，在开发建设中必须体现自然、绿色、生态的特色，努力减少各种人工化痕迹，使建筑和构筑物、森林植被、自然山水相得益彰，保证原始森林的生态平衡，形成持续、稳定的发展格局。景区结合森林生态环境特征和森林旅游服务项目内容，科学、正确评估基础设施建设、服务项目对景区环境的影响，并以此进行合理布局，区分森林核心保护区和旅游休闲度假区，采用不同的管理手段对各区进行有针对性的管理，有效保护核心区域，合理利用功能区，使环境保护和资源利用双线并行。为了更好地对景区内的动植物及历史人物资源进行保护，景区制定了一系列相关的制度及操作要求，如《融水县双龙沟原始森林旅游度假区环境保护管理制度》，并实行一岗双责制，将动植物、景观资源的保护落实到个人，如表6-7所示。

双龙沟景区虽紧邻融水县城，但原始森林植被保护完好。交通便捷，基础设施完善，服务理念先进，管理到位。目前，双龙沟景区森林生态环境质量优良，地表水水温、pH值、化学需氧量等28项达到国家GB3838Ⅲ类水质，空气质量SO_2、氮氧化物、CO等5项常年达到GB3095一级标准，噪声环境等效连续A声级达到GB3096一类标准。

1. 空气质量

双龙沟景区群山环抱，植被葱郁茂盛，空气质量良好。据广西华强环境监测有限公司出具的空气质量检验结果报告表明，双龙沟景区空气SO_2、氮氧化物、CO、PM 10、TSP数值达国标一级标准。

2. 噪声质量

双龙沟景区环境幽静舒适，是本地及周边县市市民游客旅游度假、休闲娱乐的首选。根据广西华强环境监测有限公司出具的环境噪声监测报告书表明，双龙沟景区噪声等效连续 A 声级达国标一类标准。

3. 地表水质量达国标规定

景区溪水碧绿清澈，水质优良，无明显的沉淀物、浮渣、油类等漂浮物。根据广西华强环境监测有限公司出具的水样监测报告表明，双龙沟景区地表水水温、pH 值、高锰酸盐指数、化学需氧量、总磷、氯化物等 28 项数值达到国标Ⅲ类标准。

4. 景观、生态、文物、古建筑保护投入

表 6－7　保护投入情况：安全环保资金投入项目清单

序号	类别	项目	项目明细	投入资金（元）
1	文明生产和环保支出	土建	用于景区现场砖、砼砌块等墙体的建造、美化费用	1589100
		九牌一图	按企业形象视觉识别系统规定图牌的制作费用	130000
		景区标志	现场出入的大门设置的本企业标准费用	19269
		场容场貌	①保持道路畅通、排水沟、排水设施通畅的费用；②地面硬化处理的费用	127580
		环境管理	环境监测费用	130000
		垃圾清运	生产垃圾、生活垃圾应分类存放容器的购置费用。生产垃圾运输、处理的费用	19500
2	完善、改造和维护安全防护设备、设施支出	安全警示标志牌	①警示标志牌制作费用；②宣传牌制作费用；③宣传栏的制作费用	110000
		材料堆放	①材料、构件、料具等堆放标牌的制作费用；②水泥和其他易飞扬细颗粒建筑材料应密闭存放或采取覆盖等措施费用；③易燃、易爆、有毒有害物品分类存放设施的建造费用	930000
		现场办公生活设施	符合国家有关规定的生产现场办公、生活设施（厂区办公室、现场宿舍、食堂、厕所、饮水、休息场所等）的制作、购置、改造、维护费用	9184000

续表

序号	类别	项目	项目明细	投入资金（元）
2	完善、改造和维护安全防护设备、设施支出	配电线路	符合国家有关规定的生产现场办公、生活设施（厂区办公室、现场宿舍、食堂、厕所、饮水、休息场所等）的制作、购置、改造、维护费用	639000
		配电箱开关	①按照规范要求配备和更换电缆的费用；②按要求架设临时用电线路或电缆埋地的生产费用；③对靠近生产现场的外电线路防护设施的生产费用	247000
		接地保护装置及其他	①配备总配电箱、分配电箱、开关箱三类标准电箱、电焊机专用开关箱的费用；②更换电气元件的费用	16900
3	配备必要的应急救援器材设备和现场作业人员安全防护物品支出	应急救援器材、设备	①应急救援器材（设备）的购置、维护、改造费用；②应急救援物资储备；③其他与应急救援有关的支出	6190
		员工安全防护物品支出	①工作服、工作鞋、手套、工作帽等用品的购置费用；②绝缘鞋、绝缘手套、绝缘靴等用品的购置费用；③防暑降温防护费用；④其他个人防护用品的购置费用	11725
4	安全生产检查与评价支出	安全生产检查	①专门用于安全生产、环境保护检查仪器、仪表、车辆及其他的费用；②安全检查交通、差旅费；③安全管理人员工资、津贴等支出；④其他与安全管理机构相关的经费支出	133490
		安全生产评价	委托评价机构进行安全生产评价发生的费用	24810

续表

序号	类别	项目	项目明细	投入资金（元）
5	重大危险源、重大事故隐患的评估、整改、监控支出	重大危险源、重大事故隐患的评估	委托评价机构进行重大危险源、重大事故隐患的评估费用	475980
		重大危险源、重大事故隐患的整改、监控	整改、监控重大危险源、重大事故隐患的费用	351470
6	安全技能培训及进行应急救援演练支出	安全技能培训	①购置教材、图书、挂图、光盘等宣传品费用；②开办培训班的讲课费、学费等；③特种作业人员培训费用；④企业负责人、项目经理、安全管理人员（简称三类人员）培训费用	64781
		应急救援演练	①应急演练发生的生产、机械和其他费用；②生产本身安全（消防、救生）演练费用	58495

（四）宣传教育情况

双龙沟景区充分利用自身丰富的森林资源，积极开展生态科普活动。景区工作人员通过景区广播向区域社区人民定期宣传解释，区域旅游中发展的需要，通过热线电话以及邀请社区参与景区活动的形式及时向社区民众反馈景区信息。景区通过印制派发宣传册宣传景区相关建设理念，引导周边社区人民踊跃参与讨论景区的建设和发展问题。结合自身优势，组织社区及周边学校学生到景区内进行环境保护知识的学习教育活动。景区对园区内60余种植物悬挂了识别挂牌，并通过板报、展板、广播、导游服务、志愿者活动等多种形式向游客宣传森林生态科普知识，提高游客保护森林的生态意识。

双龙沟景区围绕森林资源，积极开展生态旅游形象宣传推广活动，主要通过报刊、电视、网络等传播手段进行旅游宣传，同时积极开展各种森林生态科普活动，大力倡导生态旅游，文明游览，建设"生态文明景区"。一是积极与新闻媒体联系，树立景区良好的生态景区形象。二是以森林健康游为主题开展活动，展出优秀图片及文明旅游、生态科普知识宣传展板，通过组织周边社区及团体开展森林户外活动，对社区居民进行生态环保知识影响及教育，并宣传诚信文化。三是对双龙沟的森林植被、溪瀑、昆虫动物等进行图片收集，为今后编制画册打下基础。四是制作景区生态旅游专题宣传片《融水·双龙沟》和景区宣传图册。五是建立景区网站和微信公众号，积极通过互联网对外宣传和树立双龙沟的生态形象。

（五）管理情况

景区的管理机构为广西融水双龙沟旅游开发有限公司，属柳州市小红帽教育集团下属分公司，为打造一支高素质的服务团队，不断提高管理水平，景区按照"标准化、规范化、科学化"要求，健全管理机构，针对景区岗位特点，合理设置岗位，并建立健全各项规章制度。景区现有员工 126 人，下设总经理办公室、大泠农业观光合作社、景区扶贫管理办公室、行政办、工程部、营销部、后勤部、安全部、质监部、培训部、宣传部、演艺部、绿化部、保安部、保洁部、财务部（含售票）、讲解部、观光车组等。景区董事长下设总经理 1 名，直管市场财务部，副总经理 4 名，分别负责餐饮酒店、办公室、培训质监部、景区工程部、安全保洁部。各岗位职责明确，质量、营销、导游、卫生、生态、环保、统计等规章制度健全，贯彻得力，有详细、完整记录。景区管理设置安全管理小组，安全管理小组是景区安全管理工作的最高机构，由总经理任组长，安全生产部经理任常务副组长，副总经理任副组长，负责景区所有生产安全、治安防范、卫生管理工作的计划、实施和监督，确保双龙沟景区长治久安，防止发生区域性各类安全事故。同时为保护旅游投诉者和被投诉者的合法利益，景区还设立了旅游投诉管理部门，制定旅游投诉管理规定，建立起高效的投诉受理和处理机制。

景区坚持"诚信为本，礼让为先"的人本服务理念，通过各种形式不定期地对全体工作人员开展质量、营销、安全、导游、接待礼仪等业务知识培训，服务人员素质明显提高，景区服务水平有效提升。景区还推行地域文化特色服务，把特色浓郁的风情服务作为亮点融入旅游服务工作中，形成景区的旅游服务特色。

景区围绕乡村振兴、生态搬迁、传统村落及民俗保护，大力完善景区基础设施的同时注重吸纳带动农村劳动力就业。一是通过流转新国村古选屯 5000 亩集体林地、每年给予固定的租金和吸收 25 户农户 120 亩土地入股的方式，帮助周边群众用活自然资源和土地资源，实现了向产业的转化，拓宽了农民收益途径。二是通过采取异地搬迁的模式，计划将苗族山区 100 栋苗楼和苗民整户搬迁到景区，目前已完成 11 栋纯木结构的苗楼和 42 人 13 户建档立卡的贫困户搬迁工作，打造苗族文化体验博物园——梦鸣苗寨，不仅使异地扶贫搬迁户原有的苗楼得到科学的保护，还可以使游客在县城就可以体验到苗家人原汁原味的文化和农耕生活。三是通过微田园、微市场、微工坊的"三微"模式，不仅向农民提供工程维护、绿化保洁、田园管理等工作岗位，还让贫困户保持熟悉的生产生活环境，自产自销民族手工艺品，打造出了一个又一个绿色生态环保的旅游扶贫项目。景区在绿水青山和金山银山中搭起了一座生态旅游扶贫致富的桥梁，吸引和带动当地 1 万多名群众参与到生态旅游休闲服务中，带动了景区周边现代农业、加工服务、交通运输、餐饮住宿等相关产业的发展，利用产业支撑促使农民实现自主创业、稳定脱贫。双龙沟原始森林旅游度假区以秀丽的自然山水，典型的喀斯特地貌，完好的原始森林生态环境，浓郁的少数民族风情，先进科学的森林旅游理念，完善的旅游度假设施吸引了众多的游客，在保护生态环境、合理适度开发、可持续发展上具有一定的示范价值，对推行生态保护和旅游发展，促进地方经济建设，以旅游带动经济发展起到积极作用。

二、景区特点、亮点

（一）景观价值独特性

双龙沟原始森林旅游度假区有着典型的喀斯特山水风光。景区峰峦叠翠，属于云贵高原苗岭山地向东延伸部分。这里云生雾绕，森林茂密，溪水潺潺，鸟语花香，具备较高的美学价值。

双龙沟景区茂密的林荫，优美的环境，便利的交通，成为柳州及周边地市居民享受绿色、接触自然的理想之处。同时，这里也是广大青少年学习了解自然知识的理想之处。景区内主要开展休闲观光、自然体验、科普学习、水上游览等对环境影响较小的生态旅游内容。

景区集喀斯特自然山水、少数民族风情、森林康养度假于一体，其中，宽 2 米、长 199.9 米、距离地面 52 米的表白桥是广西首座玻璃悬索桥。这里生灵自由地栖息繁衍，这里尽情演绎着多姿多彩的民族风情，这里诠释着人与自然和谐共处的真谛。

（二）生态资源丰富性

景区生态系统保存得较为完整，喀斯特岩溶植物特色鲜明，森林覆盖率高达98.20%，双龙沟景区属中亚热带季风气候，气候温和，雨量充沛，植物资源丰富，植被茂密，加上景区内露出地面穿流而过的溪流，使得景区内形成良好的自然环境，为野生动物提供了栖息繁衍极有利的自然条件。野生动植物种类繁多，生长着金毛狗脊、闽楠、华南五针松、樟等国家二级保护植物；有紫萁、乌蕨、藤石松、华南马尾杉等 600 余种药用植物，被称为"仙草博物馆"，具有较高的科学、科普价值。景区内还保存着本地区面积最大的原生型天然荷木林，分布有许多喀斯特地区独有的秋海棠属植物，科普、研究和保护价值十分明显；景区野生动物种类繁多，数量达上百种，常见的有蟒蛇、虎纹蛙、大鲵、猫头鹰等国家一级、二级保护动物。

（三）服务设施功能性

景区梦鸣餐厅建筑外观有强烈的民族和地方特点，其建筑形式、体量、色彩与周围景观及其氛围相协调；内部装修精致典雅，充分体现了融水地方民族特色，保持挖掘创新民族菜肴的传统，并依据当地少数民族文化特色推出梦鸣簸箕宴等系列民族套宴。

景区主要旅游购物场所在景区游客中心内，精致典雅，充分体现了民族和地方特色。购物场所布局合理，建筑造型、色彩、材质与景观环境相协调，不破坏主要景观，不妨碍游客游览，不与游客抢占道路和观景空间。销售的旅游纪念品多为本地区特色旅游商品，如灵芝、香菇、木耳、竹荪、笋干等绿色食品，还有竹制民族乐器、苗族刺绣工艺品等。

三、景区建设经验

（一）景区创建历程

1. 健全组织机构，全力创建国家生态旅游示范区

为大力发展融水县生态旅游，全面提升双龙沟生态旅游的品牌形象，更好地发挥旅游业对生态文明建设、环境友好型社会建设的作用，2018 年 1 月景区对照《国家生态旅游示范区建设与运营规范（GB/T26362—2010）》《国家生态旅游示范区管理规程》《国家生态旅游示范区建设与运营规范评分实施细则》的要求，启动了国家生态旅游示范区的创建工作。融水县委、县政府高度重视，成立了由县委副书记为组长，多个相关部门主要领导为成员单位的国家生态旅游示范区创建领导小组，抽调精干人员组成了创建工作办公室，具体负责创建工作。制定了创建工作任务分解表，确保创建工作层层落实。召开了创建双龙沟创建国家生态旅游示范区工作动员大会，为创建成功提供坚强有力的组织保障。

根据国家生态旅游示范区创建工作的要求，景区从下列三方面开展创建工作。一是制定创建工作实施方案。对照《国家生态旅游示范区管理规程》和《国家生态旅游示范区建设与运营规范》标准，自查自纠，查找创建工作中的不足和存在的问题，制定专项工作方案，严格对照标准，细化任务，制定了目标清晰、务实具体、责任明确的创建工作任务分解表。二是认真按照任务分解表的时序进度有序推进。逐项落实到位，做到心中有数，统筹兼顾。三是抓好创建工作的督查检查工作。要求景区各部门各司其职，定期召开创建工作推进会，及时了解创建工作进程，协调解决创建工作中遇到的困难和问题。

2. 科学编制规划，指导景区的建设与发展

景区在设立之初，就坚持保护优先，牢固树立规划先行的理念。"规划先行，谋定后动"，强化规划指导建设，把旅游资源开发利用与自然生态保护紧密结合，在保护优先的原则下合理开发，适度取用，使旅游项目和环境保护相得益彰，实现可持续发展。为了更好地保护和利用好原始森林，景区于 2010 年开展《双龙沟原始森林旅游度假区总体规划》编制工作。2014 年 5 月，《双龙沟原始森林旅游度假区总体规划》获融水苗族自治县人民政府审批通过，使得景区的保护、利用和管理有规可循，这为景区在严格保护自然生态环境的前提下发展生态旅游，开展分步建设和有序管理提供了科学依据。

3. 适度开发建设，生态旅游和谐发展

为有效保护原始森林的自然资源和生态环境，景区按照"严格保护、科学建设、适度利用、持续发展"的原则建设发展景区，正确处理好资源保护与合理开发利用的关系。坚持以严格保护原始森林为主要建设方向，在开发建设中必须体现自然、绿色、生态的特色，努力减少各种人工化痕迹，使建筑和构筑物、森林植被、自然山水相得益彰，确保原始森林的生态平衡，形成持续、稳定的发展格局。景区结合森林生态环境特征和森林旅游服务项目内容，科学、正确评估基础设施建设、服务项目对景区环境影响，并以此进行合理布局，根据总体规划按照观光旅游区、旅游综合服务区和生态农业示范观光区来开展建设，项目一期已开展了森林核心保护区和旅游休闲度假区的建设，项目二期将开展旅游综合服务区和生态农业示范观光区，并采用不同的管理手段对各区进行有针对性的管理，有效保护核心区域，合理利用功能区，使环境保护和资源利用双线并行。

4. 积极开展活动，树立生态文明景区良好形象

景区围绕森林资源，积极开展生态旅游形象宣传推广活动，一方面通过报

刊、电视、网络等传播手段进行旅游宣传，另一方面积极开展各种森林生态科普活动，大力倡导生态旅游，文明游览，建设"生态文明景区"。一是积极与新闻媒体联系，树立景区良好的生态景区形象。二是积极发挥全国森林康养基地试点建设单位的示范作用，以森林健康游为主题开展活动，展出优秀图片及文明旅游、生态科普知识宣传展板。三是对双龙沟的森林植被、溪瀑、昆虫动物等进行图片收集，为今后编制画册打下基础。四是制作了景区生态旅游专题宣传片《融水·双龙沟》和景区宣传图册。五是建立景区网站和微信公众号，积极通过互联网对外宣传和树立双龙沟的生态形象。

5. 坚持人本服务理念，塑造高素质管理团队

为打造一支高素质的服务团队，不断提高管理水平，景区按照"标准化、规范化、科学化"要求，健全管理机构，针对景区岗位特点，合理设置岗位，并建立健全各项规章制度。景区现有员工126人，下设总经理办公室、大浪农业观光合作社、景区扶贫管理办公室、行政办、工程部、营销部、后勤部、安全部、质监部、培训部、宣传部、演艺部、绿化部、保安部、保洁部、财务部（含售票）、讲解部、观光车组等。景区董事长下设总经理1名，直管市场财务部，副总经理4名，分别负责餐饮酒店、办公室、培训质监部、景区工程部、安全保洁部。各岗位职责明确，质量、营销、导游、卫生、生态、环保、统计等规章制度健全，贯彻得力，有详细、完整的记录。同时为保护旅游投诉者和被投诉者的合法利益，景区还设立了旅游投诉管理部门，制定旅游投诉管理规定，建立起高效的投诉受理和处理机制。

景区坚持"诚信为本，礼让为先"的人本服务理念，通过各种形式不定期地对全体工作人员开展质量、营销、安全、导游、接待礼仪等业务知识培训，服务人员素质明显提高，景区服务水平有效提升。景区还推行地域文化特色服务，把特色浓郁的风情服务作为亮点融入旅游服务工作中，形成景区的旅游服务特色。

（二）景区创建成效

第一，建立起保护生态环境、科学发展景区的建设体系，建设了适应旅游发展趋势的生态旅游服务设施。完好的原始森林生态环境是双龙沟的核心旅游资源，是双龙沟生态旅游生存、发展的根本。为了有效保护景区自然资源和生态环境，景区以生态文明建设为抓手，严格按照"保护第一、科学建设"的原则开展建设项目，正确处理好生态环境保护与项目开发建设的关系。景区结合生态环

境特征和服务项目内容，多方求证、专业评估，正确评估基础设施建设、服务项目对景区环境的影响，严格按照准入程序，前瞻性地选择了对环境影响小、旅游休闲效果好的项目。自 2013 年至 2018 年以来，景区累计投入建设资金 2.8 亿元，一是建成了极具融水地方特色的森美养生公寓酒店、梦鸣餐厅、民族风情园——梦鸣苗寨等少数民族风貌建筑；二是建成了对环境影响小、对游客吸引力大的玻璃桥、高空栈道、高空滑索、丛林飞鼠等休闲度假设施；三是建成了游客中心、森林康养游步道及观光车道等交通道路系统、停车场、监控及广播系统、旅游厕所及排污系统等旅游配套基础设施；四是投入经费采买安装了太阳能照明路灯、餐厅油烟处理器等低碳、节能环保型的设备，力求打造生态文明的景区；五是在合理位置设置了游客休息设施和观景设施；六是规范景区内各种标牌标识，对景点标识牌、景点介绍牌、景区导游全景图、安全警示牌、旅游服务牌等进行设计制作和安装，进一步提升景区整体形象和景区品质。随着景区知名度不断提升，游客人数不断增加，2016 年 3 月开园至 2018 年 8 月，景区共接待游客170 万人次，年均增长率达 20.1%。

第二，依托贫困地区优势旅游资源，发挥精品景区的辐射作用，探索旅游产业与脱贫攻坚协同发展新思路。景区围绕乡村振兴、生态搬迁、传统村落及民俗保护，大力完善景区基础设施的同时注重吸纳带动农村劳动力就业。

第三，牢固树立起安全旅游的理念和意识，建立健全了景区的安全保障体系。原始森林的生态环境是脆弱的，原始森林的安全即是景区发展的根本，景区从森林环境的消防安全和游客休闲度假的旅游安全出发，投入了大量的人力、物力、财力，全力确保景区安全、健康、文明的游览环境。景区建立和完善了景区的安全管理体系，建立健全规章制度，层层签订责任状，明确岗位职责认真抓好安全工作，起到切实有效的保障作用。一是做好森林消防工作。预防为主，从源头上禁止火种进入景区，禁止游客在景区内吸烟；同时，实行轮班巡查制，加大在森林核心游览区的巡逻密度，实行一巡多查。二是制定好周密的安全保卫工作方案和突发事件应急预案，增强景区应对各种突发事件的能力。三是每月定期开展安全生产检查，抓好责任制的督促落实，防患于未然。四是定期对员工进行消防、生产安全等安全培训，增强员工安全意识。自营业以来，景区内无重大安全责任事故及重大刑事案件发生，治安秩序良好，游客的游览安全感增强。四是设有医务室，配有日常药品和救护设施，并与县人民医院签订了医疗救护协议。

第四，打造了有凝聚力、创造力的管理团队，提升了员工素质，提高了景区的综合管理水平。

为了更好地开展创建工作，提高景区管理人员的综合管理水平，景区一是针对岗位特点，优化组合人员，理顺员工与岗位的责任关系。二是开展了ISO9000质量体系认证和ISO14000环境质量认证，梳理了内部管理机制，建立健全各项规章制度。三是坚持"诚信为本，礼让为先"的人本服务理念，通过各种形式不定期地对全体工作人员开展质量、营销、安全、导游、接待礼仪等业务知识培训，服务人员素质明显提高，景区服务水平有效提升。

四、访谈景区工作人员、游客、当地旅游部门

通过整理总结景区工作人员、游客、当地旅游部门等电话访谈内容，我们了解到双龙沟原始森林旅游度假区建设的下一步目标。今后，双龙沟原始森林旅游度假区将继续把科学发展观融入景区的建设与管理中，坚持环境生态保护与旅游服务并存发展，加强生态环境保护力度，完善提升基础设施、服务设施，扩大生态旅游宣传面和扩大景区生态科普教育覆盖面。具体将做好：一是重理念，紧抓生态环境。二是重规划，稳抓生态项目。三是重品牌，强抓宣传营销。四是重服务，抓好品质管理。创建国家生态旅游示范区是对双龙沟原始森林旅游度假区规范化工作的全面推动和检验，将以创建为动力，发扬"拼搏奋进、开拓创新"的创业精神，不断提升管理和服务水平，完善旅游配套设施，用一流的理念、一流的管理、一流的服务创造一流的品牌，着力营造文明、和谐、舒适的旅游景区环境，打造规范、优质、标杆的生态旅游景区形象，使景区真正成为全国有影响的生态旅游示范景区。

第七章 广西湿地型生态旅游示范区实践研究

第一节 湿地型生态旅游示范区实践研究
——以荔浦县荔江生态旅游示范区为例

一、示范区基本情况

（一）示范区概况

荔江生态旅游示范区紧靠荔浦县城，荔江逶迤而来，两岸风光优美，示范区的主体部分——荔江国家湿地公园于 2014 年 5 月申报，同年 12 月 31 日获批开展试点建设，并列入全国 23 个重点建设国家湿地公园之一，也是广西唯一入选国家重点建设示范单位。荔江国家湿地公园以湿地科普、文化体验、生态旅游、农业观光为内涵，打造调节城市气息、提升城市品位的生态绿廊、寻真养心的醇美湿地公园示范区。区内有"山中山、水中水、桂林山水第一湾、洞中九寨"美誉的荔江湾景点和"一洞穿九山，暗河漂十里，妙景绝天下"美誉的丰鱼岩溶洞景区，还有金洲湾旅游休闲山庄、柘村景区、大榕村万亩果海，橘林规整有序，农家景观浓郁，迷人的田园风光四季变化万千，无论何时都独特而充满生机。优良的水、土壤、大气环境，孕育了丰富而独特的动植物类型。荔江国家湿地公园已知脊椎动物有 248 种，其中国家 II 级重点保护动物 15 种，如虎皮蛙、白鹇等；CITES 附录 II 物种总共 16 种，如画眉、树鹛等；自治区级保护动物 44 种以及典型的洞穴型鱼类——盲鱼。已知维管束植物有 311 种，其中蕨类植物 20

种，裸子植物 2 种，被子植物 289 种。有成片的国家 Ⅱ 级重点植物 1 种，即樟树，主要分布在沿河两岸，树龄都在上百年以上。

（二）经济社会发展简况

示范区所处的荔浦县地处广西壮族自治区东北部、桂林市南部，位于柳州、桂林、梧州、贺州四市之间。东连平乐，西接金秀、鹿寨，南与蒙山、昭平交界，北与永福、阳朔毗邻。荔浦有"中国衣架之都""中国曲艺之乡"的荣誉称号，目前被列为第三批国家新型城镇化综合试点地区。全市总面积 1758.62 平方公里，辖 10 镇 3 乡（荔城镇、东昌镇、新坪镇、杜莫镇、青山镇、修仁镇、大塘镇、花篢镇、双江镇、马岭镇、龙怀乡、茶城乡、蒲芦瑶族乡），有壮族、苗族、瑶族等 15 个少数民族。2017 年，荔浦县户籍总人口 38.24 万人。2017 年，荔浦县实现地区生产总值（GDP）166.94 亿元，比 2016 年增长 6.8%。其中，第一产业增加值 34.21 亿元，增长 5.2%；第二产业增加值 76.78 亿元，增长 4.9%；第三产业增加值 55.94 亿元，增长 10.8%。城镇居民人均可支配收入 32882 元，同比增长 9%；农村居民人均可支配收入 13740 元，同比增长 10.1%。荔浦县有耕地面积 37 万多亩，形成了荔浦芋、马蹄、夏橙、食用菌、生猪五项传统特色产业和商品蔬菜、花卉、中药材、速生林、桑蚕五大新兴优势产业，荔浦芋作为"皇室贡品"，享誉国内、海外，被评为中国名牌农产品。荔浦县积极发展"公司 + 协会 + 基地 + 农户"的订单农业新模式，目前全县已发展自治区级农业龙头企业 2 家，市级农业龙头企业 16 家，农民专业合作经济组织 112 家。依托自治区 A 类产业园区——荔浦工业集中区的影响力，全县民营企业数量已发展到 600 多家，其中规模以上企业 46 家，逐渐形成木衣架、食品、小五金、药业、造纸业五大支柱产业及生物提取、农副产品深加工等新兴产业。

荔江生态旅游示范区的建设和发展，为当地及周边的居民提供了大量的工作岗位，增加了农村剩余劳动力的就业渠道和就业机会，解决了部分农民农闲时期寻求短期工作难的问题，拓展了农民经济收益的手段，促进了地方经济的发展，增加当地居民收入，改善当地居民的生活环境。

（三）旅游资源

荔江两岸群峰林立，形态奇特，山石披绿；河心洲、洪泛平原众多，形状各异。公园范围内有两个 4A 级景区，具有"桂林山水第一湾"美誉的荔江湾景区里，秀美石山和林立峰丛与溶洞山水相连，有高约 100 米、宽约 40 米的自然山体壁画奇观"仙女下凡图"，还有堪称"洞内九寨"的天宫岩。"一洞穿九山，暗河漂十里"的丰鱼岩景区溶洞地下暗河河面宽，水流平缓，内部景观也十分奇特罕见，被誉为"亚洲第一洞"，洞中石幔、石柱、石笋林立，黄洞风光、天堂奇观、宝塔王国、琼林宝殿、蓬莱仙境、楼兰古国等许多景点辉煌壮丽，灿烂缤纷，令人目不暇接。

被誉为"母亲河"的荔江保持有完整自然的河流形态，支流有满洞河、三河等，位于山、水、田、林之间，空气清新，景色宜人，碧水长流。还有"青山晚照"自然奇观，每当夕阳西下，这里风光无限，还有许多神奇的古老传说，其中红马白马山、五指山、鹞鹰山、象山和龙头山最为壮观，可谓是集天地之灵气，聚山水之精华。

荔江见证着荔浦县两千多年的历史文化，从远古文化到现代文明，都被"母亲河"凝固成一段经典。示范区内有永苏里人生活遗址水月庵、象鼻岩历代文人诗词雕刻、充满周易文化的"天下第一卦"八卦山庄，无不展现着荔浦人对不同文化的包容和深厚的文化底蕴；清代道光年间，由江浙一带传入广西的时令小曲演变而来的广西文场戏，在荔浦盛行。特产美食有荔浦马蹄、荔浦芋、茭白、莲藕、砂糖橘等，皇家贡品荔浦芋香糯，松粉，营养丰富，与五花猪肉做成的扣肉，肥而不腻，是桂林的传统宴席名菜。

荔江流经两岸的河谷平原和山坡是荔浦重要的农业聚集区，在示范区的柘村与万亩桔海，是广西特色生态名村和广西现代特色荔浦县砂糖橘（核心）示范区，古树古迹、农家生活、3D 石头彩绘、3D 墙画，橘林规整有序，农家景观浓郁，溪水潺潺，迷人的田园风光四季变化万千，无论何时都独特而充满生机。

（四）自然生态环境现状

1. 水环境

据荔浦县环保局提供的资料，荔浦荔江生态旅游示范区内的水质达到《地表水环境质量标准》Ⅱ类标准，水质优良。

2. 土壤环境

据荔浦县环保局提供的资料，荔浦荔江生态旅游示范区内的土壤达到《土壤环境质量标准》一级标准。

3. 空气环境

据荔浦县环保局提供的资料，荔浦荔江生态旅游示范区内的空气环境质量达到《环境空气质量标准》一级标准。

4. 噪声环境

据荔浦县环保局提供的资料，荔浦荔江生态旅游示范区内的噪声环境质量达到《声环境质量标准》（GB3096—2008）达标。

二、景区特点、亮点

（一）湿地物种的丰富度高

1. 植物资源

湿地公园内湿地维管束植物包括两栖植物、半湿生植物、湿生植物、水生植物，分别占湿地维管束植物的 4.0%、26.0%、37.0% 和 33.0%。从物种种类组成上看，湿地公园内有湿地维管束植物 42 科 75 属 100 种，其中，蕨类植物有 4 科 4 属 5 种，分别占湿地维管束植物科、属、种数的 9.5%、5.3%、5.0%；被子植物 38 科 71 属 95 种，占湿地维管束植物科、属、种数的 90.6%、94.7%、95.0%。其中，单子叶植物有 9 科 26 属 31 种，双子叶植物有 29 科 45 属 64 种。从植被分类上看，湿地公园内湿地植被划分为 3 个植被型组，5 个植被型，13 个植物群落。

经实地考察和记录，湿地公园区域的维管束植物中，有国家 Ⅱ 级重点保护植物 1 种，即樟树，主要分布在沿河两岸。其中，在湿地公园上游有一小片樟树林，沿河岸分布长势良好，约有樟树 40 株，树龄都在上百年以上，是湿地公园重要的保护对象。

2. 动物

荔江生态旅游示范区动物类型多、种群量大、生殖与栖息地环境良好，食性与习性稳定。据调查和记录，湿地公园内分布有脊椎动物 5 纲 24 目 72 科 248 种。包括鱼类 4 目 17 科 77 种，两栖类 1 目 5 科 14 种，爬行类 1 目 7 科 23 种，哺乳类 5 目 7 科 18 种，鸟类 13 目 36 科 116 种。

湿地公园所有脊椎动物中，有国家 Ⅱ 级重点保护野生动物 15 种，CITES 附录 Ⅱ 物种 16 种，自治区级重点保护动物 44 种。上述所有受保护或受威胁的物种共 59 种，占湿地公园已知脊椎动物总种数的 23.8%。

（二）价值独特性

1. 美学价值

荔江河道曲折，河心洲、滩多样各异，湿地公园内洪泛平原湿地省多为自然演替的植物群落，郁郁葱葱，环境优美，是研究现代河流沉积作用过程、生态系统演变的天然教材，具有较高的美学、观赏和科研价值。

2. 科学价值

荔江生态旅游示范区桂江河流湿地发育典型、生态系统完整，拥有丰富的生物多样性与植物群落，为河流湿地生态系统和生物多样性研究提供了得天独厚的基地和天然实验室。

此外，示范区的核心主体——荔江国家湿地公园于 2014 年 12 月 31 日获批开展试点建设，列入全国 23 个重点建设国家湿地公园之一，也是广西唯一入选国家重点建设示范单位，具有国家级意义。

3. 历史文化价值

荔浦被中国曲艺家协会授予"中国曲艺之乡"。荔江是荔浦人孕育的摇篮，是荔浦人祖先永苏里人赖以生存的母亲河。湿地公园的河流文化、周边的民俗文化为湿地公园内涵的提升奠定了基础。悠久的地方文化，特色农业的发展，能有效丰富湿地公园内涵，丰富湿地公园游览内容，为湿地保护与文化保护、湿地游览与特色农业游览的有机结合，提供了良好的基础。

荔江生态旅游示范区严格保护现有的湿地文化载体和历史文化遗迹，加大其保护力度，加强沿江古桥、古村落、古建筑的保护、修缮或重建，对农耕文化、民俗文化等资源开展了科学系统的调查研究，收集了能够体现湿地公园文化的物品等，挖掘其蕴含的文化底蕴和民俗风情，并对其进行保护。

4. 游憩价值

荔浦县地处北回归线北侧，属中亚热带湿润气候区，四季分明，夏长冬短，春、秋为过渡季节。县境热量丰富，光照充足，平均日照时数 1472.4 小时，平均太阳辐射 96.21 千卡每平方厘米。水汽充沛，年平均降水量 1442 毫米。县境季风明显，冬半年多偏北风，夏半年以偏南风为主。各季气候各具特色。旅游时期较长，是游客选择旅游的良好场所。

根据桂林市环境保护网提供数据，2017 年，荔浦县空气质量检测指标如 SO_2、NO_2、可吸入颗粒物日均值浓度均达到《环境空气质量标准》（GB3095—2012）Ⅱ级以上标准，湿地公园偏离县城，空气质量良好；水质达到《地表水环境质量标准》（GB3838—2002）Ⅱ类标准，达标率 100%；区域环境噪声等效声级满足《声环境质量标准》（GB3096—2008）中的 1 类区标准要求。良好的空气环境，清澈的水资源，安静闲适的旅游环境，非常适合人们休闲度假。

（三）示范区旅游产品

1. 土特产品

荔浦芋是荔浦县的活招牌，享誉八方。荔浦芋个头大，将其削皮洗净后切成薄片，油炸至金黄，夹在精选的五花肉间，做成"香芋扣肉"，是桂林宴席乃至桂北地区上必不可少的一道美味佳肴。荔浦县荔浦芋、荔浦马蹄、莲藕、砂糖橘等特色湿地农产品发达，荔浦芋获得"有机食品"认证和"国家名牌产品"称号。荔浦马蹄获得"绿色食品"认证，荔浦芋、荔浦马蹄、荔浦砂糖橘先后获得国家地理标志产品认证。万亩橘海以及荔江流经两岸的河谷平原和山坡是荔浦农业发展较快的区域，是荔浦芋、荸荠等特色农产品的主要产区，荔浦人民依托荔浦县打造特色湿地农产品的优势，以建设荔浦特色生态农业示范基地为目标，形成生产基地或养殖基地，达到规模化生产。

2. 工艺品、纪念品

示范区内已形成规模化的衣架产业，利用可再生自然资源——树木，通过开办工厂，形成设计、生产、销售等产品链和产业链的规模化形式。

3. 其他产品

示范区内形成较小规模的纸扎工艺作坊和"荔浦邱氏传统竹艺"。纸扎的主要材料为竹、木、线，以竹、木未骨架，以线团缚部位，糊彩纸以装饰，其产品材料皆为非采伐性的林产品及林间产品。竹艺则以竹子为材料，先用柴刀把竹子一分二，二分四，四分八，一一剖开，然后再破篾，经过剖、拉、削、磨等工序的完成才可制成一个竹产品。材料皆非采伐性的林产品，且已形成产业化。

三、访谈景区工作人员、游客、当地旅游部门

（一）创建广西生态旅游示范区的主要工作

1. 创新组织机构

根据荔浦县旅游局《关于开展广西生态旅游示范区创建工作的通知》的文件精神，按照政府统一领导，湿地公园管理，部门单位分工协作的管理模式，荔江生态旅游示范区成立广西生态旅游示范区创建领导小组，为"广西荔浦荔江国家湿地公园管理委员会"，由荔浦县人民政府主管林业副县长任主任，由林业、发改委、国土、水利、旅游、环保、农业、建设、电力等相关部门为成员。下辖由林业主管部门牵头的"广西荔浦荔江国家湿地公园管理局"，设置在鹧鸪山脚

公路对面，负责整个湿地公园的保护管理工作，负责湿地公园的日常管理和巡护工作。

2. 科学规划建设

为了加强对示范区的科学规划和合理利用，实现示范区的可持续发展，编制了《广西荔浦县荔江生态旅游示范区创建规划》，进一步明确了示范区的功能建设、基础设施建设、生态恢复、生态保护等方面的基本原则，将科学规划和合理利用相结合，在保护自然生态环境的前提下发展生态旅游，为示范区创建广西生态旅游示范区提供了有力的理论依据和技术保障。

3. 环境保护先行

荔江生态旅游示范区在开发建设过程中，始终贯彻保护生态和可持续发展等原则，并制定了科学合理的环境保护策略和措施，最大限度地保护示范区内的实地公园生态系统、森林生态系统及野生动植物的安全，保持现有生态环境不受干扰，积极恢复濒危动植物种群，积极探索合理利用自然资源、自然环境的途径，达到人与自然和谐统一的目标。

荔江生态旅游示范区认真贯彻《湿地保护管理规定》《中华人民共和国森林法》《中华人民共和国环境保护法》等法律法规，建立健全环境保护的管理规章制度。示范区建设和经营方面，以生态环境保护为基础，合理设计规划，合理开发利用，严禁破坏资源的项目建设。强化游客管理，控制进入示范区（包括荔江湾、丰鱼岩、金洲湾等）人员的数量，以符合生态环境承载能力。在主体湿地景观区设立数量充足环保的垃圾桶，垃圾桶布局要科学合理，收容游客食品袋、包装袋、果皮等杂物，并设清洁人员巡视并及时清理；生活污水不能随意排放，必须严格处理，达到国家排放标准后方可排放；采用无公害环保式公厕，湿地内空气质量符合环保标准。同时教育和引导游客文明游览，增强服务人员和游客的防火意识。

4. 注重宣传教育

依托荔江生态旅游示范区独特的湿地生态景观、悠久的历史文明和鲜活的本土文化，开展湿地保护自然科普与环境教育，建设湿地科普宣教中心、湿地文化长廊与志愿者服务中心、环境教育生态小径等基础设施和宣教保护设施。

环境保护和湿地保护的教育培训，主要对湿地公园周边社区群众进行。在周边社区举办各种卫生知识讲座（每年 2~4 期）、发放宣传材料，从生活层面开始，提升社区居民卫生意识，培养社区居民爱护环境、讲究卫生的良好习惯；通过农业部门农技下乡等方式，指导农民科学合理规范使用化肥，鼓励和引导广大种植户使用有机肥、生物肥、长效肥、缓释肥和有机复合肥等新型高效肥料，切实有效科学合理使用农药。引导公众参与保护，每年在湿地周边中小学校开展环境教育1次，在周边社区开展宣传教育2次，提高周边居民的素质，促进水系保护的观念深入人心。加强社区共管，将生态栖息地保护规划为一项社区共管活动。

（二）创建广西生态旅游示范区的主要成效

按照广西生态旅游示范区的标准和要求，荔江生态旅游示范区创建工作不断深入开展，软硬件设施得到不断完善，逐步实现了景观特色化、设施景观化、标识规范化、制度完善化、服务人性化、景观质量、服务质量与环境质量以及游客满意度得到了极大提升，知名度与美誉度不断提高。为了实现规划示范区的保护规划，示范区采用系统工程措施，通过设置管理机构（管理处、管理站），开展能力建设（监测、环境教育、旅游管理等），建立野外管护体系（如湿地公园勘界设标、陆域水域巡护、防火和外来物种与病虫害防治、野外救护），实施污染治理生态恢复，开展社区共管和相关利益群体合作（社区发展、对外合作等），从不同方面与角度，全面系统地保护示范区内湿地公园的湿地景观、生物多样性和人文底蕴等。示范区内建设健全了游客中心、旅游厕所、生态停车场、给排水、供电、邮电通信等基础设施，同时增加了景观休息亭、景观小品、标识解说牌等旅游服务设施。区内形成便捷的交通网络，实现了"乡乡通油路、村村通四级砂路"、拥有小型游览码头3座；并开发了溶洞漂流、观光小火车、游船观光、龙舟比赛、生态农业观光、鱼鹰表演等相关旅游项目。示范区内丰鱼岩景区拥有1500多个床位的三星级宾馆四座以及温泉休闲度假中心、会务中心、玫瑰园、民俗风情园等项目，在景区的桃花岛上修造了瑶寨，专供游客前来参加瑶族风情晚会；荔江湾景区拥有胡忠元艺术展览馆、飞龙玻璃桥、滑道和度假民宿等项目，集休闲、娱乐、观赏等为一体的生态旅游景区；金洲湾旅游休闲山庄与荔江湿地融为一体，是按照广西五星级农家乐规划建设，拥有真人CS体验场、垂钓基地、采摘园等项目；修仁镇柘村与广西现代特色砂糖橘（核心）示范区——万亩橘海连成一片，颇具特色的3D石头彩绘、3D墙画，形成环线的骑行绿道，让时尚、运动元素与乡村乡愁、现代农业交相辉映。

四、景区建设经验总结及展望

(一) 生态保护意识有待加强

荔浦县各级管理部门对湿地保护的普遍存在重视程度不够、理念认识不到位的情况，广大群众对湿地的功能和价值普遍缺乏足够的认识，湿地保护的社会意识还未完全形成。未建成成熟的湿地保护体系，没有开拓有效的湿地保护宣传途径，社区参与湿地保护与资源可持续利用的意识与技能有待进一步增强。通过建立湿地及生物多样性保护管理体系，配置专门的湿地保护管理人员，建设湿地保护管理基础设施，构建湿地科普宣教、科研监测体系，形成湿地保护管理能力。

(二) 社区协调机制有待完善

示范区周边居民主要以种植砂糖橘为主要经济来源，由于这几年果价较高，加上缺乏利益共享机制，居民侵占土地、私挖乱垦的现象时有发生，湿地管理者由于没有执法权导致执法力度不足，从而不能有效制止这种局面。荔浦县政府牵头建立社区共同管理领导小组，建立委员会，通过编制社区资源管理计划、签订共管协议、提供技术与市场服务、调整社区产业结构、社区培训等一系列手段，实现保护与利用相结合、生产发展、经济繁荣、生态优化的可持续发展局面。

(三) 生态旅游管理人才缺乏

生态旅游示范区的管理、建设相关的人才、技术都相对匮乏，缺乏旅游规划和生态保护相关方面的专业人才和管理经验，难以满足生态旅游在示范区开发建设和经营管理过程中的技术需要。示范区要依托周边区位的发展和资源优势，积极与高等院校、研究所、企业、中小学生与大学生群体等建立常态化的合作关系；积极发展与环境教育中心、本土及区外非政府组织（广西生物多样性保护与研究协会、广西绿盟、湿地国际、世界自然基金会等），以及广西区外高等院校及企业等的联系与合作，引进人才，学习先进的管理经验，以提高从业人员的综合素质和生态环境保护意识。

(四) 其他需要总结与说明的工作

荔江生态旅游示范区以荔江湿地生态系统为生态核心，利用我国南方岩溶地区典型喀斯特峰丛洼地地貌、河流湿地、喀斯特溶洞湿地、洪泛平原、水稻田等湿地景观及"荔浦芋"这个享誉全国的地方特色湿地农产品品牌，以体现"保护—利用—提高"理念为准则，以打造南岭山地水源涵养重要区域湿地生态廊道、信息廊道和景观廊道示范为重点，以"保障荔浦母亲河生态安全"为出发点，集湿地保育与修复、湿地功能和湿地文化展示、湿地休闲、湿地科研、监测和宣教于一体的生态旅游示范区。

第二节　湿地型生态旅游示范区实践研究
——以都安澄江国家湿地公园为例

一、景区基本情况

（一）区域环境

都安澄江国家湿地公园位于河池市都安县境内，地理坐标为：东经107°59′01″~108°05′54″，北纬23°57′11″~24°10′05″。景区属于亚热带季风气候，全年夏长冬短、四季相当、雨量适中，年均气温为19.6~21.6℃。湿地公园总面积为8.64平方公里，主要由澄江河道和江州洪泛平原相互连通的两部分湿地组成：澄江河道北起九顿天窗和太阳天窗，南至大兴桥，南北长24.2公里；江州洪泛平原位于澄江西侧，东北起龙洲村，西北至江洲，南至粮库北侧的村道，西起210国道，东到龙洲村。

公园以都安县城为依托，地处在多条公路干线包围之中，道路交通条件十分便捷。其中G75（兰海高速）国家高速公路南北纵穿县境，水（水任）南（南宁）公路都安段（二级公路），途经下坳乡、大兴乡、高岭镇、都安北；忻大公路都安段（二级公路）（在建），途经百旺乡八甫村、菁盛乡、龙湾乡、澄江乡红渡村、红水河沿岸；G210国道（都安段），途经澄江乡红渡村、都安县城、高岭镇、大兴乡、下坳乡；都安县城通往各个乡镇均为柏油公路；便利的交通为地质公园建设与发展奠定了良好的基础。

都安澄江国家湿地公园总体规划通过审批后，规范了项目建设的审批程序，加强项目建设的管理力度。近年来公园的建设按照规划有条不紊地实施开展。严格禁止与资源保护和风景游览无关的各种建设，严格控制建设各类建筑物、构筑物。符合规划要求的建设项目，严格按照规定的程序进行报批；严格控制游人容量，严格执行对大气环境、水环境、声环境、生态环境的保护规定，从而实现湿地公园的可持续发展。公园是以保护澄江及其洪泛平原湿地生态系统为目标，以桂中独具特色的喀斯特天窗和石芽景观为特色，以丰富的湿地文化和少数民族文化为内涵，以文化展示、农耕体验和休闲度假为利用途径，集湿地保育、湿地文化展示、湿地休闲、湿地可持续利用示范、湿地科研、监测和宣教于一体的国家级湿地公园。公园主要分为五个功能区，分别是：生态保育区、恢复重建区、科普宣教区、合理利用区、管理服务区。

（二）生态资源

澄江国家湿地公园地处亚热带季风气候区，阳光充足，雨量充沛，霜少无雪，气候温和，夏长冬短，年平均气温在21.2℃左右，植物资源丰富。自园区设立以来，澄江国家湿地公园一直秉承"严格保护、统一管理、合理开发、永续利用"的原则，遵循"生态优先、重在自然、贵在和谐"的建设理念对园区进行保护及建设。

1. 植被

景区植被类型多、分布广、面积大、郁闭度高，建群种与优势种强，生长情况好，生物量大。公园区域属南亚热带常绿落叶阔叶混交林植被区，自然植被复杂，种属较多，有地带性植被类型，亦有非地带性植被类型。从热带的植物到暖温带的植物都有分布。自然植被以热带喜钙耐旱类型为主。目前已知澄江国家湿地公园有维管束植物116科278属374种（含变种、亚种和变型），其中蕨类植物15科19属26种，裸子植物1科1属1种，被子植物100科258属347种。在被子植物中，双子叶植物有79科198属269种，单子叶植物有21科60属78种。其中，澄江国家湿地公园的野生种子植物共有259属；有国家Ⅱ级保护植物1种，即野生稻Oryza Rufipogon，主要分布在江洲附近洪泛平原湿地中，呈零星状分布；有我国特有植物1种，即海菜花Ottelia Acuminata，分布在澄江河主河道水流相对缓慢、水质清澈的地方。

广西都安澄江国家湿地公园的湿地资源植物的类型比较齐全，各类资源植物中，以药用植物的种类最为丰富，有163种，占野生植物种数的63.17%，其次是纤维植物和花卉观赏植物，分别有58种和24种，占湿地野生植物的22.48%和9.30%。都安澄江国家湿地公园湿地维管束植物的科、属、种组成如表7-1所示。

分类群	科		属		种	
	数量	比例（%）	数量	比例（%）	数量	比例（%）
合计	116	100	278	100	374	100
蕨类植物	15	12.93	19	6.83	26	6.95
裸子植物	1	0.86	1	0.36	1	0.27
被子植物	100	86.21	258	92.81	347	92.78
双子叶植物	79	68.1	198	71.22	269	71.92
单子叶植物	21	18.1	60	21.58	78	20.86

2. 动物

桃花水母是地球上最原始、最低等的生物，距今约 6.5 亿年，被称为生物进化研究的"活化石"。都安县部分天窗中自发现桃花水母至今，每年 7 ~ 9 月可发现数量庞大的桃花水母群体，单体直径 1 ~ 2 厘米。

澄江国家湿地公园浮游动物包括原生动物 13 科 23 属 46 种，枝角类 5 科 7 属 9 种，桡足类 4 科 9 属 10 种。澄江国家湿地公园浮游动物品种较为多样，说明了澄江国家湿地公园水域仍保持着生物多样性丰富的特性。

澄江国家湿地公园内水域底栖动物包括水生昆虫 29 种；腹足类次之，有 14 种；瓣鳃类 9 种，寡毛类 5 种，甲壳类和蛭类各 2 种；多毛类和蛛形类最少，各有 1 种。

澄江国家湿地公园生活的鱼类中以鲤形目种类最多，有 2 科 12 个亚科 43 种；其次是鲈形目，有 7 科 11 种；鲇形目 4 科 10 种；鳗鲡目 1 科 1 种；鳉形目 2 科 2 种；合鳃鱼目仅 1 科 1 种。

澄江国家湿地公园生活的鱼类中有 4 种为都安特有种，其中鲤形目鳅科条鳅亚科有 1 种：丽纹云南鳅；鲤形目鲤科（鱼丹）亚科有 1 种：丽纹细鲫；鲤形目鲤科鲌亚科有 1 种：南方梅氏鳊；鲇形目鲇科有 1 种：都安鲇。

澄江国家湿地公园迄今已发现的陆生脊椎动物，分别隶属于 4 纲 24 目 52 科。其中，两栖类 20 种，占广西两栖动物种数 78 种的 26.92%；爬行类 40 种，占广西爬行类动物种数 169 种的 24.26%；鸟类 160 种，占广西鸟类种数 687 种的 23.29%；哺乳动物 31 种，占广西哺乳动物种数 148 种的 21.62%。在这些动物中，目、科、种均以鸟类为最多。

澄江国家湿地公园发现过国家Ⅱ级重点保护野生动物出没的痕迹，如山瑞鳖和大壁虎等，以及大量的广西壮族自治区重点保护野生动物，如滑鼠蛇、银环蛇、变色树蜥、黄缘闭壳龟等。澄江国家湿地公园还发现了大量的国家Ⅱ级保护野生动物，如凤头鹰、燕隼、鹰鸮、褐翅鸦鹃、斑头鸺鹠、红隼等，大量的广西壮族自治区保护野生动物，如凤头麦鸡、绿鹭、四声杜鹃、水雉、白腰杓鹬、栗背伯劳等。

（三）景观价值

1. 资源丰富性

澄江国家湿地公园旅游资源基本类型多，资源实体体量巨大，且实体疏密度相当优良，包括地文景观、水域风光、生物景观、遗址遗迹、建筑与设施、人文活动等8个主类，旅游资源丰富。

澄江国家湿地公园以由永久性河流湿地、洪泛平原湿地、喀斯特溶洞湿地及稻田与岩溶灌丛植被组成的湿地—农田—森林复合生态系统为特色，并保存有相对完整的湿地生态系统，覆盖了陆地植被—湿生植被—挺水植被—沉水、浮水植被的完整植被序列，岩溶湿地生态系统保存较为完整，是岩溶湿地生态系统恢复的天然参照物，具有极高的科学研究价值。

2. 美学价值

公园内岩溶地貌美学价值高、观赏性强，其"一河百窗千谷"的空间组合形态，形成"暗河雄""天窗多""河流幽""谷宽广""山秀奇"五绝，景色之秀美，国内外罕见。澄江国家湿地公园内的天窗景观主要是九顿溢流天窗群和太阳溢流天窗群。

石芽，是水流沿可溶岩表面节理或层面裂隙溶蚀形成纵横交错的溶沟之间相对凸起的芽状岩体，其高度一般不超过3米。澄江国家湿地公园的石芽群多呈灰黑色，高70~130厘米，表面溶蚀强烈，形态多样，如塔、如林、如山，多以山脊状为主，大小不一。它们成群分布于洪泛平原湿地中，且相互间隔较近，构成具有较高观赏价值的"水上石海（石芽群）"。

江洲附近的洪泛平原湿地主要以沼泽低洼地与水域为主，水深0.6~3米，平均水深1.8米，澄江及其各支流纵横交汇于其间，其间分布着众多鱼鳞状池塘、水稻田，尤其是近千个大小不一的水上石芽（群），高1.2~4.5米，参差峥嵘、尖芽交错、纵横交错、连片成群、千姿百态、形态各异，它们形成了澄江湿地公园独特的湿地景致。

"响泉夜月"是澄江国家湿地公园重要的旅游景点之一。澄江流过其间，流水至此，被石峡横锁，落差 3 米多，倾泻而下，宛如瀑布，激礁飞溅，高达数米，响声隆隆，数里之外可闻，名曰"响水关"。月明风清之夜，月光幕撒，银涛锦浪，相互辉映，有声有色，优美壮观。

"海菜花"是澄江国家湿地公园中旅游的重要卖点之一。每年的 5 ~ 10 月，海菜花便会次第开放。

3. 科学价值

澄江国家湿地公园拥有大量的天窗景观，主要以九顿溢流天窗群和太阳溢流天窗群为首；拥有多处"水上石海（石芽群）"；以及多处规模各异的江心洲和心滩，其中以高岭江心洲最为典型，是科研岩溶地质、科普岩溶地质、研究现代河流沉积作用过程极好的天然教材。

公园是岩溶地貌形成演化过程不可多得的典型天然教科书，是地质科学的生动课堂。可作为岩石学、自然资源学、构造地质学、地球动力学、矿物学、生态学等专业院校学生理想的教学、实习基地。此外，公园内的许多遗迹都具有独特的知识性和趣味性，通过旅游观光，引导中小学生和广大游客认识公园地质遗迹的形成演化历史和发育过程，对普及地学知识，加强环保教育，爱护地球，保护生态环境等具有重要意义和作用。

4. 历史文化价值

澄江国家湿地公园内有保存完好的石刻——"绿岑仙谷"石刻。位于县城以北里许绿岑山麓坳口。坳田右侧有一天然平板石壁，横直宽阔数十米，石壁上镌刻"绿岑仙谷"四个古篆体大字，每字径高 4.6 米，宽 3.13 米，笔画宽 0.26 米，笔迹深度 0.15 米，每字面积为 14.4 米，系安定土司后裔潘逸仙手笔。民国 12 年潘以 500 两银子请匠人镌刻，石刻完好无损。

都安是中国布努瑶文化的发祥地，至今仍保留着多姿多彩、原汁原味的民族风情。都安县少数民族聚居地域，汇聚着多个少数民族的民俗风情、饮食习惯、娱乐文化等，这些都是独一无二的人文底蕴。

5. 游憩价值

澄江国家湿地公园作为都安县绿地面积最大、历史遗存最多、休闲游憩设施最丰富的公园，公园植被丰富，林荫茂密，环境优美，景色秀丽，自然条件优越，打造的众多景点实现了自然生态与园林造景的完美结合。丰富的自然人文景观与多变的植物造景手法体现了人与自然的和谐关系，具有极高的观赏游憩价值，成为游客享受绿色、接触自然的理想之处。同时，这里也是广大青少年学习了解自然科普知识的理想之处。公园内的地质、植物科普标牌，环保宣传标语等随处可见，为广大市民宣传了动植物科普知识和生态环保理念。

6. 独特价值

公园区域内具有浓郁的民族风情，动植物资源丰富，有别具特色的地质地貌，有重点收集展示、保护繁育广西本土珍贵动植物，独特多样的植物景观，使澄江国家湿地公园具有了资源的独特性、代表性、稀缺性。

（四）资源保护

1. 全面保护

随着自然环境的变迁、人口的不断增加和旅游业的发展，使公园内乃至都安县珍稀物种的生存受到威胁。为保护公园及都安县的各种动植物资源，规划制定了生物多样性与物种保护措施如下：

（1）对公园的动植物资源进行详细调查。对公园内的所有物种进行详细调查的基础上，建立动、植物资源档案，针对性地提出保护动植物资源的措施、建议，并进行生态环境保护，为生物多样性提供有利的环境支持。

（2）近期对公园内珍稀植物进行挂牌说明，说明植物的名称、种类、特性等。

（3）加大动植物资源保护的宣传力度。近期在已有保护措施的基础上，在公园内设置保护警示牌，提醒游客注意保护动植物资源。

（4）严禁在公园范围内进行狩猎活动、砍伐森林。

（5）防止森林火灾，设立防火系统（瞭望台、防火道、森林防火带、防火警示牌），并配备必要的消防设备和相应的工作人员。

（6）通过图片和宣传卡片的发放，提高游人保护珍稀动植物的意识。积极开展各种热爱和保护动植物的宣讲报告，向游客和公园居民宣传生物多样性及其保护的相关知识。

（7）中远期与林业、农业、都安县其他公园以及自然保护区等动植物资源管理保护机构合作交流，不断完善动植物救助、保护措施。

2. 非生物因子

澄江国家湿地公园遵循生态系统的建立原则：遵循地域生态环境，以保护生物多样性为出发点，保护所有组成生态系统的非生物因子，不削弱其对生态系统的支持能力。澄江国家湿地公园在原有生态系统的基础上，引入新的动植物时必须通过检疫和试验，防止对湿地生态系统产生破坏的新病虫害及杂草等进入，防止繁殖力强盛的外来物种在公园区内蔓延而破坏现有的植物群落或动物群落。公园内自然植被中倒伏或折断的树木树枝在自然状态下进行分解，转化成有机质，再供给新的植物生长所需；部分修剪的树枝和落叶经过粉碎、发酵后作为有机肥料重新利用，实现生态循环利用。通过这些有效措施，有效保护生态系统自然性，防止环境损失。

3. 自然资源保护

澄江国家湿地公园内的自然资源十分丰富，且公园对这些资源严格保护，因此自然资源的生长量远远超过消耗量。澄江国家湿地公园对公园内的不可再生资源实施严格保护，并尽量做到循环使用。对部分干枯的树枝、树叶进行加工成肥料再利用，使生态环境良性循环。公园利用技术优势，积极开发绿色无公害产品和土特产品，如葡萄酒等，利用可再生资源制作土特产品及工艺品。

4. 生态景观保护

澄江国家湿地公园目前为开放性公园，游客进园不收取门票，尽管如此，澄江国家湿地公园仍然十分重视对景观、生态、文物及珍稀名贵动植物的保护。澄江国家湿地公园采取适合的保护措施，对防火、防盗、防捕杀、古树名木保护等都有明确的保护制度和专业人员进行保护。成立了广西都安澄江国家湿地公园管理局，并设立了4个湿地保护管理站，建立保护管理人员责任承包制。确保澄江国家湿地公园的景观、生态、湿地得到有效的保护。

（五）环境质量

1. 土地

（1）湿地。公园利用原有湿地建设生态景观，不破坏原有地形，营造出丰富多彩的精品景点，打造独具特色的湿地景观。

（2）建设用地。公园严格控制建筑面积，以景观游赏、生态环境建设用地为主，公园内的建筑实际上均是景观亭、廊，为景观用地。

（3）道路用地。公园内道路以方便、实用为原则，努力减少道路用地，不建或少建贯通区域的交通干线。公园游览道路均方便实用，全部采用生态游步道，减少公园道路用地。

（4）土地整治。澄江国家湿地公园对公园内的植被保护措施得当，通过定期的保养和维护，及时修补局部植绿化被游客踩踏的土地，防止黄土裸露，防止土地的沙化、退化、盐渍化。

2. 水资源

公园内水域面积宽广。丰富的水景资源或平静如镜；或宽阔辽广；或细声流淌，如丝如带；或隐于密林深处，只闻其声不见其影……形态不同，神韵各异的水资源为公园增添了诸多活气，与园区内的其他风景资源相得益彰，构成一幅幅宛若仙境、梦境的画面，令人无限向往。

澄江国家湿地公园按照"山、水、林、湖"的自然水生态理念，综合考虑水资源利用与水质控制、景观建设与生态恢复，如今公园植被茂盛，具有良好的生态环境，公园内多样性的亚热带植物包含乔灌草多层次，形成天然的水源涵养层，具有保持水土稳定作用，合理的雨水收集，改善少雨季植物生长环境，加强了公园对降水的蓄积与利用。

3. 天然湖泊

公园针对湖泊设置科学合理的管理，建立水源保护区、成立专门的水域保洁小组、雨季加排、旱季蓄水、定期做湖面清理、加强游客环保意识等，保持蓄水量，改善水质，防止富营养化。

4. 水库

公园水库成立专业的水域保洁小组，加强对水域的日常保洁工作，制定了水域保洁工作责任书，减少垃圾对水域的污染，长期的水质、水生生物的监测。

5. 地下水

公园内地下水种类多，包括地下含水层、暗河、泉水、矿泉水，但无温泉。对地下含水层采用引流和收集两种方式，根据水的流动性建设相应景观，合理利用，使水源涵养量高于使用量。公园有地下暗河流经，地下水合理利用，使水源涵养量高于使用量。公园的水源保护区内有多处泉眼，公园对泉眼进行保护，泉水的使用量低于涌出量。公园保护好水源源头，合理利用水资源，做好矿泉水类型监测，增加游客对天然矿泉水的进一步认识，集约化使用矿泉水。

6. 森林

澄江国家湿地公园植被覆盖率高，除建设用地及水面之外，绿化覆盖率较高。公园内无原始森林，因公园属于湿地型生态旅游示范区，标准参照《国家生态旅游示范区建设与运营规范（GB/T26362—2010）》评分细则第八条执行。

7. 岩石与岩洞

都安地处云贵高原向广西盆地过渡的斜坡地带，总地势为北西高，南东低。构成该县的主要水系——红水河及其支流（澄江、刁江）均为北西向南东流。

境内岩溶地貌区占全县总面积的84.35%，故有"石山王国"之称，土山、丘陵不多，占总面积的8.61%。台地、平地占总面积的6.15%，河流水面占总面积的0.89%。最高系北部的下坳—隆福山区，峰顶高程为900～1074米，洼地、谷地高程为600～800米；最低为南部的地苏、澄江及东部的百旺等红水河下游河谷，峰顶高程为400～600米，洼地、谷地高程为130～200米，最低的百旺谷地仅112米，总的地形坡降为8%。公园全境属喀斯特地貌区，沿河发育有大量河谷地貌。存在部分单体岩石，体量较小，零散分布。

园区内虽然没有岩洞资源存在，但澄江国家湿地公园拥有大量的天窗景观，其中以九顿溢流天窗群和太阳溢流天窗群最为出名。

（六）基础设施

1. 停车场

在公园设多处生态停车场，公园入口停车场位于湿地农庄前。多个停车位，设置符合游客的需求，停车场的管理井然有序，制定了完善的停车管理制度，停车场分为小车区和摩托车区，已按规定划停车位，分设出入口，场内设方向导引指示牌，保证旅游旺季车辆停靠行驶的畅通。公园停车场以生态式停车场为主，采用生态植草砖铺设，设绿化隔离线，绿化面积高，维护良好。停车场地面为生态停车场，地面状况良好。

2. 园区道路

公园大部分采用生态游步道，其水就势，沿途移步换景，秀、奇、静各具特色，人行其中，清新舒畅，妙趣横生。线路设置主要沿主游览通道设置，路线节点设置紧凑，有利于游客游览。除此之外，公园内建设有数条景观路线，具有完整的山体景观，视觉美感强、完整性好，山峦相接，移步皆景。景观沿线山石景观突出，天然山石与少量人工山石和谐相生，营造出景观路独特的山石景观，景色宜人。景观路行道树种较为齐全，林相层次搭配合理，且树种较好，均为成树，行道树自成景观。

3. 交通标识

澄江国家湿地公园建立了一整套完善的旅游标识系统，包括导游全景图、导览图、公共设施指示牌、景点解说牌、植物科普解说牌、路径指示牌、停车场指示牌、温馨提示牌、安全警示牌等。公园在主要游步道都完好地设置了引导标识。

4. 给排水工程

澄江国家湿地公园做好了给排水工程规划。规划原则是满足旅游业发展以及各种生产、生活和消防需要。近期与中远期相结合，集中与分散相结合的原则。湿地公园内旅游活动设施及生活用水采用市政统一供水，消防用水可取自澄江河，经水泵加压后直接使用，植物灌溉方面以循环经济理论为指导，发展节水农业，提高水资源的高效利用和循环利用。

澄江湿地公园的排水规划与都安县防洪规划相衔接，规划区的排水体制采用雨污完全分流制排水系统。雨水可直接排入澄江，为了有效排放雨水，可在园内主要建筑物四周以及停车场布设雨水明渠或暗沟；在公路和游步道一侧或两侧开设排水沟，必要地段设小涵洞，以便迅速地将地表水排向附近坑塘或沟渠中。防止地面积水，影响旅游活动。生活、生产污水和废水经预处理后排入市政污水管，部分独立公厕产生的污水可经微生物生活处理装置处理，出水达到二级排放标准后直接排入澄江。污水管网布设充分利用地形，大部分管道依地形沿道路铺设，部分管道允许短距离逆坡铺设。湿地公园所产生的污水主要是生活污水，包括服务设施和接待网点及其他设施排放的污水。规划设计湿地公园的污水排放量为 58.86 吨/日。

二、景区特点、亮点

澄江国家湿地公园的旅游资源分共有 8 个主类 18 个亚类 29 个基本类型，其中基本类型中自然景观占 16 个，人文景观占 13 个。广西都安澄江国家湿地公园的自然景观主要有澄江河流景观、天窗景观、水上石海（石芽群）景观、洪泛平原湿地景观、高岭江心洲和心滩、响泉夜月，其中天窗景观主要是以九顿溢流天窗群和太阳溢流天窗群为主。天窗、水上石芽群、高岭江心洲和心滩都是研究岩溶地质科普、河流沉积作用等极好的天然教材，同时也极具美学观赏价值。广西都安澄江国家湿地公园的文化资源主要是以瑶乡民俗风情、传统运动文化、服饰文化、竹藤芒编工艺品、都安书画纸等为代表。总的来说，广西都安澄江国家湿地公园的资源具有多样性与重要性、完整性与典型性的特点。

（一）湿地物种的多样性与重要性

澄江国家湿地公园范围内共有维管束植物 116 科 278 属 374 种（含变种、亚种和变型），其中蕨类植物 15 科 19 属 26 种，裸子植物 1 科 1 属 1 种，被子植物 100 科 258 属 347 种。在被子植物中，双子叶植物有 79 科 198 属 269 种，单子叶植物有 21 科 60 属 78 种。且有国家Ⅱ级重点保护植物 1 种，我国特有植物 1 种。

澄江国家湿地公园迄今已发现的陆生脊椎动物共有 255 种，分别隶属于 4 纲 24 目 52 科。两栖类 20 种，占广西两栖动物种数 78 种的 25.64%；爬行类 40 种，占广西爬行类动物种数 169 种的 24.26%；鸟类 160 种，占广西鸟类种数 687 种的 23.29%；哺乳动物 31 种，占广西哺乳动物种数 148 种的 21.62%。

公园内的鱼类资源尤其引人注目。根据调查和有关文献资料统计，澄江国家湿地公园共有 68 种鱼类生活，隶属于 6 目 17 科 12 亚科，占广西已知自然分布的纯淡水鱼类总数的 25.36%，其中 4 种为都安特有种，1 种为中国濒危鱼类。

（二）生态系统的完整性与典型性

澄江国家湿地公园是一个复合生态系统，并保存有相对完整的湿地生态系统，覆盖了陆地植被—湿生植被—挺水植被—沉水、浮水植被的完整植被序列，岩溶湿地生态系统保存较为完整，是岩溶湿地生态系统恢复的天然参照物，具有极高的科学研究价值。

澄江国家湿地公园处在亚热带季节气候岩溶地貌最典型、最具代表性的地域，公园保持相对完整的湿地生态系统，其植被类型在广西境内乃至在全国岩溶地区都具有较高的典型性和代表性，且植物群落结构复杂，生态功能稳定。澄江国家湿地公园是红水河水系的重要组成部分，承担着维护红水河生态安全的重要功能，是红水河流域最有研究价值的典型天然湿地。澄江国家湿地公园是广西境内候鸟迁徙的重要节点之一。随着广西壮族自治区经济的快速发展，人为干扰逐渐加剧，现存适合迁徙候鸟中转、繁殖、越冬的栖息地越来越少，而澄江国家湿地公园在候鸟迁徙途中具有不可替代的重要区位，具有较高的科学价值和保护价值。

（三）生态功能的多样性与重要性

澄江国家湿地公园为湿地内野生动植物提供栖息地，为鸟类提供重要的迁徙停歇地，对于保护生物多样性发挥着举足轻重的作用；澄江湿地生态系统对美化环境等诸多方面都有不容忽视的重要作用；澄江国家湿地公园对流域内资源循环等重要环节发挥着极其重要的作用；澄江国家湿地公园还是澄江沿岸居民农业生产以及生活用水的重要来源，是澄江县城市居民的饮用水源地，对维护都安县人民的饮水安全，保护都安县人民的生活质量发挥着决定性作用；同时澄江国家湿地公园还承担着为物种研究、环境教育、生态旅游活动提供服务场所的功能。

（四）深入发掘景区特色服务设施

1. 餐饮功能

公园内有可同时百人用餐的餐厅和多家当地居民经营的特色菜馆。公园内所有餐厅有着严格的餐饮管理制度，制度对餐饮环境和服务态度都有着明确要求，要求做到服务热忱、价格合理、特色鲜明、环境舒适。餐厅内环境优雅，场所清洁卫生，提供的餐具、杯具等材料符合质量认证，形成舒适、干净、卫生的就餐环境。

2. 购物功能

公园的购物设施只要是外围的村庄。商店主要出售各地民族特色的旅游商品、都安特产、日常用品、饮料等。购物场所不破坏景观环境，不妨碍游客游览，不与游客抢占道路和景观空间。公园购物场所内旅游商品丰富，以广西特色旅游产品为主，具有自身特色及广西特色的旅游商品达40多种。

三、景区建设经验

都安澄江国家湿地公园积极响应党中央建设"美丽中国"的时代号召，采取生态与文化并重的思想，实施大生态、大文化、大格局、大产业策略。以市场为导向，以经济效益为中心，整合资源、合理布局、优化产品、突出特色，面向海内外客源市场，实行可持续发展战略，有效地维护人文旅游资源和自然生态环境资源。

根据《广西都安澄江国家湿地公园总体规划》，在切实保护好各项历史文化遗迹遗址和自然生态风景资源的前提下，充分发挥风景资源优势，力争成为景观独特、风光秀丽、高品位的生态文化公园。

（一）顺应党中央提出建设"美丽中国"的时代号召

党的十九大报告指出，人与自然要和谐共生，既要创造更多物质财富和精神财富以满足人民日益增长的美好生活需要，也要提供更多优质生态产品以满足人民日益增长的优美生态环境需要。澄江国家湿地公园创建广西生态旅游示范区是积极响应党的号召，落实党的方针政策在都安瑶族自治县的具体体现。澄江国家湿地公园尊重公园自然环境、顺应自然，保护公园自然生态文明，打造健康可持续发展的湿地公园，通过打造澄江国家湿地公园为都安人民带来生态优美的环境。

（二）当地政府对发展生态旅游的有力支持

近年来，都安瑶族自治县政府致力于澄江国家湿地公园的打造，十分重视旅游业的发展。都安瑶族自治县政府在"十三五"规划和未来远景规划中已将旅游业列为重点产业优先发展，并提供最优惠的旅游投资政策。同时，都安瑶族自治县积极发展生态观光旅游产品，完善精品公园建设。重点打造以澄江国家湿地公园、三岛湾度假区等休闲公园，推出生态观光和生态旅游休闲产品。澄江国家湿地公园作为重中之重，创建生态旅游示范区工作得到了强有力的支持，创建工作顺利进行。

（三）高度重视并积极投入建设生态旅游示范区工作

澄江国家湿地公园高度重视并积极投入建设生态旅游示范区工作，取得重大成效。澄江国家湿地公园积极响应党和政府号召，高度重视自然生态保护，积极开展创建生态旅游示范区工作，根据公园实际情况、各项建设工作情况，结合现代旅游发展理念及旅游市场需求，全面综合发展公园，对景点进行整改提升，全面开展完善公园环境保护基础设施工作，湿地生态保育区建设等生态旅游建设工作，全面深入开展创建工作。公园不断从制度、各项景点提升、生态资源保护等方面着手，发展健康可持续发展公园——生态旅游示范区。

公园创建生态旅游示范区工作有条不紊地展开，以科学创建生态旅游示范区为首要工作，生态保护与资源开发两手抓，公园景点提升以突出公园特有的植物、人文、自然景观为工作重点，逐步建立起澄江国家湿地公园生态旅游示范区品牌形象。首先，公园不断建立并完善科学的责任体系，做到统筹安排，相互配合，协调推进，确保创建广西生态旅游示范区目的的实施；其次，公园在大力推进生态化建设同时，加大公园绿化和公园生态完整性保护；最后，公园不断从生态保护与旅游规划发展、完善旅游服务设施、健全旅游安全制度、提高公园管理水平、提升人员业务技能等方面，开展创建生态旅游示范区工作，全面保障公园创建生态旅游示范区顺利进行。

经过不断努力，澄江国家湿地公园创建生态旅游示范区各项工作上取得显著成效。公园凭借自身丰富的历史人文资源、自然资源、完整的生态系统，打造了一批精品景观。通过不断进行自我提升，提高公园的吸引力和生命力。公园市场辐射力不断增强，知名度及美誉度不断提高，观赏游憩、科学价值不断提升，带动区域社会经济快速健康发展，生态良性循环，公园可持续健康发展。

（四）直接经济效益，推动都安县经济及生态环境发展

都安澄江国家湿地公园凭借自身丰富的历史人文资源、自然资源、完整的生态系统，打造了一批精品景观，知名度及美誉度不断提高，公园市场辐射力不断增强，带动周边村庄以及都安县的经济发展。同时，广西都安澄江国家湿地公园还兼顾着保护湿地、保护生态的作用，通过广西都安澄江国家湿地公园的发展宣传，都安县人民对于环保以及生态环境保护的意识不断增强，有效促进都安县的生态环境的发展。

（五）间接带动相关行业发展，扩大就业率

据世界旅游组织测算，"旅游业每投资1元钱，相关行业就增收4~5元，旅游业每直接就业1人，社会就可以新增5个就业机会。"从2014年开始，都安县公园建设项目投资总额为20662.79万元，其中近期投资11293.65万元，中期投资7693.9万元，远期投资1675.24万元。将澄江国家湿地公园整体开发，统一包装，打通连接各公园之间的道路，将各景点连成一线，提升其品位与档次，使其特色更鲜明、公园更具吸引力。以此推算，计划实施以后，将发挥旅游龙头的带动作用，以此产生的相关的建筑行业、餐饮行业、文化产业、旅行社业等相关行业增收8亿元以上。澄江国家湿地公园的建成带动相关行业发展的同时，为河池市扩大了就业范围，增加就业岗位，对提高就业率、稳定社会具有积极的促进作用。

（六）推动城郊环境建设，保护生态系统

完成规划建设的澄江国家湿地公园将成为都安瑶族自治县甚至是河池市绿色基地、物种保护、环境教育的首选之地。丰富稳定的湿地生态系统有利于城市空气、水源等环境元素的净化；澄江国家湿地公园良好的生态环境，均为进行各种相关研究，提供了良好的基础条件。公园作为环保科普基地，利用各种形式向游客传播保护环境、保护自然等知识，对提高人们对保护生态环境、保护生物资源的认识，增强人们热爱自然、保护自然的思想意识，多方推动环境建设，保护城郊生态系统完整性。

（七）注重宣传教育，扩大社会影响力

广西都安澄江国家湿地公园一直致力于扩大宣传工作，公园在旅游、湿地保护、生态环境保护、动植物保护、文物文化保护以及生态旅游科普等方面的宣传教育到位。广西都安澄江国家湿地公园通过多种方式进行宣传教育。一是通过宣传资料向游客宣传。通过设立专门的植物名牌，游客在获取湿地动植物相关知识

的同时也可获取湿地保护的知识。二是通过网站、微信公众号宣传。广西都安澄江国家湿地公园十分重视网络宣传，微信公众号的内容丰富，及时更新园区动态，成为广大游客了解园区的良好平台。三是通过媒体宣传。广西都安澄江国家湿地公园曾经在《河池日报》等多家媒体宣传公园的湿地保护等内容。

利用澄江国家湿地公园良好的知名度，公园一直致力于生态环境教育工作。公园十分重视生态环境教育工作，通过网站、微信公众号、报纸，悬挂宣传横幅等多种形式，开展生动、直观、深入的生态环境科普宣传活动。公园内布置了丰富的植物名牌和地质地貌科普说明牌，还布置有科普展板、生态环保标语等，充分结合了趣味性与科学性，使游客在公园游览时能了解到湿地环保知识、地质科普知识、植物科普知识和生态环保知识；通过加大宣传和致力于生态环境教育工作，公园的影响力不断增大，得到社会广泛好评。

四、访谈景区工作人员、游客、当地旅游部门

（一）创建广西生态旅游示范区的主要工作

1. 健全组织机构，构建高效工作机制

广西都安澄江国家湿地公园成立了广西都安澄江国家湿地公园管理局，并设立了4个湿地保护管理站，建立保护管理人员责任承包制。广西都安澄江国家湿地公园管理局设置6个内设机构和2个管理站，包括办公室、科研监测科、计划财务科、公园派出所、资产管理科、管理站。遵循管理促保护、促开发建设原则；政府主导、管经分离原则；严格保护、可持续利用原则；社区参与、利益共享原则进行管理，确保了广西都安澄江国家湿地公园创建广西生态旅游示范区工作的顺利完成并达到预期效果。

2. 生态保护与旅游发展规划完善，有效指导保护和建设

澄江国家湿地公园编制了《广西都安澄江国家湿地公园总体规划》《都安澄江国家湿地公园创建广西生态旅游示范区总体规划》，并通过了专家论证。规划进一步明确了澄江国家湿地公园的能力建设、基础设施建设、生态恢复、生态保护等方面的基本原则，将科学规划和合理利用相结合，为发展创建广西生态旅游示范区提供了科学依据。公园规划用全局和长远的战略眼光，处理好生态保护与资源开发的关系，公园景点的各项建设，都必须符合规划的要求，与景观协调一致，切忌大搞"人工化"造景，尽可能突出公园特有的植物、人文、自然景观。

澄江国家湿地公园严格按照有关规定开展保护、管理和利用，规划与建设一

直遵循整体优化原则、生态优先原则、容量控制原则等，尊重和展示自然，结合游客的特点，确立"回归自然"与"娱乐休闲"相结合的开发理念，满足游客放松工作紧张节奏、亲近自然、融于自然的心理需求，与此同时融入当地传统文化元素，从而创造出适销对路的旅游产品。公园的开发兼顾居民及旅游者两个市场的需求，并加强各景点的互补性，联合推出一些旅游产品；通过旅游者与自然的接近，达到了解自然、享受自然、品味文化的目的，从而做到生态保护与旅游发展同步进行。

3. 加大环保力度，保障示范区创建工作

澄江国家湿地公园坚持保护优先、科学规划、统一管理、利用服从保护的原则，澄江国家湿地公园保护工作由都安瑶族自治县人民政府负责。澄江国家湿地公园保护管理机构具体负责澄江国家湿地公园保护、管理工作；都安瑶族自治县国土资源、城乡建设、环境保护、林业、公安、旅游、文物、工商行政管理等部门及都安瑶族自治县人民政府在各自的职责范围内做好了澄江国家湿地公园保护工作。

广西都安澄江国家湿地公园针对不同资源存在和面临的威胁因子，科学编制涉及保护的具体对象、范围、方式和具体对策措施等的专项规划，最大限度地保护好资源的完整性、原始性、真实性与多样性。对水系和水质、水岸、生物多样性、栖息地（生境）和湿地文化资源都编制了不同的保护措施。广西都安澄江国家湿地公园还专门成立了保护机构，设立湿地保护管理站，建立保护管理人员，实施责任承包责任制，采取分区分级保护措施，建立健全保护管理制度，制定科学管理计划。切实保证广西都安澄江国家湿地公园的各项保护内容均得到有效的保护。

4. 重视生态环境教育，发挥环保科普功能

澄江国家湿地公园一直致力于生态环境教育工作，公园内建设有科普展示中心，展示牌等多处生态环境教育室内外展示项目，并充分利用展示设施和湿地公园丰富的动植物资源开展生态环境教育，建成了生物多样性展示区成为独具特色的生态展示和科普教育基地，今后将会为区域内学校开展"第二课堂"提供一个良好的场所。

5. 注重传统文化的保护与利用

澄江国家湿地公园对公园内传统文化保护工作非常重视，将当地的民族民俗风情融入园区内，园区内的标识标牌、建筑设计等均体现了瑶族特色。园区将民

族传统文化与生态很好地结合在一起。

6. 完善管理制度，实施有步骤，落实有监督

在创建广西生态旅游示范区工作中，结合公园的实际情况，借鉴各公园的经验，制定和完善了宣传与市场营销、旅游服务与质量管理、导游服务、园容园貌及卫生管理、生态与环境保护、统计管理、安全管理、突发应急等方面的制度，做到事事有人负责，件件有着落。使管理工作由过去的靠员工自觉及人管人的管理方式变为制度管人的良性管理，大大提高了公园的服务质量，提升了公园的内部管理水平。

澄江国家湿地公园在制定并完善各项制度的同时，积极采取有效措施，确保公园各部门管理人员学习好、贯彻好、执行好公园各项管理制度，确实有效地将管理制度运用到公园日常管理保护工作中，认真贯彻落实公园相关制度，执行过程不断完善管理措施，争创生态旅游示范区。同时公园重视安全制度的落实，坚持狠抓安全，切实坚持加强安全监督、检查工作，坚持不懈加强制度教育，发挥各种监督制度作用，及时排除事故隐患，创造平安旅游环境，迎接四面八方的游客，助推公园全面发展，争创生态旅游示范区，塑造广西都安澄江国家湿地公园良好品牌形象及对外口碑。

（二）创建广西生态旅游示范区的主要成效

围绕着生态旅游示范区的标准和要求，园区对规划开发建设力度的不断加大和软硬件设施水平逐步的提升，取得了卓越的成果。

1. 生态保护与旅游发展规划完善，有效指导保护和建设

澄江国家湿地公园做到了生态保护与旅游发展同步进行。澄江国家湿地公园编制了《广西都安澄江国家湿地公园总体规划》《都安澄江国家湿地公园创建广西生态旅游示范区总体规划》。规划在对公园综合现状、湿地资源、湿地公园旅游现状进行分析评价的基础上，以可持续发展为理念，结合现代旅游发展理念和湿地公园性质，提出湿地生态保护规划、恢复规划、科普宣传规划、科研检测规划、合理利用规划、基础工程规划、管理规划，对公园下一步规划建设具有较好的指导作用。规划通过审批后，规范了项目建设的审批程序，加强项目建设的管理力度，整个园区建设按照规划有条不紊地实施开展。

2. 生态修复和园林造景良好结合，建设一批精品生态景点

澄江国家湿地公园新建了旅游综合服务区，旅游综合服务区新建的设施包括游客中心、3A级旅游厕所、集散广场、生态停车场、生态餐厅等内容。观景八

角楼、骑行绿道、生态厕所等一批精品生态景点。澄江国家湿地公园十分注重生态和人文资源的保护和挖掘利用，生态环境质量优良发展，在环境改造、生态修复及环境建设上都具有较强的科学示范作用，同时良好结合旅游开发，使生态资源得到合理利用。

3. 保护生物多样性

澄江国家湿地公园通过将生物多样性保护纳入总体规划，并对保护生物多样性开展了很多相关性研究和评测。目前，动植物种类不断增加、总量持续递增，鸟类在林间已随处可见，鱼类畅游，人与动物相处非常和谐。

4. 生态驳岸的建设

园区在水体建设中，开展生态驳岸的建设。采用斜坡式水岸，水中及岸边种植水生植物，岸边上用自然景石镶嵌，种植植物，使水生植被与岸上植被连成一体，也为鱼类、蛙类等水生动物和其他两栖类动物提供了栖息、繁衍和避难场所，有利于生态系统的完整性。

5. 游览服务设施完善，体现以人为本理念

澄江国家湿地公园严格按照国家创建生态旅游示范区的标准和要求，区域内建立了一整套完善的旅游标识系统，包括导游全景图、导览图、公共设施指示牌、景点解说牌、植物科普解说牌、路径指示牌、停车场指示牌、温馨提示牌、安全警示牌等。在合理位置设置了足量的游客休息设施和观景设施，修建了环保步道和自行车道，便于游客游览；园区内公厕数量充足，满足游客需求；从细节入手，通过对园区游览设施的完善，进一步为游客提供人性化服务，展现以人为本的服务理念；园区通过天然石材、原木、节能透水砖以及其他高科技生态材料的精心设计和使用，体现出对绿色生态一致的关注和追求。

6. 旅游安全体系健全，创造平安旅游环境

建立澄江国家湿地公园的物质储备制度、应急教育制度、预警监测制度、应急预案制度、日常管理制度、紧急状态制度、启动应急预案等。建立应急指挥小组，下设组织、信息、后勤、安全等工作组，配备专项工作经费、工作人员和必要办公设备，确保指挥有力、保障到位。实行一元化领导，统一指挥。

在管理手段上，主要依赖刚性手段，通过命令、许可、强制和制裁等手段实现应对危机的目的。采取"预防为主，综合防御"的原则，建立健全的应急救援安全体系，全方位保障公园安全生产工作。

7. 秩序井然，环境整洁优美

澄江国家湿地公园大力整治园区建筑物风貌和环境卫生，确保园区优美整洁。卫生等相关部门对园区内餐饮的食品卫生加大了指导和监督，确保食品卫生符合国家规定。园区环境整洁优美，场地秩序井然，建筑物及各种设施设备保存维护状况良好。空气清新，生态环境优良，无乱堆、乱放、乱建现象。

8. 园区管理水平不断提升，确保旅游服务质量

澄江国家湿地公园为了提高园区管理水平，针对园区内岗位特点，优化组合人员，采取责任到人，进一步理顺员工与岗位的责任，激活内部管理制度，积极导入科学管理手段，建立了完善的营销、质量、管理、导游、卫生、环保、统计等规章制度，各部门责任明确，分工具体，各司其职。

澄江国家湿地公园把园区行业管理作为规范旅游经营、提升园区行管理与服务重大工作任务之一，并不断制定完善各项园区管理制度，加强园区人员业务技能培训，提升工作人员业务技能及服务意识，全面提高园区管理水平。园区坚持不断完善服务程序，推行园区服务制度标准化，全面提升园区旅游素质和旅游服务质量，促进园区科学化发展，为园区健康持续发展提供保障，塑造澄江国家湿地公园积极创建生态旅游示范区良好形象。

9. 注重人员素质提升，展示良好服务形象

澄江国家湿地公园建立了"统一规划、分级管理、分类实施"的培训机制，促进了职工培训教育工作的顺利开展。针对岗位特性，对员工进行质量、营销、安全、导游、环境、统计等业务培训。注重工作人员素质的提升，为澄江国家湿地公园展示良好服务形象。

（三）下一步发展目标

第一，继续对园区基础设施建设、景观培育、生态修复等方面加大建设力度。

第二，通过游赏路线的合理安排，把握游览设施的合理建设达到对澄江国家湿地公园资源的保护—开发利用—管理三环节的良性循环。

第三，在不断完善建设内容的同时，保持旅游吸引力，主要建设完善游览景点、游客服务设施等。

第四，完善各项工作结构与管理系统，使澄江国家湿地公园成为独具特色的生态文化公园。

第三节　海洋型生态旅游示范区实践研究

——以北海市银滩景区为例

一、景区基本情况

（一）景区简介

北海银滩，位于北海市东南部海滨。景区亚热带滨海景观独特，享誉海内外。1992 年 10 月 4 日，北海银滩经国务院批准成立国家级旅游度假区。北海银滩以"滩长平、沙细白、水温净、浪柔软、无鲨鱼"为主要特点，被称为"中国第一滩"。整个景区范围广阔，涵盖了海洋、沙滩、滩涂、草地、山丘和森林等旅游资源类型。海滩作为景区的一大特色景点，其西起冠头岭，东至大冠沙，沙滩长达 24 公里。海滩宽度多集中于 2～3 公里，面积极大，而且沙质细软亮白，不仅能满足普通游客的浪漫体验，同时还可承办大型沙滩运动。已成功承办过国际沙滩排球竞标赛、国际沙雕比赛等大型赛事，获得了良好的口碑。银滩景区所处海域，入海海滩平缓，海水清澈透明可见度高，安全系数高，年均气温23℃，常年可入海洗浴。浴场面积 16 万平方公里，日均可接待 15 万人次入浴，是中国南方最理想的滨海浴场。

（二）区域环境

北海银滩景区，位于北海市东南部海滨，是中国大陆的南端。位于东经108°50′46″～109°47′28″，北纬 20°54′～21°55′34″。银滩景区属亚热带海洋性季风气候，阳光充沛，植被丰茂，四季常青。夏季高温多雨，冬季温和少雨，年均气温在 21℃左右。夏日的银滩景区碧海蓝天，海风暖暖地吹过，在椰树下乘凉，看着这滨海景观，十分惬意，让人流连忘返。冬日的北海，由于白天日照时间长，气温回升很快，所以昼夜温差较大。总的来说，这里气候宜人，一年四季不同的时间点来，都能领略到不同的滨海风光。

当地居民以汉族为主，还有壮族、京族、苗族、彝族等少数民族，是个包容性很强的地区。各族人民在此安居乐业，共同发展，由珠乡文化、客家文化、疍家文化等共同组成了鲜明的地方文化风貌。

（三）资源情况

总体上银滩的资源品质属于国家级，沙滩、海水、阳光这三类滨海旅游开发基础资源组合度好，海景资源、海洋文化资源以及红树林生态湿地等多元资源基础雄厚。

1. 沙滩、滩涂情况

滩：沙滩开阔、长平，东西绵延约 24 公里，平均宽度 800 米，最宽处达 3 公里。沙：北海银滩的沙质，均为高品位的石英砂，沙滩中二氧化硅的含量高达 98% 以上，为国内外所罕见，被专家称为"世界上难得的优良沙滩"。沙子晶莹洁白，主要由石英砂组成。沙质细腻柔软，光脚在海滩上行走非常舒服。

银滩景区拥有的滩涂类型包括：沙滩、沙砾滩和红树林滩等，类型丰富多样。广阔的滩涂和浅海成为珍珠、牡蛎和海参等重要海洋生物的繁育场所。

2. 植被

北海银滩景区现状植被主要集中于冠头岭及银滩中区区域；在冠岭区 75% 以上面积为原生林，主要分布于山腰至山顶区域。但森林树种相对单一，主要是以马尾松、南亚松为主的针叶混交林。局部混交台湾相思、合欢、红花羊蹄甲、小叶榕、番木瓜、红绒球等。沿海一带以木麻黄为主，在银滩公园及海滩公园内以人工景观园林为主，白虎头区域有少量的红树林。

3. 近海海域生态情况

滨海沿线具有宽阔的水面、较深的水位、缓慢的水流速度、较低的含沙量、无险滩、风浪小等有利水域条件。

潮汐周期：潮汐基本为不正规日潮为主的混合潮型，一个月中大潮汛期为全日潮、平均出现天数为 22 天，小潮汛期为半日潮、平均出现天数为 8 天。

航道淤积：码头的建设将有利于减少内航道和港池水域的淤积，年淤积厚度将不超过 0.4 米，总体淤积量不大。

风向、风速：全年常风向为 N 向，次常风向为 ESE 向，强风向为 SE 向；频率加权年平均风速为 3.0 米/秒，风速≥8 级的大风日数多年平均为 11.8 天。每年受台风影响 2~4 次。

浪高、浪频：一年中各浪向波高不大于 1 米的频率为 99.6%。大风天或台风期除外。

4. 空气与水质

银滩景区区域的海水温净碧透，浪软如毯，自净力强，水质为国家一级标准。北海空气的清新可谓全国之最，在全国各城市中居优级领先地位。是中国可适宜居住城市的"三海一门"（即珠海、北海、威海、厦门）中的一海。这里空气中负离子含量为内地城市的 50～1000 倍，可称得上是天然的康养场所。

（四）主要景点

北海银滩度假区由三个度假单元（银滩公园、海滩公园、恒利海洋运动度假娱乐中心）和陆岸住宅别墅、酒店群组成。景区内各项服务配套设施齐全，涵盖了"吃、穿、行、游、住、购"六大方面，全方位、多层次地将北海银滩旅游度假区打造成了一个综合性强、景点多样的优质度假区。

1. 银滩公园

银滩公园包括陆地、海滩和浴场三部分，规模宏大。公园内有草坪 10 万平方米，沙滩面积 8 万平方米，浴场面积 16 万平方米。公园内有亚洲第一的激光音乐喷泉，世界第一的九龙玉船，巨型不锈钢雕塑《潮》。

银滩景区所处海域，入海海滩平缓，海水清澈透明可见度高，安全系数高，年均水温 23℃，常年可入海洗浴。浴场面积 16 万平方米，日均可接待 15 万人次入浴，是中国南方最理想的滨海浴场。

公园内部有丰富的水上娱乐项目，如快艇、沙滩车、沙滩排球等。同时还包括各类表演。在一些人流聚集区，还设立了小卖部和快餐店。

2. 情人岛公园

北海银滩情人岛度假公园坐落在北海银滩国家旅游度假区内。总面积为 1500 亩，其中林地 800 亩，水塘 250 亩，沙地 450 亩。公园内风景优美，各项人造设施与自然景观相融合，植被覆盖率高，鸟语花香，为情侣们构建了一个浪漫的场景。

3. 银滩乐园

银滩乐园占地面积 220 亩，由著名建筑师群体精心设计。整个乐园的建筑风格参照古希腊风格，各式各样的神像雕塑和建筑，错落有致地分布在公园里。再加上灯光和喷泉的点缀，异域风情十足，使人感觉身临其境。

在乐园周边还开辟了一块汽车营地，置身于仿古希腊建筑群中，观赏着滨海风光，别有一番风味。

4. 雕塑喷泉

在海滩公园矗立着一座巨大的钢体音乐雕塑喷泉:《潮》。它足足有七层楼高,主体部分是七位少女共同守护着一颗明珠,寓意人们要一起保护好银滩这片乐土。雕塑背靠大陆,面朝大海,与大自然融为一体,体现了人类文明与自然环境和谐相处的美好。整个雕塑中,还分布着大大小小数千个喷头,以及炫彩夺目的各式彩灯。当夜幕初降时,水柱和花灯随着音乐旋律的不同,不断变换着,成为夜空中最绚烂夺目的明珠,也成为了海滨上美丽的风景。

二、景区特点、亮点

(一) 景观价值独特性

1. 滨海风光

北海银滩景区是全国著名的旅游景点之一,同时拥有海草床、珊瑚礁、美人鱼、南珠等众多旅游资源,海水、海滩、海鲜、海洋珍品、海底珊瑚、海滩海洋运动等共同构成了银滩景区的海洋旅游体系,资源综合优势突出,体现了美丽的亚热带滨海风光。

2. 海洋渔文化

在长期耕海牧渔的过程中,逐渐形成了内涵丰富的北海渔俗文化。北海银滩景区作为游客的主要游览地,也是一个很好的宣传平台,风趣奇特的民间文化习俗在此集中展现,其类型主要有:新船下海抛馒头、猪挂船头、请龙王、谢龙王、起锚拉网吹号子、出洋吹海螺及庙会、锣鼓、灯会、婚嫁礼俗等。

3. 候鸟迁徙景观

全球候鸟迁徙共有8条路线,其中有三条经过我国。北海是候鸟迁徙线路上重要的一站,也是迁徙鸟类由北往南离开中国的最后一站。

处于北海地理位置最高的冠头岭,由于临海,生态环境较好,成为猛禽的休息站。据观测,猛禽到达冠头岭之后会暂时休息几天,因此,冠头岭也被称为华南最大的猛禽迁徙集散地,每年的9月中旬到次年1月,冠头岭上空有成千上万只猛禽经过。秋季冠头岭上空常出现国内罕见的"鹰河""鹰柱"盛况,观赏价值极高。

4. 红树林景观

在北海银滩景区的白虎头区域有成片的红树林景观。红树林不但是众多鸟类和海洋生物栖息和繁衍的理想场所,而且还构成了亚热带海岸独有的美丽景观。

（二）生态资源丰富性

1. 海洋水产资源

北海银滩景区海洋属于北部湾片区。该海湾是世界上海洋生物种类最为丰富的地区之一，记录到的生物有 7390 种，其中鱼类有 500 余种，虾类有 200 余种，蟹类有 190 余种，还有种类众多的头足类、贝类、藻类和其他种类的海洋生物。

2. 鸟类

据观测，冠头岭共记录 1 目 3 科 15 属 29 种，10445 只猛禽，其中有 1 种国家一级保护动物——白腹海雕，还有 28 种国家二级重点保护动物，占到中国隼形目总数的 47.5%。几乎涵盖了中国东部地区所能见到的全部猛禽种类。

3. 森林资源

森林资源非常丰富，主要有马尾松、木麻黄、相思、鸭脚木等森林植物 45 科 70 种。同时还是大批候鸟迁徙停留栖息地，主要动物有白胸翡翠、丘鹬、水鸡、画眉、喜鹊、变色树蜥、金环蛇、银环蛇、眼镜蛇、大蟒蛇、滑鼠蛇、佰劳、八哥、大山雀、夜鹭、白鹭、斑鸠、猴面鹰、百灵等。

三、景区建设经验

（一）开展资源与环境保护措施

根据示范区内各类资源的稀缺性、承载力、敏感度、保护价值等特征，针对不同资源存在和面临的威胁因子，划分保护对象，采取分类保护、分区保护、分级保护多方齐下的方式，对生态资源与环境进行整体控制保护。

1. 绿地景观及植被保护

冠岭区域植被以恢复完善植被层次，恢复生物多样性为主。对原生林整体保留，局部提升，整体以不破坏原有植被、地形地貌，不影响生态环境为前提；对次生林整体恢复，构建针阔混交林。加强生态保育，禁止开山取石、破坏林（草）植被等活动；加强生态保护，禁止乱砍滥伐及破坏山体自然生态环境的行为。保护山体资源，开展生态修复，防治山体滑坡。

对银滩核心保护区的陆域，植物选择以北海本地原有植物种类为优先，广场考虑结合硬质铺地布置常绿乔灌木辅以鲜花设置；沿海岸沙滩种植连续的绿化带，以木麻黄为主，以恢复沙滩生态风貌和缓解沙滩污染黑化；后侧种植景观林带。清理核心区内长势杂乱的植物，对游客集中的重点区域进行绿化植被局部提升，提升景观效果。

2. 沙滩保护

严格保护沙滩的天然景观性。禁止在沙滩随地排放废水、固体废物等污染物，不得胡乱丢弃白色垃圾，严格维护海岸景观的生态环境。禁止在沙坝上新建、扩建永久性建筑物。禁止发生任何对沙坝造成损毁破坏的行为；不得从事破坏植被、非法采挖海砂等破坏沙滩资源的行为；不得擅自在沙滩设置陆源入海排污口；不得在沙滩从事倾倒垃圾及其他废弃物、焚烧垃圾的行为。不得擅自在沙滩设置经营摊点；不得在沙滩内露天烧烤食品。做好沿线绿化景观改造与管理，加强沙滩修复保护。

3. 海洋及岸线保护

示范区的岸线总长度约16.4公里，分为自然生态岸线、风景旅游岸线、港口岸线三类。自然生态岸线主要分布在冠头岭森林公园及白虎头沙滩区域，岸线总长约4.0公里。该岸线应严格保护和改善滨海岸线生态环境，保护海岸带的自然形态和景观特征，防止不良外来物种入侵，最大限度降低人工干扰，维护和创建生态廊道。港口岸线主要为侨港渔港、国际客运港、石步岭邮轮港的港口岸线，在规划区内港口岸线长约1.0公里。岸线用途主要为港口开发，码头建设及产业发展。做好环境保护及污染治理，保持岸线资源的可持续利用。除自然生态岸线、港口岸线外，其余都为风景旅游岸线，总长度约11.4公里。该岸线应严格限制非生态保护、非旅游度假功能的建设，严控岸线周边建（构）筑物的建设规模和尺度，新设施建设应与周边环境相融合。

加强海洋功能区划管理，明确各海域的开发利用主导功能和功能次序，积极稳妥地推进海洋产业发展。合理开发和挖掘海洋资源，对海岸、滩涂、水域等进行严格的生态治理及保护措施。严格保护北海银滩保护范围内的海域水环境及海洋生态资源。将沙滩、沙坝、海洋生物等列为海洋重点保护对象。定期对北海银滩海水浴场及北海银滩近岸海域水质实施监测，并将监测结果及时向社会公布。

（二）政策创新，优化旅游发展整体环境

1. 创新旅游用地政策

完善旅游产业用地管理措施，研究制定差别化旅游用地政策，优先保障旅游重点项目用地供给。结合《国土资源部住房、城乡建设部、国家旅游局关于支持旅游业发展用地政策的意见》（国土资规〔2015〕10号），对依托城镇的旅游项目开展非营利性旅游公共基础设施建设，按划拨方式供地。对符合《划拨用地目录》（国土资源部令第9号）的公益性城镇基础设施，可以采用划拨方式供地。

完善土地流转机制，合理开发乡村旅游，出台相关政策鼓励社会资本投入乡村休闲旅游项目，加大土地供给，重点支持农村集体土地的合法合规使用。

2. 创新旅游金融政策

一是推动区县组建旅游发展平台公司，发挥其在生态旅游基础设施、公共服务、整合开发、项目孵化等方面的作用。二是采取政府引导、市场运作、金融支持方式，推动设立生态旅游发展基金，鼓励采取 PPP 模式实施大型旅游项目。三是开展生态旅游全要素招商，建立旅游项目孵化器，招投资商、开发商、运营商、服务商，引入资金、引入智库、引入品牌、引入人才、引入 IP。四是与政策性金融机构建立推进生态旅游的战略合作计划。

打造北海投融资平台 + 打造北海旅游上市公司 + 打造北海生态旅游综合开发 PPP 结构，以生态旅游投融资平台为基础，以上市公司打造为核心，以 PPP 项目为抓手，形成北海生态旅游投融资基础平台：城市投资、旅游投资、交通投资、文化投资、农业投资、健康投资、养老投资、体育投资。

经营管理国有旅游资产，融资、投资、开发、建设、经营、管理休闲度假等特色旅游项目以及旅游基础设施和公共服务设施项目，从事旅游产品开发和广告宣传等业务。

3. 创新旅游人才政策

全面分析北海市人才需求，制定合理的人才培养机制，明确各类人才需求的数量和培养方式，推进各类旅游人才队伍的建设。大力培养和引进旅游管理、创意策划、项目开发、宣传营销、酒店经营、中高级导游、智慧旅游、乡村创客和新兴业态等方面的紧缺人才，不断优化旅游人才队伍的年龄、学历、专业和职称结构。依托骨干企业和高校院所，通过政府牵头，加大高层次高学历人才引进机制，提升北海市旅游业对高层次人才的吸引力，建立有效的旅游人才资源统计体系和完善配套的旅游人才评价体系。与旅游学科强的著名高校合作推进旅游人才计划；与著名高校合作推进"十百万"旅游人才计划，即联合培养培训十个旅游领军人才、百名旅游骨干人才、万名旅游从业者。培训一批旅游管理干部、旅游企业家、经营者和专家人才。

推进旅游教育培训基地建设，加强与旅游院校、旅游企业的合作，联合开展旅行社从业人员培养、培训工作。深化校企合作，开展多层次、多渠道、多形式的旅游教育培训，全面提高各类人才队伍的职业道德、业务技能和公共服务水平。分别对不同对象开展有针对性的培训，重点开展"旅游专家基层行"活动，与市委组织部联合举办党政分管领导、旅游局长培训班。与著名高校合作，构建北海生态旅游研究基地。

4. 深化消费激励政策

鼓励和推动与全市各级各类博物馆机构、纪念馆、教育示范基地、城市休闲公园、科普教育基地等实行免费开放或降价优惠。推出北海市国民旅游休闲卡，让游客享受更多的便利服务和价格优惠，首先抓住本地及邻近区域客源市场。落实未成年人、高校学生、老年人、现役军人、残疾人等群体减免门票等优惠政策。鼓励设立公众免费开放日，探索发放旅游休闲消费券。鼓励企业将旅游休闲作为职工奖励和福利措施。引导和鼓励各类企事业单位尤其是交通、餐饮、住宿、购物、娱乐等服务单位出台各类优惠措施。鼓励各类学校开展研学旅行，纳入学生综合实践课程。

四、访谈景区工作人员、游客、当地旅游部门

（一）开放互联，打造现代快旅交通体系

对外，要依托中国西部唯一具备空港、海港、陆港的城市优势，形成"高速＋高铁＋航运＋航空"的旅游综合交通体系，实现北部湾经济区内构筑一小时交通圈，30 分钟交通圈覆盖钦州，60 分钟交通圈覆盖南宁和防城港，构建面向东盟、连接北部湾及珠三角地区的开放性对外交通体系，打造海陆空兼备、多种方式进出的北部湾重要门户枢纽中心。对内，从交通中转、干线快速、城乡一体、运输智能等方面构建集干线公路、水上航线、通用航空等交通于一体的高效、便捷、与全域旅游发展相适应的旅游交通体系。

（二）创新商业模式，重点发展住宿业态

创新住宿业模式，以文宿融合（文化休闲业，文化主题酒店/度假村）为核心，协同发展商宿融合（商务会展业，精品商务酒店/星级酒店）、农宿融合（生态农林业，休闲农庄/精品民宿）、营宿融合（康体运动业，养生酒店/特色营地），形成以文化主题酒店、精品商务酒店、高端度假酒店、特色主题民宿、禅修主题酒店、自驾旅游营地为代表的 6 类住宿业态，构建国际化、专业化、多元化的产业平台，打造北海"旅居体验型的旅游目的地"的核心吸引物。

（三）传承创新，打造桂菜品牌餐饮体系

按照科学规划、合理布局的原则，结合土地利用总体规划和城乡总体规划，编制北海市餐饮业发展规划。要依托文化、旅游、物产等资源优势，因地制宜，

突出地方特色，集中规划建设规模化的餐饮原辅料基地、美食产业园（工业园）和标志性、集聚性的特色餐饮休闲街区。规划建设高德步行街、银滩步行街、侨港步行街、外沙步行街、廉州步行街、南康步行街、南万步行街、南湾步行街等十大特色美食街。在美食街集中区，培育经营当地名小吃的店铺。

支持鼓励研发机构、餐饮企业以北海饮食文化、特色餐饮为基础，加强疍家名菜、风味菜肴、珍珠宴等北海特色美食、特色原辅材料的挖掘、整理、保护、传承及研发、推广，着力培育和打造菜式丰富、味型多样、用料考究、技法科学、口味精妙、层次有序、格调高雅、营养平衡的桂菜体系，形成农家餐饮、主题餐饮、休闲美食街、品牌餐饮、酒店餐饮5大业态。积极引进国内各大菜系及东盟美食，形成体系完备、门类齐全、类型多样的中国东盟菜品体系，满足多样化美食消费需求。实施旅游餐饮"名师、名菜"评选活动和"名小食"申遗工程，构建"名菜+名小食+名店+名厨"特色餐饮体系。各区县要充分利用其土特产品打造美食购物一条街，各个乡镇推出3~5个特色菜，推出一批美食街、美食村、美食店、美食品名录，定期举办私房菜大赛等美食评比活动。

（四）加强人才培育，提高行业整体素质

依托中职及高等院校，加大餐饮管理及服务专业学科、学院建设，充分发挥各类职业培训机构作用，加强餐饮管理、技术、服务人才培养。大力推进产学合作、校企合作，鼓励支持餐饮企业与专业院校合作，建立餐饮人才培训基地和实习就业基地。在餐饮管理、技术、服务人才中推行职业资格证书制度，提高行业整体素质。定期举办餐饮业技能大赛，积极组织参加全国及国际性技能大赛，促进技能人才的交流学习和技术提升。建立餐饮人才档案和人才信息交流中心，为企业用人和餐饮专业人才就业创业提供服务。建立行业专家库，鼓励支持行业专家、企业、院校、研究机构成立餐饮专家工作室。开展餐饮业优秀人才评选活动和大师名师认定表彰，指导餐饮企业建立健全人才培养及激励机制，打造餐饮人才建设平台和宣传平台。

（五）搭建产品体系

以文化创意体验为核心，进行娱乐产品拓展、品牌创新、场所升级、氛围营造和街区打造，打造环北部湾国际娱乐中心城市。一是做强王牌产品。加快推动《碧海丝路》的产业化运作，同时注重开发系列演出产品，延伸《碧海丝路》的品牌价值。二是创新娱乐品牌。创新包装北海民间艺术、推广工艺美术和引进动漫主题三大方向，结合日益增长的艺术文化需求，以旅游演艺为核心亮点，打造区域性文化创意娱乐产业中心。三是文化休闲场所。升级文化娱乐场所，强化娱乐氛围，对示范区的文化娱乐场馆进行升级改造，增强科技性、体验性、参与性、娱乐性等，使其成为北海文化的深度体验窗口。四是提升娱乐氛围。丰富娱乐产品业态，升华娱乐体验。积极开展旅游节庆活动，实现月月有节日，季季有精彩的娱乐环境氛围，增强游客吸引力，做活旅游夜经济。五是娱乐街区打造。文旅融合导向，打造休闲娱乐街区。

第八章　广西人文生态型生态旅游
示范区实践研究

第一节　人文生态型生态旅游示范区实践研究
——蒙山县水韵瑶寨景区

一、景区基本情况

（一）景区简介

蒙山县水韵瑶寨景区主要由长坪水韵瑶寨旅游区、天书峡谷、茶山水库三部分构成，集蒙山县自然生态风貌于一体，风景秀丽，生态环境优美。景区位于广西东部大瑶山之东，梧州市西北部，距离县城约 20 公里，规划面积约 8700 平方公里。其中长坪水韵瑶寨旅游区以天鹅湖为聚集区，以大瑶山人文、自然资源特色为依托，提倡远离尘嚣、回归生命纯净，享受逸闲自然的生活理念，与自然、环境和周围生灵融为一体，形成了高起点、高标准、高品位的度假区建设品质和特色。景区山清水秀，民风淳朴，有瑶家风味餐馆、风雨桥、桃花岛、小木屋等独特景观错落其中，赏心悦目。是中国少数民族风情度假、休闲、养生、文化体验特色村寨，也是广西森林人家和瑶族文化重要研究基地。天书峡谷是原生态的天然氧吧，属于自治区级自然保护区和森林公园景区。谷口悬崖兀立，高耸云天；谷中群山延绵，绿林茂盛，峰峦俊秀，千姿百态，流水淙淙，曲径通幽。是蜚声海内外的十里诗廊与画廊，有母猴抱子、铁柱挂铜钟、童子拜观音、八部天书等景点，是集观光旅游、登山探险、休闲避暑为一体的理想之地。

（二）区域环境

梧州市位于广西壮族自治区东部，是广西的东大门，东邻广东省肇庆市封开县、云浮市郁南县，东南与广东省云浮市的罗定市接壤，南接玉林市容县，西连贵港市平南县，北通贺州市昭平县、荔浦市，东北与贺州市八步区接壤，西北与来宾市金秀瑶族自治县毗邻。蒙山县水韵瑶寨生态旅游示范区距离梧州市约180公里，以茶山湖为主体呈狭长带状分布，地理坐标为东经110°52′39″~110°54′07″，北纬24°23′46″~24°32′04″。北连荔浦市，东接贺州市昭平县，西邻来宾市金秀瑶族自治县。梧州市作为西江黄金水道上向东开放的龙头城市，拥有作为两广地区纽带的良好区位条件。梧州港是华南地区仅次于广州的第二内河大港，是"广西水上门户"。G65 包茂高速、G80 广昆高速、G6517 梧柳高速交叉穿过梧州市。目前，铁路线有洛湛铁路、南广高铁。梧州长洲岛机场，可起降波音737 客机，航线通达南宁、重庆、深圳、珠海、贵阳、福州和义乌等地。蒙山县水韵瑶寨生态旅游示范区位于梧州市蒙山县，南面紧邻贺巴高速，西侧紧邻G321 国道，南面是蒙山县城区，示范区与蒙山县城区及周边地区交通便捷。

示范区旅游区位条件优越，毗邻广西旅游龙头、广西国际旅游目的地——桂林，是梧州市接受大桂林旅游辐射的重要门户，是桂林、梧州两大旅游集散地之间重要的交通节点，是梧州、桂林两地游客互通往来的重要通道，也是珠三角地区游客通往桂林的主要通道之一。同时，蒙山县位于广西六条精品旅游线路之一的桂东北山水精华游（桂林—阳朔—荔浦—昭平—贺州）中，是这条精品旅游线路重要组成节点。

蒙山县属亚热带季风气候区，县内气候温和，雨量充沛，夏季长，酷热；冬季短，无霜期长。年平均气温为19.7℃。极端最高温为38.5℃（1971 年7 月12日），极端最低温为－4.5℃（1955 年1 月12 日）。全县太阳年辐射总量为102.03 千卡/立方厘米，平均年日照总量为1581 小时。年平均降雨量为1738.7毫米，最多为2529 毫米（1970 年），最少为1138.3 毫米（1958 年）。降雨季节分布不均匀，雨季一般始于4 月中旬，4~6 月降雨量800~1000 毫米，占全年总降雨量的48%~50%。

（三）资源情况

长坪水韵瑶寨地处亚热带气候区，阳光充足，雨量中等，正常年均降雨量为1200~1500 毫米，年平均气温21℃，气候温和，夏长冬短，植物资源丰富。乡内地势呈北高南低、山脉呈条状分布，将全乡划分为11 个条状谷地，海拔平均高度在500~800米，环山秀丽，土壤属酸碱性中性性质。自景区设立以来，水韵瑶寨景区一直秉承"严格保护、统一管理、合理开发、永续利用"的原则，遵循"生态优先、重在自然、贵在和谐"的建设理念对景区进行保护及建设。

1. 动物物种

蒙山县野生动物资源较丰富，种类繁多。据初步调查，有哺乳类（纲）35种，爬行类（纲）19种，鸟类（纲）50种，两栖类5种，鱼类100种。其中列为国家珍稀动物1种，国家保护动物9种。蒙山县境内重要野生动物有大鲵、穿山甲、白鹇、原鸡、大灵猫、小灵猫、水獭、麝、毛冠鹿等，均被列为国家保护动物。大鲵（娃娃鱼）属两栖类有尾目，栖息于深山溪流。县内仅长坪瑶族乡山区有，但常被捕捉出售，数量逐年减少，为国家保护的珍稀动物。

2. 植物物种

蒙山县地处桂东山区，属亚热带季雨林植被区，气候温和，湿润多雨，土壤自然肥力较好，故植被广阔，类型多样。蒙山县境内森林植物有40个科、72个属、80个种。天然植被以天然马尾松为主，其次是天然栎类、椎类、荷木、火力楠、白花木、樟、枫、香、鸭脚木、泡桐等天然阔叶林。再则是天然灌林植被，主要有桃金娘、黄枝子、稔木、岗松、野牡丹、余甘子、盐肤木、山苍子等。人工植被以松、杉为主，以马尾松、针叶杉、油茶、八角、油桐、肉桂为主要优势树种。果类有沙田柚、橙、梨、桃、李等20多种。野生药用植物有山楂、金银花、罗汉果、绞股蓝等90多种。属珍稀树种的仅发现喜树一棵，在陈塘木材站内。

3. 水资源

景区内潭池众多。丰富的水景资源或平静如镜；或宽阔辽广；或细声流淌，如丝如带；或隐于密林深处，只闻其声不见其影……形态不同，神韵各异的水资源为景区增添了诸多活气，与园区内的其他风景资源相得益彰，构成一幅幅宛若仙境、梦境的画面，令人无限向往。

（四）生态环境质量

1. 降水

长坪水韵瑶寨按照"山、水、林、湖"的自然水生态理念，综合考虑水资源利用与水质控制、景观建设与生态恢复，如今景区植被茂盛，具有良好的生态环境，景区内多样性的亚热带植物包含乔灌草多层次，形成天然的水源涵养层，具有保持水土稳定作用，合理地进行雨水收集，改善少雨季植物生长环境，加强了景区对降水的蓄积与利用。

2. 天然湖泊

景区针对湖泊设置科学合理的管理，建立水源保护区、成立专门的水域保洁小组、雨季加排、旱季蓄水、定期做湖面清理、加强游客环保意识等，保持蓄水量，改善水质，防止富营养化。

3. 水库

景区水库成立专业的水域保洁小组，加强对水库的日常保洁工作，制定了水域保洁工作责任书，减少垃圾对水库的污染，长期的水质、水生生物的监测。同时持续恢复水库建设中对生态与景观的破坏，消除碎石裸露现象，改善水质，形成水生生物的立体养殖。

4. 地下水

景区对地下含水层采用引流和收集两种方式，根据水的流动性建设相应景观，合理利用，使水源涵养量高于使用量。景区内有暗河，暂未开发。景区内有多处泉眼，景区对泉眼进行保护，泉水的使用量低于涌出量。景区保护好水源源头，合理利用水资源，做好矿泉水类型监测，增加游客对天然矿泉水的进一步认识，集约化使用矿泉水。

5. 森林覆盖率

2015 年长坪乡森林覆盖率达 88.43%，蒙山县水韵瑶寨景区包括长坪水韵瑶寨旅游、天书峡谷、茶山水库三部分，天书峡谷和茶山水库自然村寨较少，人为开发行为极少，森林覆盖率高，故蒙山县水韵瑶寨景区创建广西生态旅游示范区范围内除建设用地及水面之外的植被覆盖率将高于 88.43%，绿化覆盖率较高。

6. 自然状态

水韵瑶寨景区以自然环境保护为规划、建设的第一要务，注重人工营造和自然资源的合理配置，保证了景区自然风貌和资源实体的完整和原有的形态及结构。同时采取多项措施加以生态恢复、保护和管理，有效促进并维护了生态平衡，保持了景区资源的完整性，保持了景区自然状态。

（五）重点旅游项目

1. 旅游综合服务区

游客中心位于景区入口处，标识醒目突出，有文化特色，与瑶乡整体建筑协调。标识牌要素丰富，功能齐全，造型美观，有中英文对照。主入口的游客中心为入口标志性建筑，集景观性与功能性为一体。入口有恢宏气势的景区大门和大型停车场。长坪水韵瑶寨游客中心建筑面积约 100 平方米，内设咨询台、休息区、购物区、医疗室、安保室等，可满足游客的各项需求。

2. 天鹅岛

相传在很久以前，远处群山里住着以白天鹅为首领的各种鸟类，它们早上外出寻食，傍晚返巢而息，一起分享这个古老村落的平静和安宁，直到有一天，两只白天鹅为了挽救摔下悬崖瀑布下的歌仙刘三妹而离开它们不知道生活了多少年的家园。美丽的白天鹅驮起悬崖瀑布下的刘三妹飞到一棵枝繁叶茂的榕树下继续唱歌，而这两只白天鹅却化成一个美丽的天鹅岛永远陪伴刘三妹，成就了一个流传千古的动人传说。

3. 天鹅湖

天鹅湖长约 150 米，面积约 6000 平方米，水质清澈明亮，是长坪水韵瑶寨天然的一条河流，筑坝成湖，有个美丽的传说，传说中两只美丽的白天鹅化为天鹅岛之后，她们的子孙也陆续来到这世外桃源般的地方，留在这美丽的长滩河上，伴着刘三妹的歌声，过着神仙般的生活。以后，这段长滩河又取名天鹅湖。意思是天鹅居住的地方。

4. 三妹榕

壮家有个歌仙叫刘三姐，而长坪瑶寨也有个会唱歌的姑娘刘三妹，因在歌赛中唱赢了陶、李、罗三个秀才而闻名遐迩。当时，州官以唱歌有伤风化为由，下令禁歌。刘三妹的哥哥怕妹妹唱歌得罪官府会株连全家，就把她骗到一个偏远的山上，想把她推下山崖的瀑布。幸亏得到两只白天鹅搭救，来到了这棵榕树下继续唱歌。这棵榕树因此而得名"三妹榕"。

5. 风雨桥

风雨桥是长坪瑶乡极具特色的公共建筑，除了供人们方便过河、休憩交往之外，也具有锁住风水，留住财源的功能，因而也叫"锁口"。而当地瑶族群众又称之为"凉桥"或"风水桥"。现如今，风雨桥不仅是路人避雨之处，也是瑶族男女青年谈情说爱的约会场所。风雨桥，对于了解瑶寨人们的民俗风情，具有重要的历史文化科学价值。

6. 天然氧吧

长坪瑶族乡毗邻古修自然保护区，有国家重点保护的野生植物桫椤、樟树、闽楠等珍稀植物；鳄蜥、林麝、丁豹、蟒蛇、红腹锦鸡、大灵猫等国家保护动物。林区森林覆盖率达 92% 以上，负氧离子含量高，素有"天然氧吧"之称。

7. 八部天书

位于玉梦清潭附近，峭壁上的一叠方石工整平滑，如同"八部天书"，寓意为传说中洪秀全所寻找的天书。

8. 霹雳峰天字崖

位于景区第一弯，是景区入口的核心景观区。传说天王洪秀全密令心腹在这高耸挺拔的悬崖峭壁刻上"天"字，意为建立太平天国。

9. 玉梦清潭

玉梦清潭是峡谷的中心景区，清潭呈 S 形，长约百来米，潭边奇石百怪，或如蟾蜍，或似马尾，潭最深处达三丈，水清见底，游鱼可数。身置潭中如入梦境，所以民间也把峡谷称作"玉梦冲"。

10. 天然健身游泳池

游泳池位于天字崖山脚下，通过对玉梦冲山泉水的拦截而成，泉水清澈见底，池深 1～3 米，是游泳及水上运动的绝佳之地。

（六）景区开发与保护

蒙山县水韵瑶寨景区整合现有资源，整体开发，统一包装，打通连接各景区之间的道路，将各景点连成一线，提升其品位与档次，使其特色更鲜明、景区更具吸引力。同时加大资金投入，建设、升级完善景区配套设施和服务：

（1）根据景区的特点统一风格制作了中英文对照的景区导游全景图、导览图、标识牌、景物介绍牌、设施路径指示牌、安全警示牌、公共信息符号标识牌等旅游标识系统。

（2）建设完善旅游综合服务区，旅游综合服务区设施包括宏伟壮观的景区大门、游客中心、3A级旅游厕所、集散广场、生态停车场、购物设施等内容。新建的主体停车场分设出入口，设停车线，合理设置停车分区。新建的游客中心服务功能齐全，按要求配置了咨询服务、投诉管理、导游宣传、游客休息、购物和免费存包服务等相关设施。

（3）建设一批民宿、餐饮、娱乐项目。包括汽车营地、天鹅岛、美食街、图腾广场等。

（4）根据标准升级了原有的旅游厕所，并根据景区特点进行装饰与布置。

（5）增置了分类垃圾箱，休息桌凳，改造花带，加强了景区的绿化美化。

（6）景区还完善了安全巡检制度，保证景区游玩的安全性。

景区有最严厉的环境保护措施，在开发过程中对不符合环境要求的一律否决。水韵瑶寨根据景区内景物景点的特点，制定了《长坪水韵瑶寨景观生态环境保护机制》，对长坪水韵瑶寨景观生态环境给予了原则性引导。此外，长坪水韵瑶寨根据景区内的实际情况，制定了《长坪水韵瑶寨古建文物保护管理制度》，为文物保护工作提供了具体可靠的制度保障。为保证景区内景点设施整洁、美观，基础设施完好、安全，制定了《长坪水韵瑶寨景点设施维护管理规定》，对景区内所有古建筑设施、公共服务设施等提出了明确的管理规定。近年来，长坪水韵瑶寨基本保持景观的真实性和完整性，各种建筑都得到了较好的维护，生态环境保持良好。长坪水韵瑶寨内的功能性建筑和基础配套设施选址合理，景区内功能性建筑如水塔、配电室等，均选址在区内较隐蔽之处，如建筑后苑等远离游客的地段。建筑外观除采用特殊材质加以美化外，还进行了适度的土地绿化遮挡处理，并设置了警告提示，确保安全性；景区内所有管线设施，如输电、通信线路等，均选用质量合格产品，大部分采用地下隐蔽方式，并由专业技术人员定期检测核验和更换。

（七）宣传教育

风景区一直致力于扩大宣传工作，景区在旅游、森林防火、生态环境保护、动植物保护、文物文化保护以及生态旅游科普等方面的宣传教育到位，建立了完善的规章制度。蒙山县水韵瑶寨景区通过多种方式扩大景区的知名度。一是通过导览图、明信片、各类宣传折页、精美画册、科普读物等宣传资料对游客以及潜在的游人宣传。通过这些出版物及影视材料，从不同层面和角度增进游客对蒙山县水韵瑶寨风景区的了解和喜爱。二是通过网站宣传。风景区十分重视网络宣传，上传的各大网站内容丰富，及时更新景区动态，成为广大游客了解景区的良好平台。三是通过媒体宣传。风景区在中央电视台、广西卫视等媒体做过专题宣传推广，并在多个电视节目中对水韵瑶寨风景区建设进行介绍。在宣传的过程中，注重民俗传统优秀节庆活动加大宣传力度，比如以广西的"壮族三月三节"、瑶寨的瑶族婚庆、瑶族山歌等活动形式宣传。

此外，景区十分重视生态环境教育工作，通过网站、微信公众号、电视、报纸，印制宣传折页、书籍，悬挂宣传横幅等多种形式，开展生动、直观、深入的生态环境科普宣传活动。计划布置景区植物标识牌和地质地貌科普说明牌、科普展板、生态环保标语等，充分结合了趣味性与科学性，使游客在景区游览时能了解到地质科普知识、植物科普知识和生态环保知识；通过加大宣传和致力于生态环境教育工作，风景区的影响力不断增大，得到社会广泛好评。

（八）管理情况与示范价值

蒙山县水韵瑶寨景区申报广西生态旅游示范区范围由国家 AAAA 级旅游景区——长坪水韵瑶寨旅游区、国家 AAA 级旅游景区——天书峡谷景区、茶山水库等构成，为了将景区建设成为一个形象鲜明、特色突出、内容丰富、设施完善、管理先进、生态良好的旅游景区，树立蒙山县旅游品牌，带动当地旅游业的发展，景区管理机构加大投入力度，规划并建成高标准的旅游综合服务区，并完成了外部交通、内部车行道、供电、给水、通信等基础设施工程的建设，建设了完善的旅游服务设施和丰富的游览设施项目。完成了风景区绿化美化景观工程建设，引导并扶持农村群众开办农家餐馆，努力将风景区打造成为一个以优美的山水环境和舒适宜人的森林气候为依托，以生态旅游体验、休闲观光、科普教学等为主要功能的文化生态旅游景区。

二、景区特点、亮点

（一）景观价值独特性

1. 美学价值

景区内地貌美学价值高、观赏性强，形成"断崖""天书岩""玉清潭""峰秀奇"等奇特景观，景色之秀美，国内外罕见。水韵瑶寨景区内的自然景观主要是"天书峡谷"的溪谷带。

2. 科学价值

长坪水韵瑶寨景区拥有大量的岩壁和溶洞景观，以及多处规模各异的水潭。其中天字崖最为典型，是科研岩溶地质、科普岩溶地质的天然教材。

景区是岩溶地貌形成演化过程不可多得的典型天然教科书，是地质科学的生动课堂。可作为岩石学、自然资源学、构造地质学、地球动力学、矿物学、生态学等专业院校学生理想的教学、实习基地。此外，景区内的许多遗迹都具有独特的知识性和趣味性，通过旅游观光，引导中小学生和广大游客认识景区地质遗迹的形成演化历史和发育过程，对普及地学知识，加强环保教育，爱护地球，保护生态环境等具有重要的意义和作用。

3. 历史文化价值

对于了解瑶寨人们的历史沿革、民俗风情，风雨桥、木质建筑以及婚假习俗、特色工艺品等均具有重要的历史文化价值。

4. 游憩价值

作为蒙山县绿地面积、休闲游憩设施最丰富的景区之一的水韵瑶寨景区，植被丰富，林荫茂密，环境优美，景色秀丽，自然条件优越，打造的众多景点实现了自然生态与园林造景的完美结合。丰富的自然人文景观与多变的植物造景手法体现了人与自然的和谐关系，具有极高观赏游憩价值，成为游客享受绿色、接触自然的理想之处。同时，这里也是广大青少年学习了解自然科普知识的理想之处。景区内的地质、植物科普标牌，环保宣传标语等随处可见，为广大市民宣传了动植物科普知识和生态环保理念。

5. 独特价值

景区区域内具有浓郁的民族风情，动植物资源丰富，有别具特色的地质地貌，有重点收集展示、保护繁育广西本土珍贵动植物，独特多样的植物景观，使水韵瑶寨景区具有了资源的独特性、代表性、稀缺性。

(二) 旅游资源丰富性

1. 建筑

长坪水韵瑶寨内所有建筑均与景观协调性良好，建筑物造型、材质、色彩搭配都经过精心设计，独具匠心。主体建筑，风格鲜明独特；非主体建筑与主体建筑相协调。两者均与周围景观巧妙融合。

2. 历史文化

长坪瑶族乡是广西梧州市的两个瑶族乡之一。唐武德四年（621 年），长坪设立山县，1952 年 12 月 7 日成立长坪瑶族自治乡，以境内最长的长滩河与最大的平峒各取一字组成长平乡名，后改为长坪。

3. 民族民俗文化

自古以来，蒙山县就是壮族、瑶族和汉族的聚居地，有"百姓居三，瑶壮居七"之说。清乾隆、嘉庆、道光年间，大批外地瑶民涌入长坪，日久天长，外地瑶族融入了当地的瑶族当中，形成了长坪特色的盘瑶支系。长坪盘瑶说勉话（瑶语），经济生活上当地瑶族以耕种水田、山地为主，兼营林业。宗教以自然崇拜为主，祭祀盘王、祖先、土地神和社神等。

(三) 规划实施有效性

规划通过审批后，近年来景区的建设按照规划有条不紊地实施开展。严格禁止与资源保护和风景游览无关的各种建设，严格控制建设各类建筑物、构筑物。符合规划要求的建设项目，严格按照规定的程序进行报批；严格控制游人容量，严格执行对大气环境、水环境、声环境、生态环境的保护规定，从而实现景区的可持续发展。

（四）保护措施全面性

建立长坪水韵瑶寨景区的物质储备制度、应急教育制度、预警监测制度、应急预案制度、日常管理制度、紧急状态制度、启动应急预案等。建立应急指挥小组，下设组织、信息、后勤、安全等工作组，配备专项工作经费、工作人员和必要办公设备，确保指挥有力、保障到位。实行一元化领导，统一指挥，严格层次节制。在管理手段上，主要依赖刚性手段，通过命令、许可、强制和制裁等手段实现应对危机的目的。采取"预防为主，综合防御"的原则，建立健全的应急救援安全体系，全方位保障景区安全生产工作。

（五）服务设施功能性

1. 住宿设施

长坪水韵瑶寨景区内设具有瑶族特色的住宿接待设施。布局合理，品种多样，有酒店、有民宿、有汽车营地。数量充足，床位能满足旅游旺季时期游客的住宿需求。

2. 餐饮

景区内有可同时容纳100多人用餐的长桌宴席和多家当地居民经营的特色菜馆。景区内所有餐厅有着严格的餐饮管理制度，制度对餐饮环境和服务态度都有明确要求，要求做到服务热忱、价格合理、特色鲜明、环境舒适。餐厅内环境优雅，场所清洁卫生，提供的餐具、杯具等材料符合质量认证，形成舒适、干净、卫生的就餐环境。餐饮设施按特色化、多样化的基本要求进行、采用大集中，小分散结合的方式配置。深入挖掘当地传统并努力创新，创造品牌席宴，形成特色菜系。

3. 购物与娱乐

长坪水韵瑶寨主要购物场所数量充足、布局合理、各具特色，不破坏主要景观，购物场所的广告牌、警示牌与景区整体景观协调，对广告牌的张贴、摆放进行了统一的规范。景区内设立长坪水韵瑶寨景区管理小组，主要进行园区内各项事务的管理。长坪水韵瑶寨对购物场所进行了统一规划和管理，制定了《长坪水韵瑶寨购物场所管理制度》，对购物场所的设立、购物环境、购物秩序进行了规范管理，对商品进行明码标价，公平买卖，并有专门的检查队伍定期对购物场所商品进行质量检验，杜绝假冒伪劣产品，尾随兜售、强买强卖、随意设点等情况的出现。

景区内各种游乐设施及项目布置合理、外形美观，与环境相得益彰。各项游乐设施设备符合国家关于环境保护的要求，不造成环境污染和其他公害，不破坏旅游资源和游览气氛。不影响或损害当地生态环境，同时严格禁止黄赌毒等活动行为。

三、景区建设经验

（一）景区创建历程

1. 健全组织机构，构建高效工作机制

为顺利创建广西生态旅游示范区，蒙山县水韵瑶寨景区不断加大工作力度，成立了"蒙山县水韵瑶寨景区创建广西生态旅游示范区工作领导小组"，建立了相对完善的工作制度，实行跟踪督查、现场督办，对督查情况及时通报，做到了随时掌握创建工作进度，及时协调处理相关问题。严格对照创建标准，进一步查找创建工作中的不足和存在的问题，逐一解决创建中的难点和重点工作，实行倒排工期、细化责任，将目标细化到每个时间段，建立起科学的责任体系，将任务落实到每个责任单位和责任人，做到统筹安排，相互配合，协调推进，确保蒙山县水韵瑶寨创建广西生态旅游示范区工作的顺利完成并达到预期效果。

2. 科学编制旅游规划，落实措施保护得当

蒙山县水韵瑶寨景区以长坪水韵瑶寨旅游区、茶山水库、天书峡谷等作为核心区进行精心细致的规划，其山水风光秀丽、动植物资源丰富、民俗文化优秀，同时规划以保护生态环境为原则，坚持可持续发展思路，明确重点保护区，以市场需求为导向，落实规划建设。同时，景区内规划建设的项目保护完善，有专人维护。

3. 加强建设管理，打造特色生态旅游区

蒙山县水韵瑶寨景区在旅游开发与建设过程中，注重协调统一，加强特色景观旅游资源的保护，确保地方特色与现代文明相互融合，旅游经济发展与自然景观和人文景观保护齐头并进。在做好旅游开发和建设的同时，加强旅游管理与服务。一是健全机构，完善设施。完善管理制度，配备充足人员。在主要景点设置旅游导向标示、公众信息资料，使旅游服务质量逐步达标，社会治安良好，旅游安全有保障。二是积极发展旅游服务业。挖掘本地资源，引导农户自主发展农家乐、农家旅馆和农家特产店。

4. 打造特色品牌，提升景区品牌形象

景区深入贯彻习近平总书记系列重要讲话精神，树立创新、协调、绿色、开放、共享的发展理念，深入贯彻落实广西壮族自治区党委、人民政府关于加快旅游业跨越发展的决定精神，按照"高起点定位、高水平规划、高效率推进、高质量改革、高品位打造、高效益发展"的要求，以市场需求为导向，围绕景区生态环境，深入挖掘地域文化，强化产业融合发展，完善旅游要素，优化提升旅游产品体系，打造旅游品牌，把蒙山县水韵瑶寨景区建设成为广西生态旅游示范区，打造广西的森林养生旅游的亮点品牌，推动地方和区域旅游业加快跨越发展。

5. 发展战略明确，确保旅游区原生态

自然景观的生态性是蒙山县水韵瑶寨景区的核心吸引力，因此在打造生态旅游示范区的过程中，不宜大规模硬性开发，始终遵循"严格保护、统一管理、合理开发、永续利用"的原则，依据景区规划和《中华人民共和国风景名胜区管理条例》进行开发建设，充分依托长坪水韵瑶寨风光、茶山水库、天书峡谷、内涵深厚的民俗风俗等资源，整合地文景观、水域风光、生物景观、民俗文化，从森林自然衍生文化，以文化回归生态，注重对自然环境的保护，不破坏山体植被，不污染水体。结合每年春季植树造林活动加强绿化美化建设，适时地对树木、灌木进行修剪、除杂养护作业，并对名贵珍稀植物进行持牌保护。依托长坪水韵瑶寨和茶山水库的自然生态环境、地域优势，制定具体的保护措施，将沿途景区串联成线，通过完善设施、改善交通、提高服务，结合新浪武侠风赋予天书峡谷山石文化，积极创建生态旅游示范区。

6. 健全管理制度，规范景区运营管理

蒙山县水韵瑶寨景区制定了一系列的内部管理制度，实行了目标管理责任制，层层落实责任，设置投诉电话，游客意见箱，接受社会监督，并不断改善服务态度和水平，提高了景区管理质量，使示范区运营管理逐步规范化。

（二）景区创建成效

为创建广西生态旅游示范区，蒙山县水韵瑶寨景区集中各方力量，科学制定规划，稳步推进落实各项指标的建设，从顶层规划设计到基础落实建设，围绕长坪水韵瑶寨景区、茶山水库、天书峡谷三个核心点加快建设步伐，软硬件设施水平得到显著的提升，成效显著。

1. 生态保护与旅游发展同步建设

蒙山县水韵瑶寨规划与建设一直遵循整体优化原则、生态优先原则、生境或景观完整原则、容量控制原则，尊重和展示自然，尊重地方传统文化和乡土习俗，建筑和设施宜使用当地材料，与自然环境、文化背景协调统一，保护与节约自然资源，充分发挥自然生态系统的功能，设施建设与整体景观协调，做到了生态保护与旅游发展同步进行。

2. 结合生态环境，打造一批精品生态景点

蒙山县水韵瑶寨景区新建了旅游综合服务区，旅游综合服务区新建的设施包括宏伟壮观的景区大门、游客中心、A级旅游厕所、集散广场、生态停车场、住宿、购物设施等内容。建成了汽车营地、游览步道、观景平台、亭台走廊等一批精品生态景点。园区建设地形顺应自然，此起彼伏，木制的亭、廊、吊桥点缀其间，园路蜿蜒曲折，植物色彩、植物风格、季相变化、前后层次和空间尺度的处理得当，达到人与自然的和谐统一。

3. 建成景区配套游览服务设施

为方便游客，景区从多方面改善内外部交通条件。提高了园区的可进入性。科学设置景区出入口及游览线路，规范设置交通标识。园区完善各类标识牌、垃圾箱等。规范设置了导游全景图、导览图、景物介绍牌、旅游项目服务介绍牌、安全警示标识牌、公共信息图形符号等，分别用中、英两种文字标识，进一步提升景区整体形象和园区品质。在合理位置设置了足量的游客休息设施和观景设施。从细节入手，通过对景区游览设施的完善，进一步为游客提供人性化服务，充分体现出以人为本的服务理念。

4. 健全旅游安全体系，提高旅游安全服务

积极建立健全旅游安全预警机制和突发事件处置机制，努力打造集旅游安全法规、旅游安全预警、旅游安全控制、旅游应急救援、旅游保险"五位一体"的旅游安全保障机制，加强景区安全保障体系建设。完善安全管理机构，形成各级旅游部门安全责任落实、信息渠道畅通、上下联运的协调机制。增加巡逻队员，实行24小时轮班巡查制，加大巡逻密度，实行一巡多查，提高一线从业人员应急救护能力和旅游者风险意识，以减少旅游者安全事故的发生。在大型活动之前制定好周密的安全保卫工作方案和突发事件应急预案，定期每月开展安全生产检查，抓好责任制的督促落实，防患于未然。多年来，景区内无重大安全责任事故及重大刑事案件发生，治安秩序良好，游客的游览安全感增强。

5. 景区秩序井然，环境整洁优美

蒙山县水韵瑶寨景区大力整治景区建筑物风貌和环境卫生，确保景区优美整

洁。卫生等相关部门对景区内餐饮和小吃点的食品卫生加大了指导和监督力度，确保食品卫生符合国家规定。景区环境整洁优美，场地秩序井然，建筑物及各种设施设备保存维护状况良好。空气清新，生态环境优良，无乱堆、乱放、乱建现象。

6. 景区管理水平不断提升，保证旅游服务质量

蒙山县水韵瑶寨景区为了提高景区管理水平，针对景区内岗位特点，优化组合人员，采取责任到人，进一步理顺员工与岗位的责任，激活内部管理制度，积极导入科学管理手段，建立了完善的营销、质量、管理、导游、卫生、环保、统计等规章制度，各部门责任明确，分工具体，各司其职。同时，为了保护旅游投诉者和被投诉者的合法利益，景区还依法设立了旅游投诉中心，制定旅游投诉管理规定，建立起高效的投诉受理和处理机制。同时制定并不断完善各项景区管理制度，加强景区人员业务技能培训，提升工作人员业务技能及服务意识，全面提高景区管理水平。景区坚持不断完善服务程序，推行景区服务制度标准化，全面提升景区旅游素质和旅游服务质量，促进景区科学化发展，为景区健康持续发展提供保障，塑造水韵瑶寨景区积极创建生态旅游示范区良好形象。

第二节 人文生态型生态旅游示范区实践研究
——柳州市百里柳江景区

一、景区基本情况

（一）景区简介

百里柳江景区位于广西壮族自治区柳州市中心城区，是柳州的城市名片和必游之地。景区内柳江河段长 8.7 公里，景区面积达 8.13 平方公里，汇集了柳江及其沿线的精华，涵盖了百里柳江、柳侯公园、立鱼峰景区、文庙、柳州博物馆、工业博物馆、城市规划展览馆、柳州奇石馆 8 个 4A 级景区和静兰水上运动中心等沿线景点，形成了山水城园的绝妙景观组合。

近年来，百里柳江景区以一水抱城的内河景观、时尚动感的都市风貌、源远

流长的历史文化、多姿多彩的民族风情、梦幻瑰丽的滨江夜景，给海内外游人留下了深刻印象，并成功入围"最美中国目的地"。

百里柳江景区是一个开放式景区，捆绑了8个4A级景区创建5A级景区，以生态山水观光、都市滨江休闲、水上运动娱乐、历史文化体验为吸引，是一条秀美的山水画廊、市民滨江休闲走廊、世界级水上运动娱乐之都和柳州2000多年历史文化、多彩民族民俗风情的集成带。除柳侯祠、文庙、柳州奇石馆三处独立场馆单独收费外，其余均为免门票景区。为了进一步理顺景区管理体制，便于创建工作开展，市政府及有关单位成立了一个非常设机构——百里柳江景区旅游管理委员会负责管理景区，同时也逐步探讨成立常设管理机构进行管理。

（二）区域环境

1. 地理位置

柳州市，位于广西壮族自治区中北部，地处北纬 23°54′~26°03′，东经 108°32′~110°28′。东部与桂林市的龙胜县、永福县和荔浦县为邻，西部连接河池市的环江毛南族自治县、罗城仫佬族自治县和宜州市，南接新设立的来宾市金秀瑶族自治县、象州县、兴宾区和忻城县，北部和西北部分别与湖南通道侗族自治县和贵州黎平县、从江县相毗邻。

百里柳江景区位于广西壮族自治区柳州市中心城区，是柳州的城市名片和必游之地。景区面积达 8.13 平方公里，汇集了柳江及其沿线的精华。

2. 经济社会发展简况

柳州市辖5个市辖区（城中区、鱼峰区、柳南区、柳北区、柳江区）、3个县（柳城县、鹿寨县、融安县）、2个自治县（融水苗族自治县、三江侗族自治县）。另外，柳州市设立了以下经济管理区：柳州高新技术产业开发区（国家级）、柳东新区（柳州汽车城）和阳和新区（阳和工业园）。2017年是党的十九大召开之年，是实施"十三五"规划的重要一年和推进供给侧结构性改革的深化之年，面对错综复杂的经济环境，柳州市在自治区党委、政府的正确领导下，以习近平新时代中国特色社会主义思想为引领，全面贯彻落实五大发展理念，主动适应经济发展新常态，攻坚克难，扎实苦干，保持了经济基本面的总体健康平稳。

2017年柳州市实现地区生产总值 2755.67 亿元，增长 7.1%；其中，第一产业增加值为 189.54 亿元，增长了 3.7%；第二产业增加值为 1487.08 亿元，增长了 4.4%；第三产业增加值为 1079.05 亿元，增长了 11.6%。固定资产投资达

2697.20 亿元，增长了 15.3%；财政收入为 403.82 亿元，增长了 9.1%；规模以上工业增加值为 1310.59 亿元，增长了 4.7%；社会消费品零售总额为 1155.64 亿元，增长了 10.6%；城镇居民人均可支配收入为 32661 元，增长了 7.9%；农村居民人均可支配收入为 12151 元，增长了 9.4%；外贸进出口总额为 172.24 亿元，增长了 26.7%。

（三）资源情况

1. 植物资源

柳州是国家园林城市，百里柳江景区内山林、公园、绿地丰富，主要有柳侯公园、江滨公园、蟠龙山公园、驾鹤小桃源等，这些园林终年郁郁葱葱，四季有景可赏，生态环境多样，植物物种丰富，营造出"城在园林中"的生态景观意境，是游人观光休闲的重要场所。

柳江两岸栽种有大量景观植物，如紫荆、黄槐、三角梅等，四季有花开，色彩斑斓，成片盛开，大大美化了柳江河岸，被张树林、杨晓、曹立华、渭兆军等国内园林专家普遍认为是最美的城市滨江园林景观。

2. 动物资源

百里柳江景区良好的自然环境为动物提供了栖息繁衍极有利的自然条件，栖息地有多种鱼类、蛇类、鸟类、蝶类等，动物类型多、种群量大，食性与习性稳定。柳江鱼类、青蛙、鸟类、蛇类、蝶类、昆虫等森林动物不断丰富，动物资源类型多，分布广泛，是物种多样、和谐自然的柳江生态系统的重要组成部分之一。

3. 水资源

旅游区属中亚热带季风气候，夏季盛行偏南风，高温、高湿、多雨，冬季盛行偏北风，寒冷、干燥、少雨。年总降雨量 1345～1940 毫米，但地区分布和季节变化很大。雨季一般始于四月下旬，终于 9 月上旬，这期间降水量占全年降水量的 70% 以上。

4. 森林覆盖率

柳州自北向南跨越中亚热带常绿阔叶林和南亚热带常绿季雨林两个森林植被带。主要植被类型有岩溶山地植被和砂页岩丘陵植被两种，岩溶山地植被类型主要包括常绿阔叶林、常绿阔叶混交林、次生灌丛植被，砂页岩丘陵植被类型主要有针叶林、阔叶林、灌丛、草丛等。

旅游区内及周围低山植被保存较好，花草树木四季常绿，植被繁茂，原始植被保存十分完好,乔木、灌木、藤本植物共计上千种,绿化覆盖率高达75%以上。

(四)生态环境质量

1. 气候

景区属中亚热带季风气候,夏季盛行偏南风,高温、高湿、多雨,冬季盛行偏北风,寒冷、干燥、少雨。夏长冬短,雨热同季,光、温、水气候资源丰富,但地区差异较大,北部各县具有较明显的山地气候特征。太阳辐射量年平均为95~110千卡/平方厘米,南部多于北部,一年中以7~8月最高,1~2月最低。日照时数平均1250~1570小时。景区内空气质量良好,阳光充足、空气清新、水源无污染、风光优美,是发展生态旅游及养生度假的最佳场所。

2. 水

柳江属珠江流域西江水系,流经黔、桂两省区,是珠江流域西江水系一级支流,西江第2大支流,为柳州市的主要河流,发源于贵州省独山县更顶山,流经贵州省从江县进入广西柳州市三江县境内,称都柳江。都柳江流经三江县老堡口与柳江的第3大支流古宜河(寻江)汇合后称融江。融江流经融安、融水、柳城县城,在柳城县凤山镇与柳江的第1大支流龙江汇合后称柳江。柳江流经柳州市区,在鹿寨县江口镇与柳江的第2大支流洛清江汇合,继续向南流。

经象州县城,在象州县石龙镇的三江口与红水河汇合后注入黔江。柳江干流全长772公里,平均坡降1.68‰,柳州市境内418公里;流域面积58398平方公里,柳州市境内17978平方公里。柳江水量丰富,季节性变化大;水流湍急,落差大;河岸高,多弯曲,多峡谷、险滩;河流含沙量少。柳江水系跨来宾、河池、柳州、桂林4个地区,柳江的主要支流有龙江、洛清江和古宜河(寻江),此外流域面积大于1000平方公里的支流还有平等河、浪溪河、贝江、牛鼻河、大环江、小环江、天河、永福河、石门河、石榴河、运江等,柳州市辖主要为浪溪河、贝江、石门河、石榴河。

"百里柳江"北起柳城县大埔申站,南至柳江县红花申站,全长约120公里。其中柳州市是重点区域,北起柳江上游贮划铁路桥,南至下游洛维大桥,全长55.5公里。

3. 土壤

柳州土壤种类主要有红壤土、黄壤土、水稻土、石灰土、冲积土和紫色土等,其中以红壤和石灰土所占比例较大。红壤土主要分布在柳城、融安、融水、三江县境内,土质一般比较贫瘠,有机质含量低,普遍缺氮、磷、钾;石灰土在南部柳江区内分布最广。

4. 生态过程

景区内尽量保护生态系统的自然性，减少人为干扰，自然植物被中折断或倾倒的树木树枝在自然状态下进行分解，转化成有机质，再供给新的植物生长所需。部分修剪的树枝和落叶经过粉碎、发酵后作为有机肥料重新利用，实现生态循环利用。通过这些有效措施，有效保护了生态系统自然性，防止生境损失。

5. 生态系统本土性

景区在原有生态系统的基础上，恢复和增殖原有物种。在引入时通过检疫和试验，防止对生态系统产生破坏的新病虫害及杂草等进入，防止繁殖力强盛的外来物种在景区水域内蔓延而破坏现有的动物群落或植物群落，严格管理动物放生活动，避免造成生态环境的系统性紊乱。

（五）重点旅游项目

1. 水景

柳江为西江支流，是珠江流域的黄金水道，河流形态优美，婉转迂回，绕城成壶形，是全国最美的环城江，被柳宗元称颂"江流曲似九回肠"。江水水质极优，常年保持Ⅱ类水质标准，是全国工业城市河流治理的典范，被温家宝总理盛赞"全国再也找不到第二条"。

2. 音乐喷泉

水上音乐喷泉设置于柳江江面，是目前世界上最大的升降浮式喷泉，喷泉长315米，宽40米，设有832套喷头，喷出的水柱高达100多米。喷泉随着音乐的律动舞动，激昂时气势如虹，轻柔时婉转缠绵，配合五彩缤纷的灯光效果，营造出如梦似幻的景观意境，让观者如痴如醉。

3. 蟠龙山人工瀑布

蟠龙山人工瀑布建于蟠龙山下、柳江江畔，是目前世界上规模最大的人工瀑布群。瀑布虽为人造，宛若天成，开放时跨度1.7公里宽的巨大水瀑从山间倾泻而下，让人叹为观止，更兼周边江面、蟠龙山、文庙等景观烘托，更加蔚为壮观，让人犹如置身于波澜壮阔的山水画中。

4. 山景

柳江岸边屹立着鱼峰山、马鞍山、驾鹤山、灯台山、蟠龙山、马鹿山等多座喀斯特独峰，拔地而起，惟妙惟肖，形象诠释了柳宗元笔下"越独孤城千万峰"的景象。从高处俯瞰，这些山峰串联成链，形成一条滨江喀斯特峰链。

5. 柳州博物馆

建于 1959 年，馆藏各类文物达 36000 多件，民俗文物较为突出，西周、战国、汉代器皿及明、清、近代的书画最为珍贵，馆藏文物颇具地方特色，是桂中地区文物保护、展示和研究的中心，全面介绍和展示了柳州的悠久历史。

6. 柳侯祠

全国重点文物保护单位。为纪念唐代著名诗人、政治家柳宗元而建，始建于唐长庆二年（822 年），距今已有 1182 年的历史。目前柳侯祠古建筑为三进两院平房式清代建筑，面积 2000 平方米，包括柳侯祠主体、柳宗元衣冠墓、罗池、柑香亭、思柳轩等附属建筑，柳侯祠内的主要文物收藏为碑刻和两方元代至元年间刻制的柳宗元石刻像（是现存最早的柳宗元石刻像）。

7. 柳侯公园

柳侯公园是国内建设最早的城市公园，2009 年被评为第三批国家重点公园。公园内不仅有众多文物古迹，而且植被茂盛、古树名木众多、园艺精巧，是柳州市民观光、纳凉、休闲娱乐的常到之处和外地游客的必游之地。

8. 滨江公园

跨越柳江南、北两岸，呈东西向带状分布，总面积 25.7 万千方米。依山傍水，绿树成荫，繁花似锦，奇石雕塑星罗棋布，亭台楼阁相映生辉，江景园景自然交融，集观赏、休闲、娱乐、健身、防洪于一体，属沿江开放性公园，被称之为"柳州外滩"，江北岸"柳堤环翠"为柳州新八景之一。

9. 水上运动天堂

目前拥有全国唯一的国家内河帆船训练基地、中国摩托艇训练基地、山水游艇会、东堤旅游码头、金沙角等高品质运动娱乐设施，举办过世界水上极速运动大赛、F1 摩托艇世界锦标赛、国际内河帆船赛、亚洲水上摩托公开赛揭幕赛、中国名人帆船邀请赛、中国大学生赛艇公开赛、中华龙舟大赛总决赛等一系列高级别的水上运动赛事。

10. 东堤旅游码头

东堤旅游码头位于柳江东岸，是夜游柳江的起始点和柳江水上娱乐的集结地，同时也承办水上运动赛事。主码头长 230 米，宽 10 米，建有 5 个泊位，可供大型旅游船舶停靠，码头亲水平台长 250 米，可停靠小型旅游船、快艇等。此外，还有 560 平方米观景台及 1700 平方米候船广场，年旅客吞吐量达 110 万人次。

11. 东门城楼

在文惠桥北有柳州市仅存的一座古城楼——东门城楼，始建于明洪武十二年（1379 年），因建于城市东向，故称东门城楼，俗称东门。清咸丰年间遭火灾，光绪年间重建，民间于城楼上奉祀关帝，称"武帝阁"，现为广西文物保护单位。

12. 柳州城市规划展览馆

柳州城市规划展览馆位于柳州市柳江东岸文昌综合楼东裙楼处，这是一座展示柳州城市规划成就的专业性展馆，全馆展示面积约为 2300 平方米，是目前广西最大的、展示手段最新的城市规划展览馆，它以"规划让柳州更美好"为主题，分别展示了柳州的昨天、今天和明天。展馆分为上、下两层，第一层包括历史沿革、城市发展变迁、总体规划沙盘、规划成果、百里柳江虚拟漫游等 12 个展区，均按照 1∶750 比例建造，它以反映柳州 300 平方公里左右地区规划和现状的整体沙盘为中心，全面详细介绍了柳州的总体规划沙盘。第二层包括桥梁、重点实施工程、六县展区，展示了柳州六县的城镇建设成就、文化旅游、民族风情。

13. 西来寺

柳州的西来寺，跟苏州的寒山寺有异曲同工之处，寒山寺建于古运河的枫桥旁，而西来寺建在柳江河的红光桥与铁桥之间的河畔，寒山寺的钟声敲响了千年，而西来寺的钟声也敲了近千年。西来寺有一尊"天下第一佛钟"，净重近 111.5 吨，最大直径 6.06 米，高 9 米，是目前世界上外形结构尺寸最大的佛钟。

西来寺是百里柳江旅游的"桥头堡"和"镇江寺"。寺内有大雄宝殿、天王殿、万佛阁、六祖庵、素食研究综合楼、功德楼和观音殿等建筑群。

14. 柳州工业博物馆

柳州是一座具有 100 多年工业发展史的工业名城。早在民国时期，柳州就已是我国西南的工业重镇，中华人民共和国成立后，经过十二个五年计划的建设，柳州已成为具有现代工业体系的城市，是广西西江经济带流域的核心城市。柳州的发展是中国现代工业化进程的一个缩影。近现代工业文明贯穿了柳州的百年历史：奠基于民国，成型于解放初期，辉煌于 20 世纪八九十年代，二次创业升级转型于 21 世纪初。工业发展的历程，见证了柳州百年兴衰的沧桑巨变和从柳州制造到柳州创造的辉煌；工业文化的浸染，赋予了柳州阳刚豪迈的气质和开明开放、敢为人先的精神气概；百年路上的坎坷和荣光，更凝聚着柳州人民的汗水和艰辛、智慧和奉献。工业铺垫了柳州独特的文化底蕴，沉淀了我们共同的历史记忆、共同的情感体验，成就了我们共同的财富、共同的骄傲。过去、现在，以及将来，工业都是柳州的基石所在、发力所在、荣耀所在。

15. 窑埠古镇

与文庙毗邻的是柳州十大文化建设工程之一的窑埠古镇，汉元鼎六年（公元前111年），于此始建潭中县。此处住户以烧窑为业，柳江上下游来往船只常在此停泊，装卸砖瓦而形成了埠（码）头，故得名"窑埠"。窑埠历史悠久，宋代大诗人黄庭坚由四川涪州贬宜州，从水路如洛清江下柳州，据查资料，他曾在窑埠码头上岸；明代旅行家徐霞客从水路坐船从桂林到柳州，也是先在窑埠上岸，后渡河到东门。窑埠街亦有光荣的革命历史，抗战时期的1939年，窑埠曾是当时四战区张发奎司令长官的司令部所在地，以郑黎亚、杨野明为首的六名地下党员，受中国特支的派遣到窑埠下村创办实验小学。他们在校宣传抗日救国思想，自编教材，实践陶行知先生的生活教育主张，坚持团结爱国的思想贯穿整个教学中。他们在国民党军队的眼皮底下，坚持办学，直至1944年秋，日寇逼近柳州，学校才被迫停办。2012年12月窑埠小学举行七十周年校庆。随着改革大潮的推进，昔日的窑埠如今已经发生了翻天覆地的变化。窑埠古镇一栋一栋具有明清特点的古朴的汉族民居建筑赫然醒目，成为中外游客的好去处。

16. 柳州文庙

灯台山南侧一座气势恢宏金碧辉煌的建筑，便是柳州文庙。原柳州文庙在江北，始建于唐贞观年间。公元815年，柳宗元任柳州刺史，重修文庙。他崇文重教之举给后人带来深远影响，历宋元明清，均有传承。民国十七年（1928年），柳州文庙毁于大火，原址无存。2009年，中共柳州市委柳州市政府顺应民意，承名贤之厚德，传重教之荣光，选址柳江南岸重建文庙。历时一年建成，占地近百亩，总体建筑群包括棂星门、从心门、泮池、泮桥、大成门、两庑房、大成殿、明伦堂、崇圣祠、藏经洞、文昌塔、景观游廊。特别值得一提的是，大成殿是文庙的主题建筑，重檐九脊、铜瓦飞甍，斗拱交错，雕梁画栋，十分大气。殿内的一尊铸铜圆雕贴金高3.5米的孔子坐像，慈祥、睿智令人敬畏。孔子第75代嫡孙、曲阜孔子研究院院长孔祥麟在出席文庙落成暨中国柳州首届祭孔大典时赋诗道："古来文庙存文脉，况有柳侯风气开。文运而今飞驾鹤，欣欣多士喜登台。"文庙建成两年多来，接待中外游客两百余万人次，被评为AAAA级景区，成了柳州著名的旅游景点。

（六）景区开发与保护

1. 开发

百里柳江，河水清澈，是广西最美丽，水质最好的河流，经多年开发建设，已经成为一条集现代城市风貌、历史文化、民俗风情、水上休闲、生态环境为一体的百里柳江景观带。百里柳江旅游区 2008 年接待游客 907 万人次，到 2012 年接待 1917 万人次，在 2014 年国庆黄金周日接待游客达到 4.5 万人次。在 2012 年11 月百里柳江旅游区获得国家 AAAA 级旅游区的评定，把百里柳江景区逐步打造成旅游观光、休闲旅游目的地。

在 2015 年柳州市投入 4 亿元，将百里柳江景区打造成集城市风貌、历史文化、民俗风情、水上休闲、生态环境为一体的生态旅游区。主要改造东堤码头旅游百里柳江景区游客中心建设；完成东堤旅游码头、江滨公园、蟠龙山—文庙、窑埠古镇—柳州工业博物馆、白沙运动休闲基地、静兰水上运动中心、金沙角、东门城楼、西来古寺等节点及片区的交通系统梳理和环境改造。完成百里柳江景区范围内自行车、观光车与用道建设；完成百里柳江景区沿线 9 处停车场的建设和整改；完成百里柳江水上巴士站点及码头建设；完成景区重要节点垃圾桶、标识系统、旅游厕所提升和建设，注重无障碍设施的设置；完成东堤旅游码头、滨江步道、江滨公园、柳州风情港、西来古寺、金沙角、静兰水上运动中心等滨水节点和片区监控安保系统建设；完成柳州工业博物馆及文化街区、窑埠古镇的建设以及旅游商品购物；完善组织管理，启动宣传营销和招商引资工作。

2. 保护

旅游区已启用湿地保护政策，主要加强对三门江森林公园及螃蟹岭、鹅山、鱼峰山、马鞍山、蟠龙山、雀山、马鹿山、水山、犀牛山、九龙山、龙泉山、鸡山等自然山体林地的保护与生态恢复。在保护区周围延续自然山体植被的特点，建设生态过渡带，限制城区建设盲目成片发展。规划柳江主流与支流水系城市生态主廊道，加强沿江植被建设，形成连续绿带，涵养水土，改善水环境；沿规划铁路桥至双冲桥、龙壁回澜至洛维大桥河段进行植被恢复，建设自然防护林带。沿铁路干线、城市道路和桥梁两侧合理配绿，形成连续的防护林带。

沿江建设生态护岸及防洪设施景观提升，结合防洪筑坝进行人工配绿，软化直线式混凝土岸线。以河东堤文昌桥—壶东桥上下游段河岸坡防护及生态修复工程为主，岸坡防护处理长度共 1250 米。根据两岸沿线腹地的土地使用功能，形成适应不同功能区段的不同滨水堤岸形式，最大限度地利用柳江的滨水景观资源，将柳江真正融入城市生活之中。按利用功能不同共分为生态防护岸线、生活休憩岸线、商贸服务岸线、体育休闲岸线、港口码头岸线5类岸线，分别进行建设。

在华丰湾、竹鹅溪、河西、回龙冲等排污泵站点上游100米、下游500米设置水质监测模块，监控水体环境；在江滨公园、蟠龙山公园、三门江森林公园等景观敏感区内设置环境监测模块，对景观节点的环境质量进行动态监测；在云头冲沟、竹鹅溪、通龙沟、香兰河、浪江、蚂蝗河、大桥河等支流与柳江交汇的湿地敏感区域，设置生态恢复模块，保育湿地资源、维持生物多样性。

（七）宣传教育

近年来，广西柳州百里柳江景区通过举办各类旅游节庆活动、加大营销力度，不断提高景区的知名度，逐渐形成了自身品牌，也获得了国内各级媒体以及海内外媒体的关注，中央电视台、各大卫视、新华网、人民网、新浪网、腾讯网、广西新闻网，以及海内外300多家媒体都对百里柳江做过专题宣传报道。

柳州城市规划馆是政府向社会公示重大规划建设信息和规划成果的场所，是研究规划建设工作的平台、是宣传柳州的窗口、是进行爱国主义教育的基地，具有较高的科学、科普价值。柳州文庙位于灯台山下，依山临江，是"百里柳江"景观带上重要的文化标志性建筑和国内2000多座文庙中的经典之作。文庙中还塑造了全国规模最大的铸铜贴金孔子坐像。柳州文庙除开展拜孔、祭孔等祭祀活动外，还开展了很多传统文化教育活动，致力于打造"优秀传统文化的弘扬地、广西民俗文化的传承地、民间朝拜祭祀圣地、新柳州旅游目的地"。

（八）管理情况与示范价值

百里柳江景区创建广西生态旅游示范区得到了柳州党委、政府的大力支持，市旅发委、环保局等机构负责对创建工作的指导。景区运营严格对照创建标准和《细则》要求，制定《百里柳江景区申报广西生态旅游示范区实施方案》，将工作任务落实到部门和负责人，并明确完成时限，使整个示范区创建工作有计划、有步骤地开展。

百里柳江旅游区内资源单体数量多，资源实体体量巨大，资源类型丰富，基本类型多达88类。高等级资源占比较高，不同等级资源实体疏密度优良。百里柳江景区保持了柳江原有的形态、走向，水体得到了严格保护和治理，生态环境明显改善，生态系统结构完整、稳定。2010年，"广西柳州市柳江环境整治项目"荣获"中国人居环境范例奖"，百里柳江的生态环境质量得到了高度肯定。

百里柳江的古人类文化、文物古迹、名人文化、奇石文化、近现代工业文明、民族民俗文化、宗教文化等丰富多彩的历史文化资源，凝聚了极高的历史文化科学价值，使柳州这座具有 2100 多年建城史的历史文化名城独具魅力。各级文保单位是百里柳江历史文化科学价值的主要物质载体。景区内现有 1 处全国重点文物保护单位、2 处广西壮族自治区文物保护单位、7 处柳州市文物保护单位，文物古迹赋存丰富、密度大，记录和见证了柳州历史的沧桑巨变。

二、景区特点、亮点

（一）景观价值独特性

1. 美学价值

百里柳江景区是山水城园景观的集锦。变幻莫测的水景、各式各样的桥梁、创意独特的建筑、拔地而起的独峰、精致的园林、迷人的夜色，将百里柳江塑造成国内最美的城市内河景观之一。

2. 科学价值

柳江沿线是柳江古人类的重点活动区域。白莲洞柳江人遗址位于柳州东南郊的白面山南麓，是全国重点文物保护单位，由我国著名考古学家裴文中教授和贾兰坡院士于 1956 发现。白莲洞遗址共出土动物骨骼化石 3500 多件、古人类牙齿 2 枚、石器 1000 多件和 2 处人工用火遗迹，文化年代距今 3.7 万 ~0.7 万年，包含了旧石器时代、过渡期及新石器时代完整序列，揭示了旧石器时代晚期经过渡期向新石器时代文化的演化过程，为界定华南地区从旧石器时代向新石器时代过渡的起止时间提供了重要的判定依据，且浓缩了"柳江人""白莲洞人""大龙潭人"多种古人类，成为全世界研究人类起源问题的热点。

以白莲洞遗址及邻近 40 余处洞穴遗址为文化基础建设的柳州白莲洞洞穴科学博物馆，在裴文中先生的指导下于 1985 年建成开放，因其厚重的人文价值和丰富多彩的自然景观，至今已接待中外专家学者和游客逾 500 万人次，成为广西乃至华南地区史前研究基地、科普阵地和旅游胜地，2012 年荣获"中国生态旅游示范试验区"。

柳州工业博物馆是全国首家综合性的工业博物馆，总占地面积 10.6 万平方米，总建筑面积 6.2 万平方米，展出了自 1910 年以来柳州所使用和生产的大中小型工业设备、产品等工业文物近 2000 件，见证了柳州工业 100 多年来，从无到有，从小到大，从弱到强的辉煌历程，体现出艰苦奋斗、自主创新的"柳州精神"。它的建成也是保护柳州工业遗产，延续柳州工业文脉，弘扬柳州工业文明，积聚柳州工业力量的文化壮举，填补了广西工业类博物馆的空白，形成"北有沈阳工业博物馆，南有柳州工业博物馆"的格局，开馆时文化部副部长、自治区副主席等高级别领导参加揭牌仪式。

柳州工业博物馆包含"柳州工业历史馆""柳州企业风采馆""柳州生态宜居馆""机动展厅""多功能厅"以及"企业家会所""文化休闲服务区"等多个功能性展厅和分区，集工业历史展示、工业遗产保护、工业知识普及、精神文化教育、旅游休闲等功能于一体。

3. 历史文化价值

百里柳江的古人类文化、文物古迹、名人文化、奇石文化、近现代工业文明、民族民俗文化、宗教文化等丰富多彩的历史文化资源，凝聚了极高的历史文化科学价值，使柳州这座具有2100多年建城史的历史文化名城独具魅力。

百里柳江是一处访古览胜的好去处。柳州是一座有着2000余年建城史的历史文化名城，留下了大量具有观光游憩价值的历史文化景观，源远流长的柳江宛如一条脉络，将这些历史文化景观串联起来，形成一条穿越历史时空的珠串。柳州古八景是历经千百年广为传颂的城市景观精华。百里柳江旅游区是柳州古景最集中的地方，古八景中的五景处于百里柳江旅游区范围内。景区博物馆、展览馆之多，在国内绝无仅有，为研究学习、科普教育活动的开展创造了优越条件。百里柳江旅游区范围内，集中分布着柳州博物馆、柳州工业博物馆、柳州城市规划展览馆、文庙（儒家博物馆）4大高等级展示场馆，充分展示了柳州城市风貌、历史文化及民族民俗风情。

4. 游憩价值

百里柳江景区是山水城园景观的集锦。变幻莫测的水景、各式各样的桥梁、创意独特的建筑、拔地而起的独峰、精致的园林、迷人的夜色，将百里柳江塑造成国内最美的城市内河景观之一。百里柳江景区聚合了众多高品质的观赏游憩资源，具有极高的观赏游憩价值，既是一条观光的百里画廊，同时又是水上运动娱乐的天堂、访古的胜地、休闲的长廊。

5. 独特价值

百里柳江奇山秀水，景观异常奇特，且有多个世界第一的资源实体，使柳州成为中国乃至世界最独特、最易识别的城市之一。

（二）旅游资源丰富性

百里柳江资源单体数量多，资源实体体量巨大，资源类型丰富。高等级资源占比较高，不同等级资源实体疏密度优良，如表8-1所示。

景区面积8.13平方公里，内含百里柳江、柳侯公园、文庙、柳州博物馆、工业博物馆、城市规划展览馆6个4A旅游区。景区内多个资源实体体量达到世界级，集世界最大的人工瀑布群——蟠龙山瀑布群、世界规模最大的喷泉群（水面）——柳江大型音乐喷泉综合水景、世界三大顶级水上运动赛事举办场地、世界最大的佛钟——西来古寺万佛名钟于一体。

表8-1　"百里柳江"景区旅游资源分类

主类	亚类	基本类型	资源单体
A 地文景观	AA 综合自然旅游地	AAA 山丘型旅游地	灯台山、蟠龙山、驾鹤山
		AAD 滩地型旅游地	金沙角
	AB 沉积与构造	ABG 生物化石点	白莲洞遗址
	AC 地质地貌过程形迹	ACA 凸峰	驾鹤山、灯台山、蟠龙山
		ACB 独峰	驾鹤山、灯台山、蟠龙山、马鹿山
		ACE 奇特与象形山石	驾鹤山、灯台山、南潭鱼跃、天马腾空
		ACF 岩壁与岩缝	龙壁回澜
		ACL 岩石洞与岩穴	白莲洞、巨猿洞
		ACN 岸滩	金沙角
	AE 岛礁	AEA 岛区	萝卜洲
B 水域风光	BA 河段	BAA 观光游憩河段	柳江
	BC 瀑布	BCA 悬瀑	蟠龙山瀑布
	BD 泉	BDA 冷泉	赵家井
C 生物景观	CA 树木	CAA 林地	柳侯公园、江滨公园、蟠龙山公园、驾鹤小桃园、灯台山、柳堤环翠
		CAB 丛树	桂花树丛、榕树群、古龙眼林、竹林
		CAC 独树	老渡古榕
	CB 草原与草地	CBB 疏林草地	江滨公园草地
	CC 花卉地	CCA 草场花卉地	江滨公园
		CCB 林间花卉地	滨江绿化带
	CD 野生动物栖息地	CDA 水生动物栖息地	柳江、白莲洞
		CDC 鸟类栖息地	柳侯公园

续表

主类	亚类	基本类型	资源单体
D 天象与气候景观	DA 光现象	DAA 日月星辰观察地	罗池夜月、驾鹤晴岚、灯台返照
		DAB 光环现象观察地	柳江夜景、玉带垂虹
	DB 天气与气候现象	DBA 云雾多发区	雾漫柳江
E 遗址遗迹	EA 史前人类活动场所	EAA 人类活动遗址	白莲洞遗址、巨猿洞
		EAD 原始聚落	白莲洞遗址
	EB 社会经济文化活动遗址遗迹	EBA 历史事件发生地	柳侯祠、大韩民国临时政府、驾鹤书院
		EBC 废弃寺庙	开元寺建筑遗址、罗池庙
		EBD 废弃生产地	窑埠古镇
		EBE 交通遗迹	窑埠古码头
		EBF 废城与聚落遗迹	东门城楼
F 建筑与设施	FA 综合人文旅游地	FAA 教学科研实验场所	文庙（儒家博物馆）、白莲洞洞穴科学博物馆、中国国家画院柳州创作基地
		FAB 康体游乐休闲度假地	山水游艇会、静兰水上运动中心、水上音乐喷泉、蟠龙山人工瀑布、柳州风情港、东堤码头、窑埠古镇、金沙角人工沙滩、铁桥西人工沙滩
		FAC 宗教与祭祀活动场所	灵泉寺、西来寺、基督教堂、文庙
		FAD 园林游憩区域	柳侯公园、江滨公园、蟠龙山公园、驾鹤小桃园
		FAE 文化活动场所	驾鹤书院、文庙、军事博览园、白莲洞洞穴科学博物馆、中国国家画院柳州创作基地
		FAF 建设工程与生产地	西江造船厂
		FAG 社会与商贸活动场所	柳州风情港、窑埠古镇、红街
		FAI 军事观光地	军事博物园
	FB 单体活动场馆	FBB 祭拜场馆	柳侯祠、文庙
		FBC 展示演示场馆	柳州博物馆、工业博物馆、城市规划展览馆、军事博览园
		FBD 体育健身馆场	金沙角浴场、滨江健身步道
		FBE 歌舞游乐场馆	柳江明珠、滨江大舞台

续表

主类	亚类	基本类型	资源单体
F 建筑与设施	FC 景观建筑与附属型建筑	FCA 佛塔	蟠龙双塔
		FCB 塔形建筑物	柳州市解放纪念碑
		FCC 楼阁	蟠龙山古建筑遗址
		FCF 城（堡）	壶城
		FCG 摩崖字画	鹤山摩崖石刻
		FCH 碑碣（林）	柳侯祠碑刻
		FCI 广场	歌仙广场、江滨公园广场
		FCJ 人工洞穴	半山、蟠龙山人防山洞
		FCK 建筑小品	音乐亭、三相亭
	FD 居住地与社区	FDA 传统与乡土建筑	窑埠古镇
		FDB 特色街巷	红街、窑埠街
		FDD 名人故居与历史纪念建筑	柳侯祠、胡志明旧居、大韩民国临时政府、蟠龙山古建筑
		FDE 书院	驾鹤书院（柳州书画院）
		FDF 会馆	山水游艇会
	FE 归葬地	FEB 墓（群）	柳宗元衣冠墓、张翀墓
	FF 交通建筑	FFA 桥	柳州铁桥、红光大桥、柳江大桥、文惠桥、文昌大桥、壶东大桥、河东大桥
		FFC 港口渡口与码头	柳州风情港、窑埠古码头、东堤码头
	FG 水工建筑	FGB 水井	赵家井
		FGD 堤坝段落	柳堤
G 旅游商品	GA 地方旅游商品	GAA 菜品饮食	螺蛳粉、螺蛳鸭脚煲、烤鱼、柳州米粉、炒田螺、烤香猪、柚皮扣乳狗、炒螺鸡、水油堆、露水汤圆、艾粑粑、豆腐包
		GAB 农林畜产品与制品	云片糕、金橘、柳蜜橘、淮山
		GAC 水产品与制品	江水鱼、鲳鱼
		GAD 中草药材及制品	金嗓子
		GAE 传统手工产品与工艺品	奇石、盆景、工艺小棺材、壮锦、砚台
		GAF 日用工业品	两面针牙膏

主类	亚类	基本类型	资源单体
H 人文活动	HA 人事记录	HAA 人物	柳宗元、刘三姐、徐霞客
		HAB 事件	柳宗元主政柳州、刘三姐骑鱼升天、徐霞客游柳
	HB 艺术	HBB 文学艺术作品	柳宗元诗词、徐霞客游记
	HC 民间习俗	HCC 民间演艺	壮歌、瑶舞
		HCE 宗教活动	西来古寺法会、灵泉寺法会、天主教礼拜、弥撒
		HCF 庙会与民间集会	西来古寺庙会、祭孔
		HCG 饮食习俗	吃酸
		HCH 特色服饰	壮族服饰、苗族服饰、侗族服饰、瑶族服饰
	HD 现代节庆	HDA 旅游节	柳州水上狂欢节、柳州旅游节
		HDB 文化节	奇石文化节
		HDD 体育节	世界水上极速运动大赛
8 主类	26 亚类	85 基本类型	141 资源单体

（三）规划实施有效性

柳州"百里柳江"景区高度重视旅游资源的保护与开发管理，遵循整体优化、生态优先、生境范围、市场导向、容量控制五大原则，按照《风景名胜区管理条例》和《旅游规划通则》（国家标准 GB/T18971—2003）标准，基本建立起"科学规划、统一管理、严格保护、永续利用"的健康体系。

景区按照规划中的各项项目、制度、措施逐步全面推进落实。通过控制和降低人为活动对自然环境的消极作用，保持和维护原有人文生态景观和生物种群、结构及其功能特征，提高自然环境自我复苏的能力，完善各景区内的生态结构，建立生态系统自我恢复、发展的良性循环机制。景区按照规划中的各项项目、制度、措施逐步全面推进落实。景区内无违反规划的大型建设项目或破坏环境项目。

（四）保护措施全面性

百里柳江景区内设有环境监控站、并配套有生态监测和动植物救助专人及措施，对景区的生态环境进行全面保护，在景区内严禁乱伐、禁止捕杀野生动物等破坏生态环境的违法行为，同时加强环保的宣传教育。

在安全防护方面，景区设有安全保护机构和应急救援体系，有健全的安全保护制度，并安排有专职安全保护人员在游客集中和有安全隐患的区域（特别是游船安全管理）值守，并进行巡视。旅游区配套有医务室。

（五）服务设施功能性

1. 住宿设施

景区位于柳州市内，景区内主要住宿设施主要是柳州市宾馆酒店、民宿等，交通便利，设施完备。区内住宿设施呈分散布局，遍布市内，许多民宿、旅馆依托区内乡村民居民宅进行改造建设。

柳州市内分布各种住宿设施品种，包括酒店、宾馆、民宿等，住宿设施品种结构丰富，选择较多。柳州市内涵盖高端、中端、低端等各种住宿条件，档次结构齐全。

景区内住宿设施主要有依托沿江景观建设的酒店宾馆、利用民居改造而来的精品主题民宿等。这些住宿建筑的体量大小与其周边环境相协调，景观视觉上与绿水青山相融。

为促进景区相关社区的社会经济发展，使社区在景区旅游的发展过程中获得实惠，规划引导景区内部及周边的居民，依托现状街区、民居，开设沿江农家旅馆、主题旅馆。

2. 餐饮

采用大集中，小分散结合的方式配置。区内的餐饮设施主要集中分布于散布在区内的各民宿、景点、休闲农业及乡村旅游点等。深入挖掘柳州本地传统美食并努力创新，形成特色。景区内餐饮具有浓郁地方性，特色菜品多样，主要由多地区菜系组成，备受游客及当地居民青睐。引入文化餐饮休闲、柳州风味美食街等，提升旅游氛围。

3. 购物与娱乐

重要节点景区周边商业服务区域设立统一风格的购物店面，注重民族特色与民居特色，且购物场所与主要景观相协调，不妨碍旅客游览。

区内对购物场所实行规范、标准化的管理和服务，建立服务质量保证体系，确保购物场所环境整洁，秩序良好，无围追兜售，强卖强买现象。景区制定了商品经营从业人员管理制度，对商品质量、明码标价、计量管理、位置管理、售后服务管理等方面进行严格规范，并制定处罚办法。制定了旅游购物服务人员服务规范，对服务人员仪容仪表、服务技能、服务水平进行统一规范，提高从业人员服务水平。

景区从业人员经过专门培训，具备良好的道德素养和职业素养，服务主动热情，用语文明，待人礼貌，能用普通话为游客服务。

区内定期开展各类民俗表演、游客体验性活动，在区内除游赏秀美的生态风光之外，还可以体验当地民风民俗。

三、景区建设经验

（一）景区创建历程

1. 细化任务，落实责任

为加强百里柳江景区的管理，进一步提升百里柳江的生态旅游成果，成立了"百里柳江景区创建广西生态旅游示范区工作领导小组"。主要负责百里柳江景区资源及其生态环境的保护，景区的旅游规划设计与实施，完善、维护和管理旅游区配套设施等。本景区根据广西生态旅游示范区标准要求和旅游区实际情况，制定了分工明确细责，并根据工作方案制定各项建设的实施计划和时间进度一览表，明确了创建各项建设的单位和负责人，明确了每项工作完成的具体时间的安排。

2. 思想上高度重视，组织上细致周密

柳州市政府和景区各部门高度重视培训工作，加强领导，落实责任，健全了教育培训统筹协调机构。一是有专人负责的层层抓落实的工作运行机制，为培训的顺利开展提供了可靠的组织保障；二是将培训教育工作作为加强旅游队伍建设、提高旅游人才素质的一项基础性、长期性工作纳入重要议事日程；三是确保培训经费的投入，健全培训设施、文化设施和学习场地等硬件设施，为培训创造了良好的学习条件。

3. 自检自查，积极改进，提升管理水平和服务质量

景区自检自查，积极改进将"百里柳江"创建为广西生态旅游示范区。广西生态旅游示范区评定标准要求从示范区规划、生物旅游资源、生态环境质量、传统文化保护、基础设施、服务设施、安全、卫生、区域统筹、公共环境与社区参与、市场营销、综合管理、培训与教育13个方面进行全面规范。市环保局为保护景区良好的环境质量、保持生态系统的可持续性，先后开展了环评工作；市交通运输局此举也从软件上为"百里柳江"提升了管理档次，其规范全市游船服务企业服务管理的主要要求：在服务工作推行文明用语；实行统一着装和统一

佩戴服务工作牌制度；规范售票服务工作，包括制作美观的售票亭等；规范迎宾、送宾服务；保持船舶及船上餐具卫生等。硬件方面，东堤路旅游码头已建成，所有游船都将集中停靠在一起，成为"百里柳江"游船的大本营，而海员码头、南车渡码头，以及本次列入改造的北车渡码头，将成为游船在市中心的临时停靠点。

在完善管理的同时，指派专人担任服务质量监督员，严格把关每个经营场所和服务环节，认真填写各类违规违纪记录并及时上报。并通过工作中的检查和总结，认真收集和了解游客、群众对旅游区服务软、硬件的意见和建议，努力提升景区服务质量。

4. 加强培训质量监管，增强培训效果

为做好培训，规范教学管理，确保培训质量，百里柳江景区制定了年度培训方案，并定期对参加培训的人员进行沟通，积极听取反馈意见，不断改进培训方式方法，提升了教学质量。在 2017 年共培训了 40 名景区导游人员，完成了培训计划确定的任务，为不断提升百里柳江导游人员的文明道德素质、经营管理水平和旅游服务基本技能，创建广西生态旅游区和柳州市建设旅游名城相关工作起到了很好的推动与促进作用。

（二）景区创建成效

围绕着生态旅游示范区的标准和要求，景区对规划开发建设力度的不断加大和软硬件设施水平逐步的提升，取得了卓越的成果。

1. 生态治理

（1）农业面源污染治理工程。制定了百里柳江景区农业面污染综合防治方案，推广使用高效、低毒、低残留农药，推进农作物病虫害绿色防控和统防统治融合发展。到 2020 年，初步建立资源节约型、环境友好型和技术集成化、服务社会化的病虫害可持续治理技术体系。

实行测土配方施肥，推广精准施肥技术和机具，鼓励使用有机肥，减少化肥和农药施用量，发展生态循环农业。推行绿色植保，对农作物病虫草鼠害以农业措施、物理措施、生物措施综合防治为主，尽量减少化学农药施用。

开展全市水产养殖情况排查，科学划定禁养区、限养区，确定合理养殖种类、容量和方式，严格控制养殖规模，加强养殖场水质监测，对水质不达标的予以限期治理。加强水产养殖环境监管，禁止向水库区及其上游支流水体投放化肥和动物性饲料。加强渔业养殖污染治理，鱼塘换水清淤必须通过农田、湿地储存消化，减轻水产养殖尾水、污泥对水体的污染。

（2）生态廊道建设工程。百里柳江景区两侧区域建设 20～60 米宽的生态廊道，遵循适地适树原则，兼顾成活率高、景观效果优的树种。多措施、多手段加快植被生态恢复，调整林分结构，提高林分质量，增加森林的整体效能；通过加大培育、科学改造使其逐步形成树种多样、层次复杂、结构稳定、功能完备的河道防护林。将重点河段封闭围合，使区域生态系统得以在不受外界干扰的情况下恢复并逐渐发挥能量通道作用；也将河流与周边村镇隔离，减少人类生产生活对河流湿地的干扰。

（3）城镇污水整治工程。统筹推进城市基础设施建设，加大百里柳江景区污水管网系统的建设力度。完善污水收集管网，实现污水全收集、管网全覆盖。至 2022 年，污水集中处理率达 95% 以上。全面规范和加强污水处理厂运行监管。通过区级改造，逐步提高污水处理厂深度处理能力，着重强化脱氮除磷效果；保证污水处理系统正常运行，提高污水处理厂运行负荷率。强化污水处理的综合管理。污水处理产生的污泥应进行稳定化、无害化和资源化处理处置，禁止处理处置不达标的污泥进入风景区。

2. 打造生态旅游示范区

在加快生态旅游产业发展的过程中，柳州市委、市政府尤其高度重视百里柳江的旅游开发。柳州市编制了《百里柳江控制规划》和《百里柳江创建 5A 级旅游景区提升规划》明确了"围绕百里柳江，以文化为灵魂，以自然山水为载体，运用多种手法和概念来表现和包装，打造百里柳江旅游品牌，形成柳州城市形象的核心名片"。近年来围绕百里柳江旅游开发，市政府先后完成了蟠龙山瀑布群、文庙、柳江大型水上音乐喷泉、"柳江明珠"水上大舞台、东堤春晓酒吧街、旅游码头等旅游项目建设，其中蟠龙山瀑布群、柳江大型水上音乐喷泉分别荣获世界规模最大的人工瀑布群和世界规模最大的水面喷泉群的吉尼斯世界纪录，"柳江明珠"水上大舞台为目前世界上最大的水上浮动舞台，文庙旅游区于 2012 年成为国家 4A 级景区。柳州水上娱乐运动世界、三门江森林公园及环江带旅游开发、西来古寺、窑埠古镇、凤凰河生态休闲度假区、"红花谷"旅游区开发项目等沿江旅游项目作为柳州市重点打造的十大旅游工程正加快推进，可以说是亮点频现。高品位的百里柳江成为柳州的旅游发展重点和优先发展项目，以百里柳江为核心的龙头城市旅游初显实力，百里柳江已经成为来柳游客必游的旅游景区。

3. 建设健全规章制度，科学规范管理

科学、规范、高效管理，提高景区服务质量，树立景区品牌形象，是实现可持续发展的根本和前提，我们在大力完善景区硬件建设的同时，进一步深化、细化景区管理，提高服务质量，优化旅游环境。

第一，建立健全完善的规章制度。先后制定了《组织机构安全职责规定》《安全活动制度》《事故报告处理制度》《船舶防抗灾害应变制度》《船舶消防安全制度》《游船安全驾驶操作规程》《旅游投诉处理制度》等，通过建章立制严格管理旅游区。

第二，保证制度贯彻力度，管理地位。各类规章制度落实到人，严格巡查巡视，健全游客调查，意见反馈和旅游投诉制度，发现问题及时处理，让游客高兴而来，满意而归。

4. 创建的经验教训

（1）景区的管理体制机制不完善。目前，百里柳江仅有一个非常设机构——百里柳江景区旅游管理委员会，这样的管理力度远远不够。《旅游景区等级的划分与评定》中对景区经营管理的要求是"管理体制健全，经营机制有效"，要求景区有独立的经营管理机构，并建立科学合理的管理机制。目前柳州市仅是成立了百里柳江管理委员会（议事机构），将管委会办公室设在市旅发委，负责百里柳江景区日常工作。从实际情况来看，不利于推进百里柳江的多项创建工作。

（2）景区知名度不高，宣传营销手段单一。目前，百里柳江景区还存在企业形象模糊、产品品牌打造和市场渠道建设缺失等不足，市场认可度不强，还未成为广西旅游的拳头组合产品。

（3）创建工作是一项专业性很强的系统工程，既要全面提升，又要重点突破，补足短板。根据自检结果和当前创建工作的进展，实现突破。

第九章　广西生态旅游示范区发展展望

依据现在的发展情况，广西未来主要规划建设大桂林山水观光生态旅游片区、巴马健康养生生态旅游片区、北部湾滨海度假生态旅游片区、中越边关探秘生态旅游片区、桂中民俗文化生态旅游片区、桂东南宗教文化生态旅游片区六大生态旅游片区；推进环首府南宁生态旅游圈、桂中生态旅游圈和桂东南岭南风情生态旅游圈建设，以打造国家生态旅游示范区、国家级旅游度假区、国家4A级以上旅游景区为抓手，重点推出山水生态观光旅游产品、生态休闲度假旅游产品、生态健康养生旅游产品、生态民俗体验旅游产品、乡村生态休闲旅游产品、科普教育六大类生态旅游产品。相信若干年后，广西将建设成为全国一流、世界知名的生态旅游目的地。

目前，广西壮族自治区区级生态旅游示范区评定依据《国家生态旅游示范区建设与运营规范》（GB/T26362—2010），已有柳州大龙潭景区、贺州十八水原生态景区、青秀山旅游风景区、贺州市姑婆山森林公园、百色德保红叶森林景区、河池环江牛角寨瀑布群景区等63家单位获广西生态旅游示范区命名。预计未来几年还将有一大批景区景点可以成为生态旅游示范区。国家标准面向全国范围，具有广泛适用性，目前广西尚未制定地方标准，在实际评定过程中，仅依据国家标准对申报单位实施考核验收和评定，难以突出广西生态旅游的资源优势及地方特色，无法满足在生态环境保护、旅游及社会经济发展各领域的多方面要求。现行标准所涉及的部分创建指标更新滞后，未来应该制定具有广西特色的地方标准。

广西属沿海沿边沿江地区，是少数民族聚集地，具有丰富、独特的生态旅游资源。未来可结合广西生态环境保护、旅游发展等实际情况，研究制定符合广西生态环境保护、旅游发展等实际需要的地方标准，科学引导广西生态旅游发展，指导和监督地方生态旅游示范区建设和运营。一方面有利于切实保护广西良好的生态环境，合理开发利用生态旅游资源，规范和引领生态旅游区的规划、建设、经营管理与服务；另一方面有利于培养绿色消费和绿色生活理念，推动广西生态文明建设，促进经济发展方式转变，实施广西"生态立区，绿色崛起"发展战略。

参考文献

［1］ Jackson Q. , Edgar L. , Thomas L. Burton, (eds.) leisure studies: Prospects for the twenty – first century ［M］. State College, PA: Venture Publishing, 1999.

［2］ Hubert G. , Nikolaas V. , Koen V. B. , et al. Landscape as framework for integrating local subsistence and ecotourism: A case study in Zimbabwe ［J］. Landscape and Urban Planning, 2001, 53 （1 – 4）: 173 – 182.

［3］ Ogutu Z. A. The impact of ecotourism on livelihood and natural resource management in eselenkei, amboseli ecosystem, kenya ［J］. Land Degradation and Development, 2002, 13 （3）: 251 – 256.

［4］ Libosada C. M. Business or leisure Economic development and resource protection: Concepts and practices in sustainable ecotourism ［J］. Ocean & Coastal Management, 2009, 52 （7）: 390 – 394.

［5］ Marshall R. The people's forest ［M］. New York: H. Smithand R. Haas, 1993.

［6］ Carhart A. Planning for America's Wildlands ［M］. PA: The Telegraph Press, 1961.

［7］ Brown P. J. , Driver B. L. , McConnell C. The opportunityspectrum concept and behavioural information in outdoorrecreation resource supply inventories: Background andapplication ［R］. Washinton, DC: USDA Forest Service, 1978: 73 – 84.

［8］ Clark R. N. , Stankey G. H. The recreation opportunity spectrum: A framework for planning, management and research ［R］. USA: USDA Pacific Northweat Forest and Range Experiment Station, 1979 （32）.

［9］ Ullah, Kazi Masel1, Hafiz, Roxana1. Finding suitable locationsfor ecotourism development in Cox's Bazar using GeographicalInformation System and Analytical Hierarchy Process ［J］. Geocarto International, 2014, 29 （3）: 256 – 267.

［10］Kaltenborn B. P. , Emmelin L. Tourism in the high north: Management challenges and recreation opportunity spectrumplanning in Svalbard, Norway ［J］. Environmental Management, 1993, 17（1）: 41 – 50.

［11］Perez Verdin G. , Lee M. E. , Chavez D. J. Planning forestrecreation in natural protected areas of southern durango, mexico ［J］. Madera Bosques, 2008, 14（1）: 53 – 67.

［12］Darcy L. G. , Rosaline C. , Rick R. , Peter K. , Philip D. Incorporating recreational users into marine protected areaplanning: A study of recreational boating in British Columbia, Canada ［J］. Environment Management, 2010, 46（2）: 167 – 180.

［13］Boyd S. W. , Butler R. W. Managing ecotourism: an opportunityspectrum approach ［J］. Tourism Management, 1996, 17（8）: 557 – 566.

［14］Haas G. , Aukerman R. , Lovejoy V. , Welch D. Waterrecreation opportunity spectrum users' guidebook ［M］. Washinton, DC: Bureau of Reclamation, Denver, Colorado, 2004.

［15］Boyd S. W. , Butler R. W. , Haider W. , Perera A. Identifyingareas for ecotourism in northern ontario: Application of ageographical information system methodology ［J］. Journal ofApplied Recreation Research, 1994, 19（1）: 41 – 66.

［16］Bukenya J. O. Application of GIS in ecotourism developmentdecisions: Evidence from the Pearl of Africa ［R］. Morgantown, West Virginia: West Virginia University, 2013.

［17］Kumari S. , Behera M. D. , Tewari H. R. Identification of potentialecotourism sites in WestDistrict, Sikkim using geospatial tools ［J］. Trop Ecol, 2010（51）: 75 – 85.

［18］Bunruamkaew K. , Murayama Y. Site suitability evaluationfor ecotourism using GIS & AHP: A case study of Surat Thaniprovince, Thailand ［J］. Procedia – Social and Behavioral Sciences, 2011（21）: 269 – 278.

［19］王刚. 生态文明: 渊源回溯、学理阐释与现实塑造 ［J］. 福建师范大学学报, 2017（4）: 44 – 56.

［20］徐华秀. 实施可持续发展战略与中国社会的全面进步 ［J］. 高等函授学报, 2006, 19（1）: 26 – 29.

［21］沈益平，周俊波，赵卓，戴涟漪．铁酸盐分解SO_2的研究［J］．天然气化工，2009（3）：60－66．

［22］王仁清．建筑材料与环境保护［J］．科技广场，2004（12）：125－126．

［23］宋晓宇．辽宁地区生态旅游发展现状及前景展望［J］．技术与市场，2013（10）：229－230．

［24］李爱贞．生态环境保护概论［M］．北京：气象出版社，2001．

［25］刘文海．世界旅游业的发展现状、趋势及启迪［J］．产业经济，2012（33）：62－65．

［26］唐卫东．生态旅游内涵及基本特征探析［J］．消费导刊，2010（7）：34－35．

［27］赵玉杰．海岛旅游可持续发展研究概述［J］．海洋开发与管理，2011，28（1）：79－82．

［28］李卓，显强，李贞．以生态学原理为指导建设和管理生态旅游——平遥县生态旅游建设研究［J］．中国人口·资源与环境，2004（3）：37－40．

［29］卢学爽，王力峰．国内生态旅游研究综述［J］．科技资讯，2013（10）：153－154．

［30］尚天成，高俊卿，郭俊雄，彭燕，胡上华．生态旅游研究综述［J］．天津大学学报（社会科学版），2011，13（6）：505－510．

［31］黄芳．优化旅游系统的生态学原理［J］．生态经济，2001（11）：19－20．

［32］侯立军．略论我国生态旅游资源的开发［J］．南京经济学院学报，1995（4）．

［33］刘继生，孔强，陈娟．中国自然保护区生态旅游开发研究刍议［J］．人文地理，1997（4）：24－28．

［34］杨桂华．论生态旅游资源［J］．思想战线，1999（6）：33－38．

［35］赛江涛，张宝军．试论生态旅游资源问题［J］．河北林业科技，2004（6）：27－29．

［36］卢云亭，王建军．生态旅游学［M］．北京：旅游教育出版社，2001．

［37］杨福泉．生态旅游与云南的旅游资源保护［J］．云南社会科学，1995（1）：52－58．

［38］马乃喜．我国生态旅游资源的评价问题［J］．西北大学学报（自然科学版），1996（2）：171－175．

［39］郭来喜．中国生态旅游——可持续旅游的基石［J］．地理科学进展，1997（4）：3-12.

［40］杨桂华，王跃华．生态旅游保护性开发新思路［J］．经济地理，2000（1）：88-92.

［41］程道品，阳柏苏．生态旅游资源分类及其评价［J］．怀化学院学报，2004（2）：50-54.

［42］王建军，李朝阳，田明中．生态旅游资源分类与评价体系构建［J］．地理研究，2006（3）：507-516.

［43］王力峰，王志文，张翠娟．生态旅游资源分类体系研究［J］．西北林学院学报，2006（6）：196-199.

［44］黄耀丽，魏兴琥，李凡．我国北方沙漠旅游资源开发问题探讨［J］．中国沙漠，2006（5）：739-744.

［45］侯可雷，侯宝林，赵星，郑金柱，赵涛，贾圣军．徂徕山国家森林公园旅游资源评价［J］．北方园艺，2007（4）：137-139.

［46］傅岳瑛，刘琴．我国西部生态旅游的现状和开发建议［J］．地理学与国土研究，2002（2）：103-106.

［47］芦维忠．甘肃森林生态旅游资源类型划分及开发初探［J］．林业资源管理，2003（2）：17-19.

［48］张运来，那守海，张杰．乌龙国家森林公园生态旅游资源评价与开发［J］．东北林业大学学报，2002（1）：51-53.

［49］吴瑞娟．抚州市生态旅游资源现状及评价［J］．东华理工学院学报（社会科学版），2006（1）：33-35.

［50］吴琳萍．福建省生态旅游资源分类及评价［J］．闽江学院学报，2012，33（6）：97-101.

［51］张潇．福州市生态旅游资源分类调查及特征分析［J］．鸡西大学学报，2014，14（12）：63-65+69.

［52］陈小龙，叶持跃，刘文生，于青亚．中国国家生态旅游示范区空间分布特征研究［J］．生态科学，2018，37（1）：171-177.

［53］吴楚材，吴章文，郑群明，胡卫华．生态旅游概念的研究［J］．旅游学刊，2007（1）：67-71.

［54］薛珊珊．广西生态旅游产品体系优化研究［D］．桂林：广西师范大

学，2012.

　　[55] 陈伍香. 广西乡村旅游可持续发展战略 [J]. 学理论，2018（2）：112 - 115.

　　[56] 王敏，王龙. 遗产廊道旅游竞合模式探析 [J]. 西南民族大学学报（人文社会科学版），2014，35（4）：137 - 141.

　　[57] 李卫东. 广西承接产业转移的 SWOT 分析 [J]. 学术论坛，2009，32（11）：80 - 84.

　　[58] 张跃西. 生态旅游理论创新与中国生态旅游示范区标准问题探讨 [J]. 生态经济，2007（11）：143 - 146.

　　[59] 王爱忠. 昆明市旅游空间结构及其优化研究 [D]. 昆明：云南师范大学，2007.

　　[60] 周俊满. 生态旅游的内涵及区域旅游开发——以广西贺州市为例 [J]. 保山师专学报，2005（6）：64 - 66.

　　[61] 程道品，何平，张合平. 国家生态旅游示范区评价指标体系的构建 [J]. 中南林学院学报，2004（2）：28 - 32.

附件1 国家生态旅游示范区统计

地区	生态旅游示范区名称	创建年份	类别
北京市	南宫国家生态旅游示范区	2013	国家级
	野鸭湖国家生态旅游示范区	2013	国家级
	北京市平谷金海湖风景区	2015	国家级
天津市	盘山国家生态旅游示范区	2013	国家级
	天津市黄崖关长城风景名胜区	2014	国家级
	天津市东丽湖景区	2015	国家级
上海市	明珠湖·西沙湿地国家生态旅游示范区	2013	国家级
	东滩湿地国家生态旅游示范区	2013	国家级
	上海市海湾国家森林公园	2014	国家级
	上海市东方绿舟旅游景区	2015	国家级
重庆市	天生三桥·仙女山国家生态旅游示范区	2013	国家级
	重庆市四面山旅游区	2014	国家级
	重庆市金佛山生态旅游区	2015	国家级
	重庆市巫山小三峡—小小三峡生态旅游区	2015	国家级
河北省	河北省保定市野三坡景区	2014	国家级
	河北省衡水市衡水湖景区	2015	国家级
内蒙古自治区	（兴安盟）阿尔山国家生态旅游示范区	2013	国家级
	内蒙古自治区呼伦贝尔市根河源国家湿地公园	2014	国家级
	内蒙古自治区鄂尔多斯市恩格贝沙漠景区	2015	国家级
辽宁省	（大连市）西郊森林公园国家生态旅游示范区	2013	国家级
	辽宁省盘锦市红海滩湿地旅游度假区	2014	国家级
	辽宁省大连市金石滩旅游景区	2015	国家级
	辽宁省丹东市天桥沟景区	2015	国家级

续表

地区	生态旅游示范区名称	创建年份	类别
吉林省	（长春市）莲花山国家生态旅游示范区	2013	国家级
	吉林省吉林市松花湖国家风景名胜区	2014	国家级
	吉林省通化市高句丽文物古迹景区	2015	国家级
黑龙江省	（伊春市）汤旺河林海奇石国家生态旅游示范区	2013	国家级
	（哈尔滨市）松花江避暑城国家生态旅游示范区	2013	国家级
	黑龙江省黑河市五大连池风景区	2014	国家级
	黑龙江省五常市凤凰山国家森林公园	2014	国家级
	黑龙江省哈尔滨市呼兰河口湿地公园	2015	国家级
江苏省	（泰州市）溱湖湿地国家生态旅游示范区	2013	国家级
	（常州市）天目湖国家生态旅游示范区	2013	国家级
	江苏省苏州市镇湖生态旅游区	2014	国家级
	江苏省无锡市蠡湖风景区	2014	国家级
	江苏常熟市虞山尚湖旅游区	2015	国家级
	江苏省徐州市潘安湖湿地	2015	国家级
浙江省	（衢州市）钱江源国家生态旅游示范区	2013	国家级
	（宁波市）滕头国家生态旅游示范区	2013	国家级
	浙江省杭州市西溪国家湿地公园	2014	国家级
	浙江省台州市神仙居景区	2014	国家级
	浙江省台州市天台山景区	2015	国家级
安徽省	（黄山市）黄山国家生态旅游示范区	2013	国家级
	安徽省池州市九华天池风景区	2014	国家级
福建省	（南平市）武夷山国家生态旅游示范区	2013	国家级
	（龙岩市）梅花山国家生态旅游示范区	2013	国家级
	福建省厦门市天竺山旅游风景区	2014	国家级
	福建省龙岩市冠豸山生态旅游区	2014	国家级
	福建省福州市鼓岭生态旅游区	2015	国家级
	福建省永泰云顶旅游区	2015	国家级
江西省	（上饶市）婺源国家生态旅游示范区	2013	国家级
	（吉安市）井冈山国家生态旅游示范区	2013	国家级
	江西省上饶市鄱阳湖国家湿地公园	2014	国家级
	江西省吉安市青原山风景名胜区	2015	国家级

地区	生态旅游示范区名称	创建年份	类别
山东省	（烟台市）昆嵛山国家生态旅游示范区	2013	国家级
	山东省济宁市微山湖国家湿地公园	2014	国家级
	山东省青岛市百果山生态旅游区	2015	国家级
河南省	（焦作市）云台山国家生态旅游示范区	2013	国家级
	（平顶山市）尧山·大佛国家生态旅游示范区	2013	国家级
	河南省驻马店市嵖岈山旅游景区	2014	国家级
	河南省鹤壁市淇河生态旅游区	2014	国家级
	河南省洛阳市重渡沟风景区	2015	国家级
湖北省	（十堰市）神农架国家生态旅游示范区	2013	国家级
	湖北省黄冈市龟峰山风景区	2014	国家级
	湖北省武汉市东湖生态旅游风景区	2015	国家级
	湖北省襄阳市尧治河生态旅游景区	2015	国家级
湖南省	（长沙市）大围山国家生态旅游示范区	2013	国家级
	（郴州市）东江湖国家生态旅游示范区	2013	国家级
	湖南省株洲市神农谷国家森林公园	2014	国家级
	湖南省永州市阳明山国家森林公园	2014	国家级
	湖南省邵阳市黄桑生态旅游区	2015	国家级
广东省	广东省深圳市东部华侨城国家生态旅游示范区	2007	国家级
	（韶关市）丹霞山国家生态旅游示范区	2013	国家级
	广东省梅州市雁南飞茶田景区	2014	国家级
	广东省惠州市南昆山生态旅游区	2015	国家级
广西壮族自治区	（贺州市）姑婆山国家生态旅游示范区	2013	国家级
	广西壮族自治区柳州市大龙潭景区	2014	国家级
	广西壮族自治区崇左市大德天景区	2015	国家级
海南省	海南省呀诺达雨林文化旅游区	2014	国家级
	海南省三亚市亚龙湾热带天堂森林公园	2015	国家级
四川省	（西昌市）邛海国家生态旅游示范区	2013	国家级
	（巴中市）南江光雾山国家生态旅游示范区	2013	国家级
	四川省广元市唐家河生态旅游区	2014	国家级
	四川省甘孜州海螺沟景区	2014	国家级
	四川省阿坝州毕棚沟景区	2015	国家级
	四川省雅安市神木垒生态旅游区	2015	国家级

续表

地区	生态旅游示范区名称	创建年份	类别
贵州省	（黔南州）樟江国家生态旅游示范区	2013	国家级
	（毕节市）百里杜鹃国家生态旅游示范区	2013	国家级
	贵州省铜仁市梵净山旅游景区	2014	国家级
	贵州省遵义市赤水景区	2015	国家级
云南省	（西双版纳自治州）野象谷国家生态旅游示范区	2013	国家级
	（玉溪市）玉溪庄园国家生态旅游示范区	2013	国家级
	云南省昆明市石林景区	2014	国家级
	云南省七彩云南·古滇文化旅游名城	2015	国家级
陕西省	（西安市）世博园国家生态旅游示范区	2013	国家级
	陕西省商洛市金丝峡景区	2014	国家级
	陕西省西安市临潼生态旅游区	2015	国家级
甘肃省	（甘南州）当周草原国家生态旅游示范区	2013	国家级
	（兰州市）兴隆山国家生态旅游示范区园	2013	国家级
	甘肃省平凉市崆峒山生态文化旅游区	2014	国家级
	甘肃省酒泉市鸣沙山月牙泉景区	2015	国家级
	甘肃省甘南州黄河首曲生态旅游区	2015	国家级
青海省	青海省青海湖景区	2014	国家级
	青海省西宁市大通老爷山—鹞子沟旅游区	2014	国家级
	青海省海南州祁连县牛心山—卓尔山景区	2015	国家级
宁夏回族自治区	（中卫市）沙坡头国家生态旅游示范区	2013	国家级
	宁夏回族自治区石嘴山市沙湖旅游区	2014	国家级
新疆维吾尔自治区	五家渠青湖国家生态旅游示范区	2013	国家级
	新疆生产建设兵团一八五团白沙湖边境生态旅游区	2014	国家级
	新疆维吾尔自治区伊犁州那拉提旅游风景区	2014	国家级
	新疆维吾尔自治区塔城地区裕民巴尔鲁克旅游风景区	2015	国家级
	新疆生产建设兵团第六师一万泉旅游景区	2015	国家级

附件2　广西生态旅游示范区统计

生态旅游示范区名称	创建年份	类别
贺州姑婆山国家生态旅游示范区	2013	国家级
柳州大龙潭景区	2013	国家级
贺州十八水原生态景区	2013	自治区级
贵港龙潭国家森林公园	2013	自治区级
北海金海湾红树林生态旅游区	2013	自治区级
钦州八寨沟旅游区	2013	自治区级
南宁青秀山旅游风景区	2013	自治区级
南宁大明山风景旅游区	2014	自治区级
梧州石表山景区	2014	自治区级
百色德保红叶森林景区	2014	自治区级
贺州大桂山国家森林公园	2014	自治区级
河池小三峡景区	2014	自治区级
河池环江牛角寨瀑布群景区	2014	自治区级
来宾金秀莲花山景区	2014	自治区级
崇左大新大德天景区	2015	自治区级
来宾金秀银杉公园景区	2015	自治区级
北海银滩景区	2015	自治区级
北海涠洲岛鳄鱼山景区	2015	自治区级
钦州林湖森林公园景区	2015	自治区级
钦州浦北五皇山景区	2015	自治区级
鹿寨香桥岩景区	2015	自治区级
环江喀斯特生态旅游区	2015	自治区级
宜州下视河景区	2015	自治区级
天峨龙滩大虾谷景区	2015	自治区级
来宾金秀圣堂山景区	2016	自治区级

续表

生态旅游示范区名称	创建年份	类别
来宾金秀圣堂湖景区	2016	自治区级
南宁嘉和城景区	2016	自治区级
河池巴马赐福湖景区	2016	自治区级
河池巴马母鸡山景区	2016	自治区级
南宁上林三里·洋渡景区	2016	自治区级
百色靖西古龙山峡谷群生态旅游景区	2016	自治区级
南宁市广西壮族自治区药用植物园	2017	自治区级
柳州市融水县双龙沟原始森林旅游度假区	2017	自治区级
桂林市漓江逍遥湖景区	2017	自治区级
梧州市藤县蝴蝶谷生态旅游度假区	2017	自治区级
玉林市容县都峤山风景区	2017	自治区级
百色市凌云县茶山金字塔景区	2017	自治区级
贺州市昭平县松林峡生态旅游景区	2017	自治区级
河池市南丹县歌娅思谷生态旅游示范区	2017	自治区级
来宾市武宣县百崖大峡谷生态旅游区	2017	自治区级
崇左市龙州县龙州发现·弄岗生态旅游区	2017	自治区级
崇左市大新县黑水河湿地公园	2017	自治区级
崇左市宁明县派阳山鸿鹄生态旅游区	2017	自治区级
桂林荔浦市荔江国家湿地公园	2018	自治区级
桂林市资源县八角寨生态旅游示范区	2018	自治区级
桂林市资源县脚古冲生态旅游区	2018	自治区级
桂林市阳朔县十里画廊遇龙河景区	2018	自治区级
百色市乐业县龙云山故事小镇景区	2018	自治区级
百色市乐业县大石围天坑群景区	2018	自治区级
百色市凌云县环浩坤湖山水生态体验区	2018	自治区级
河池市都安县澄江国家湿地公园	2018	自治区级
河池市凤山县巴腊猴山生态旅游示范区	2018	自治区级
河池市都安县三岛湾国际度假区	2018	自治区级
柳州市百里柳江景区	2018	自治区级
柳州市三江县仙人山景区	2018	自治区级
梧州市蒙山县水韵瑶寨景区	2018	自治区级

续表

生态旅游示范区名称	创建年份	类别
梧州岑溪市天龙顶山地公园	2018	自治区级
玉林市五彩田园现代特色农业示范区	2018	自治区级
崇左市宁明花山生态旅游示范区	2018	自治区级
南宁市上林县大龙湖旅游景区	2018	自治区级
贺州市富川县福利国际慢城生态旅游示范区	2018	自治区级
北海合浦县星岛湖景区	2018	自治区级